J. Krishna...
KONFLIKT UND...
Gedanken zu...

Weitere Titel im selben Verlag:

IDEAL UND WIRKLICHKEIT
Gedanken zum Leben I

✻

VERSTAND UND LIEBE
Gedanken zum Leben III

✻

RELIGIÖSE ERNEUERUNG
Gespräche in Hamburg und Saanen

✻

**REVOLUTION
DURCH MEDITATION**

✻

**AUTORITÄT
UND ERZIEHUNG**

✻

SCHÖPFERISCHE FREIHEIT

✻

FREI SEIN!

Gedanken zum Leben

Aus den Tagebüchern von

J. Krishnamurti

herausgegeben von D. Rajagopal

---

3 Bände
mit insgesamt 202 Kapiteln

Jedes Kapitel behandelt anhand einer Begegnung mit Menschen und ihren Problemen und Konflikten Grundfragen und Lebensprobleme, wie sie sich jedem Menschen stellen.

Krishnamurti philosophiert nicht im Abstrakten. Er führt anhand alltäglicher Beispiele und Begegnungen zu einer neuen Geisteshaltung, zu einer neuen Art der Anschauung des Ich und der Umwelt:

»Das bloße Erkennen der Tatsache, daß die Mauern fallen müssen, ist schon genug. Jeder Versuch, sie abzubrechen, setzt unser Verlangen nach dem Erreichen und Gewinnen in Bewegung und führt zum Konflikt der Gegensätze.
Es ist an sich genug, das Falsche als falsch zu sehen; denn diese Erkenntnis wird unseren Sinn von dem Falschen befreien.«

Konflikt und Klarheit

GEDANKEN ZUM LEBEN

II

AUS DEN TAGEBÜCHERN
VON

J. Krishnamurti

HERAUSGEGEBEN
VON
D. RAJAGOPAL

HUMATA VERLAG HAROLD S. BLUME

Auslieferung an den Buchhandel
durch die Humata-Generaldepositäre

Deutschland
Humata-Auslieferung Fachdienst GmbH, 7530 Pforzheim 12
und
Humata-Auslieferung Schwabe, 6380 Bad Homburg, Fach 1247

Österreich
Humata-Auslieferung, Bergstr. 16, 5020 Salzburg

Benelux
Humata-Auslieferung Litarus SA, Luxembourg-Hollerich

Schweiz und alle andern Länder
Humata-Auslieferung: CH-3000 Bern 6, Fach 74

*Verlangen Sie den Humata-Verlagskatalog
bei den Humata-Generaldepositären*

*

KONFLIKT UND KLARHEIT
3. Auflage

ISBN 3-7197-0313-4
Interner Verlagscode 8-313-32-4
© Alle deutschen Rechte und Nebenrechte
des Verlagsrechts beim Humata Verlag Harold S. Blume, Bern
Aus dem Englischen übertragen von Dr. Annie Vigeveno
(Titel der engl. Originalausgabe: *Commentaries on Living,*
2nd Series«, © K & R Foundation Ojai)

INHALT

1]	Schöpferisches Glück	9
2]	Bedingtheit	12
3]	Furcht vor innerer Einsamkeit	16
4]	Haß	21
5]	Fortschritt und Revolution	25
6]	Langeweile	31
7]	Disziplin	36
8]	Konflikt — Freiheit — Beziehung	41
9]	Anstrengung	47
10]	Hingebung und Verehrung	54
11]	Interesse	58
12]	Erziehung und Einheitlichkeit	63
13]	Keuschheit	71
14]	Die Furcht vor dem Tode	78
15]	Die Verschmelzung von Denker und Gedanke	85
16]	Machtstreben	90
17]	Was stumpft uns ab?	96
18]	Karma	102
19]	Der Einzelne und das Ideal	107
20]	Verwundbar sein, bedeutet Leben, sich zurückziehen den Tod	113
21]	Verzweiflung und Hoffnung	119
22]	Der Verstand und das Bekannte	126
23]	Anpassung und Freiheit	131
24]	Zeit und Fortdauer	137
25]	Die Familie und das Verlangen nach Sicherheit	142
26]	Das «Ich»	147
27]	Das Wesen des Verlangens	153

Inhalt

28]	Der Zweck des Lebens	158
29]	Das Bewerten einer Erfahrung	164
30]	Dies Problem der Liebe	172
31]	Was ist die wahre Aufgabe eines Lehrers?	176
32]	Ihre Kinder und deren Erfolg	179
33]	Der Drang zu suchen	185
34]	Zuhören	188
35]	Die Flamme der Unzufriedenheit	191
36]	Ein glückseliges Erlebnis	194
37]	Der Politiker, der Gutes tun wollte	200
38]	Leben in Wettbewerb	204
39]	Meditation — Anstrengung — Bewußtsein	209
40]	Psychoanalyse und das menschliche Problem	213
41]	Von allem Vergangenen rein gewaschen	218
42]	Autorität und Zusammenarbeit	224
43]	Mittelmäßigkeit	227
44]	Bejahende und verneinende Lehre	232
45]	Hilfe	239
46]	Stille des Denkens	244
47]	Zufriedenheit	250
48]	Der Schauspieler	255
49]	Der Weg des Wissens	259
50]	Überzeugung — Träume	263
51]	Der Tod	268
52]	Bewertung	274
53]	Neid und Einsamkeit	279
54]	Der Aufruhr im Denken	286
55]	Gedankenkontrolle	292
56]	Gibt es tiefgründiges Denken?	300
57]	Unermeßlichkeit	302

1] Schöpferisches Glück

An dem Ufer des herrlichen Flusses liegt eine Stadt. Breite, geräumige Stufen führen bis an den Rand des Wassers hinab, und alle Welt scheint auf diesen Stufen zu leben. Vom frühen Morgen bis tief in die Dunkelheit — immer sind sie überfüllt und geräuschvoll. Beinahe auf gleicher Höhe mit dem Wasser springen kleinere Stufen vor; dort sitzen auch Menschen, in Gedanken an ihre Hoffnungen und Sehnsüchte, ihre Götter und Hymnen versunken. Die Tempelglocken läuten, der Muezzin ruft zum Gebet; ein Lied steigt auf, während eine Menschenmenge sich versammelt und in andächtigem Schweigen lauscht.

Jenseits all dieses, weiter oben hinter der Biegung des Flusses stehen eine Anzahl Gebäude. Mit ihren breiten Straßen und baumbestandenen Alleen erstrecken sie sich einige Kilometer weit landeinwärts. Man geht am Wasser entlang und betritt auf einem engen, schmutzigen Wege das ausgedehnte Reich der Gelehrsamkeit. So viele Schüler aus allen Teilen des Landes sind hier — eifrig, lebhaft und geräuschvoll. Die Lehrer nehmen sich selber sehr wichtig und versuchen, mit Ränken bessere Stellungen und Gehälter zu erlangen. Niemand scheint ernstlich um das Schicksal der Schüler nach ihrem Abgang besorgt. Die Lehrer vermitteln Wissen und bestimmte technische Dinge, die die Gescheiten schnell aufnehmen; und wenn die Schüler ihre Examen bestanden haben, dann Schluß. Die Lehrer haben ihre festen Anstellungen, ihre Familie und Sicherheit; wenn aber die Schüler abgehen, stehen sie dem Aufruhr und der Unsicherheit des Lebens gegenüber. Solche Gebäude, solche Lehrer und Schüler findet man überall im Lande. Manche Schüler bringen es zu Ruhm und hohen Stellungen in der Welt; andere zeugen Nachkommen, kämpfen und sterben. Der Staat braucht fähige Techniker und Verwaltungsbeamte, die leiten und herrschen können; und dann gibt es immer noch das Heer, die Kirche und die Geschäftswelt. In der ganzen Welt spielt sich dasselbe ab.

Wir unterwerfen uns dem Vorgang des Lernens, füllen die obere Schicht unseres Verstandes mit Tatsachen und Wissen an, um uns technisch auszubilden und eine Stellung oder einen Beruf zu bekommen, nicht wahr? Offenbar hat in der heutigen Welt ein guter Techniker bessere Aussichten, seinen Lebensunterhalt zu verdienen — aber was dann? Ist ein Techniker besser imstande, dem verwickelten Problem des Lebens die Stirn zu bieten, als jemand, der es nicht ist? Der Beruf ist doch nur *eine* Seite des Lebens; und es gibt noch andere Seiten, verborgene, feinere, geheimnisvolle. Das Betonen einer einzigen Seite und das Verleugnen oder Vernachlässigen aller übrigen muß unvermeidlich zu sehr einseitiger und zersetzender Tätigkeit führen. Gerade das geschieht aber heute überall in der Welt, und die Folge ist, daß Streit, Verwirrung und Elend beständig zunehmen. Natürlich gibt es auch ein paar Ausnahmen, schöpferische, glückliche Menschen, die nicht von den Ergebnissen ihres Verstandes abhängig sind, die in Beziehung zu dem stehen, was nicht von Menschenhand erschaffen ist.

Du und ich, wir haben unserem Wesen nach die Fähigkeit, glücklich, schöpferisch zu sein; wir können mit dem, was über den Griff der Zeit hinausgeht, Fühlung nehmen. Schöpferisches Glück ist keineswegs eine Gabe, die nur wenigen Menschen vorbehalten ist. Warum kennt die große Mehrzahl der Menschen sie nicht? Warum scheinen einige mit dem Tiefsten in Fühlung zu bleiben, allen Umständen und Unfällen, die andere zerstören, zum Trotz? Warum sind manche Menschen beweglich, biegsam, während andere unbeugsam bleiben und zugrunde gehen? Manche halten trotz ihres Wissens das Tor offen für das, was kein Mensch und kein Buch ihnen bieten kann, während andere sich von Technik und Autorität erdrücken lassen. Warum? Es ist ziemlich klar, daß unser Sinn sich in eine bestimmte Tätigkeit verfangen und verankern will, ohne weitere und tiefere Fragen zu beachten, denn dann ist er auf festem Boden; und so werden seine Erziehung, seine Übungen und Betätigungen auf dieser Ebene gehalten und gefördert, während man gleichzeitig Ausflüchte sucht, um nicht darüber hinausgehen zu müssen.

Viele Kinder stehen, ehe sie von der so genannten Erziehung verdorben werden, in Beziehung zu dem Unbekannten; das zeigt sich auf mancherlei Weise. Doch die Umwelt beginnt bald genug, sich um sie zu schließen, und in einem bestimmten Alter geht ihnen ein Licht, eine Schönheit verloren, die in keinem Buch und keiner Schule zu finden ist. Warum? Sagt nicht, daß sie dem Leben nicht gewachsen seien, daß sie der harten Wirklichkeit entgegentreten müssen, daß es ihr Karma oder die Sünde ihrer Väter sei; das ist alles Unsinn. Schöpferisches Glück ist für alle und nicht nur für einige wenige da. Der eine bringt es auf *eine* Weise zum Ausdruck und ein anderer vielleicht auf andere; aber es ist für alle da. Schöpferisches Glück hat keinen Marktwert. Es ist keine Ware, die an den Höchstbietenden verkauft wird; es ist vielmehr das einzige, was allen erreichbar ist.

Kann man schöpferisches Glück verwirklichen? Das heißt, kann unser Sinn mit der Quelle allen Glücks in Fühlung bleiben? Kann man sich seine Offenheit erhalten trotz aller Gelehrsamkeit und Technik, trotz Erziehung und dem Drängen des täglichen Lebens? Es ist wohl möglich; doch nur, wenn der Erzieher zur Wirklichkeit erzogen wird, wenn der Lehrer selber mit der Quelle schöpferischen Glücks in Verbindung steht. So ist also nicht der Schüler, das Kind unser Problem, sondern Lehrer und Eltern. Erziehung wird nur dann zu einem Circulus viciosus, wenn man nicht erkennt, daß höchstes Glück eine wesentliche Notwendigkeit ist und Bedeutung vor allem anderen hat. Schließlich ist Offenheit für die Quelle allen Glücks die höchste Form der Religion. Um aber solches Glück verwirklichen zu können, muß man ihm die rechte Aufmerksamkeit schenken, wie man es mit seinen Geschäften tut. Der Lehrerberuf ist kein Gewohnheitsberuf, sondern eine Ausdrucksform von Schönheit und Freude und läßt sich nicht mit Begriffen wie Erfolg und Leistung messen.

Das Licht der Wirklichkeit und ihr Segen wird zerstört, wenn unser Verstand, der Sitz des Ego, die Herrschaft übernimmt. Selbsterkenntnis ist der Beginn von Weisheit; ohne Selbsterkenntnis führt Gelehrsamkeit nur zu Unwissenheit, Kummer und Streit.

2] Bedingtheit

Er war ernstlich darum besorgt, der Menschheit zu helfen und Gutes zu tun, und war Mitglied in verschiedenen Wohlfahrtsorganisationen. Er sagte, er habe buchstäblich noch nie lange Ferien genommen und habe seit seinem Abgang von der Universität unaufhörlich für die Förderung der Menschheit gearbeitet. Natürlich nähme er keine Bezahlung für seine Arbeit. Die Arbeit selber sei ihm immer so wichtig gewesen, und er sei sehr an sie gebunden. Er sei ein Sozialarbeiter ersten Ranges geworden und ginge ganz darin auf. Aber er habe in einem Vortrag etwas über die verschiedenen Wege der Flucht vor sich selber gehört, die unsern Sinn bedingen, und wolle dies gern erörtern.

«Glauben Sie, daß es eine Bedingtheit ist, Sozialarbeiter zu sein? Wird es zu neuen Konflikten führen?»

Lassen Sie uns zuerst einmal herausfinden, was wir unter Bedingt-Sein verstehen. Wann sind wir uns bewußt, bedingt zu sein? Sind wir uns jemals dessen bewußt? Bemerkt man je seine Bedingtheit, oder bemerkt man nur Konflikt und Streit auf verschiedenen Ebenen seines Wesens? Sicherlich sind wir uns unserer Konflikte, Freuden und Schmerzen bewußt, nicht aber unserer Bedingtheit.

«Was verstehen Sie unter Konflikt?»

Alle möglichen Arten von Widerstreit: zwischen Völkern und verschiedenen Gruppen der Gesellschaft, zwischen einzelnen Menschen und in unserm eigenen Innern. Ist Konflikt nicht unvermeidlich, solange sich der Handelnde und seine Handlung, die Herausforderung und Antwort nicht zu einer Einheit zusammenschließen? Konflikt ist unser Problem, nicht wahr? Kein bestimmter, sondern Konflikt im allgemeinen: Streit zwischen Ideen, Glaubenssätzen, Ideologien und den Gegensätzen. Gäbe es keinen Konflikt, so gäbe es auch keine Probleme.

«Wollen Sie uns zu verstehen geben, daß wir alle ein Leben in Absonderung und innerer Beschauung führen sollten?»

Innere Beschauung ist mühsam und sehr schwer zu verstehen. Und obwohl jeder Mensch auf seine Weise bewußt oder unbewußt Absonderung sucht, kann das doch unsere Probleme nicht lösen; im Gegenteil, es vermehrt sie nur. Wir versuchen hier zu verstehen, welche Faktoren unserer Bedingtheit zu neuen Konflikten führen. Wir sind uns nur unserer Konflikte, Freuden und Leiden bewußt, nicht aber unserer Bedingtheit. Was führt zur Bedingtheit?

«Einflüsse der Gesellschaft oder der Umgebung: die Gesellschaft, in die wir geboren werden, die Kultur, in der wir erzogen sind, wirtschaftlicher und politischer Druck und so weiter.»

Das ist richtig; aber ist das alles? Die Einflüsse sind unser eigenes Werk, nicht wahr? Unsere Gesellschaft ist das Ergebnis der Beziehung zwischen Mensch und Mensch — das ist ziemlich klar. Unsere Beziehungen gründen sich auf Nutzen, Bedürfnis, Behagen und Befriedigung; sie erzeugen Einflüsse und Werte, die uns binden. Die Bindung ist unsere Bedingtheit. Wir werden durch unsere eigenen Gedanken und Taten bedingt; doch wir bemerken unsere Bindung nicht, wir sind uns nur unserer Konflikte in Freude und Schmerz bewußt. Wir scheinen nie darüber hinauszugehen; geschieht es doch einmal, so entstehen nur neue Konflikte. Wir sind uns unserer Bedingtheit nicht bewußt, und bis wir es werden, müssen wir notgedrungen immer weiter Konflikt und Verwirrung schaffen.

«Wie kann man sich seiner Bedingtheit bewußt werden?»

Das kann nur geschehen, wenn man einen anderen Vorgang, den des Verhaftet-Seins versteht. Wenn wir begreifen, warum wir verbunden sind, dann können wir vielleicht unserer Bedingtheit bewußt werden.

«Ist das nicht ein großer Umweg zu einer so direkten Frage?»

Wirklich? Versuchen Sie einmal, sich Ihrer Bedingtheit bewußt zu werden! Man kann sie nur indirekt, im Verhältnis zu etwas anderem wahrnehmen. Man kann seine Bedingtheit nicht als abstrakten Begriff erkennen, das wäre rein theoretisch und hätte sehr wenig Bedeutung. Wir sind uns ausschließlich unserer Konflikte bewußt. Ein Konflikt entsteht, wenn sich Herausforderung und Antwort nicht zu einer Einheit zusammenschließen. Konflikt ist das Ergebnis unserer Bedingtheit. Bedingt-Sein heißt Verhaftet-Sein: verhaftet an Arbeit, Tradition, Eigentum, Menschen, Ideen und so weiter. Gäbe es wohl Bedingtheit, wenn wir nicht so verhaftet wären? Sicherlich nicht. Warum aber binden wir uns? Weil mich zum Beispiel die Bindung an mein Vaterland durch Identifizierung mit ihm zu ‹jemandem› macht. Ich identifiziere mich mit meiner Arbeit, und meine Arbeit wird mir bedeutsam. Ich *bin* meine Familie, mein Besitz, und ich bin ihnen verhaftet. Der Gegenstand meiner Bindung eröffnet mir einen Weg, um meiner eigenen Leere zu entfliehen. Verhaftet-Sein ist eine Form der Flucht vor sich selber, und jede solche Flucht bestärkt meine Bedingtheit. Meine Bindung an einen anderen Menschen wird zum Mittel, mir selber zu entfliehen; daher wird der andere so bedeutsam für mich, daß ich ihn festhalten und besitzen muß. Er wird zum Faktor meiner Bedingtheit, und die Flucht vor mir selber ist meine Bedingtheit. Wenn wir uns der Wege unserer Flucht vor uns selber bewußt werden, können wir auch die Faktoren und Einflüsse wahrnehmen, die zu unserer Bedingtheit führen.

«Bin ich dabei, durch soziale Arbeit mir selber zu entfliehen?»

Sind Sie Ihrer Arbeit verhaftet, an sie gebunden? Würden Sie sich ohne soziale Arbeit leer, verloren, gelangweilt fühlen?

«Dessen bin ich sicher.»

Bindung an Ihre Arbeit ist Ihre Form der Flucht vor sich selber. Solche Wege der Flucht gibt es auf allen Ebenen unseres Wesens. Sie entfliehen sich selber durch Ihre

Arbeit, ein anderer durch Trinken, wieder ein anderer durch religiöse Handlungen oder Gelehrsamkeit, oder durch Gott und noch andere durch Vergnügungen. Alle Wege der Flucht sind sich gleich, es gibt keinen höheren oder niederen. Gott und Trunk stehen auf derselben Ebene, solange es Mittel sind, dem zu entfliehen, was man ist. Nur wenn man sich seiner Wege der Flucht vor sich selber bewußt wird, kann man seine Bedingtheit erkennen.

«Was soll ich tun, wenn ich nicht mehr in Sozialarbeit entfliehe? Kann ich überhaupt etwas tun, ohne mir selber zu entfliehen? Sind nicht alle meine Handlungen Formen der Flucht vor mir selber?»

Ist das eine rein theoretische Frage, oder gründet sie sich auf etwas Wirkliches, Tatsächliches, was Sie im Augenblick erleben? Was würde geschehen, wenn Sie sich nicht mehr zu entfliehen strebten? Haben Sie das je versucht?

«Was Sie sagen, ist so negativ, wenn ich es aussprechen darf. Sie bieten gar keinen Ersatz für Arbeit.»

Ist nicht jeder Ersatz ein Weg der Flucht vor sich selber? Wenn uns eine bestimmte Tätigkeit nicht befriedigt oder zu neuem Konflikt führt, wenden wir uns einer anderen zu. Es ist aber zwecklos, eine Tätigkeit durch eine andere zu ersetzen, wenn man das Problem der Flucht vor sich selber nicht verstanden hat, nicht wahr? Gerade die Wege der Flucht vor uns selber und unsere Verhaftung an sie führen zur Bedingtheit. Bedingt zu sein, bringt Probleme und Konflikte mit sich. Unser Verständnis für eine Herausforderung wird gerade durch Bedingtheit verhindert, und unsere Antwort darauf muß notwendigerweise zum Konflikt führen.

«Wie kann man frei von Bedingtheit werden?»

Nur wenn man sich der Wege seiner Flucht vor sich selber bewußt wird und sie versteht. Unsere Bindungen an andere Menschen, an Arbeit oder eine Ideologie sind der bedingende Faktor. Wir müssen das zu verstehen trachten und nicht nach einer besseren oder intelligenteren Ausflucht suchen. Jede Form der Flucht vor sich selber ist unintelligent, da sie unvermeidlich Konflikte hervorruft. Sich in Losgelöstheit zu üben, ist auch wieder eine Form der Absonderung und Flucht vor sich selber; es ist nichts als die Bindung an einen abstrakten Begriff, ein Ideal, das man Losgelöstheit nennt. Ein Ideal ist etwas Erdichtetes, vom Ego Erfundenes, und dem Ideal nachzustreben, bedeutet Flucht vor dem, was *ist*. Nur wenn unser Sinn keinen Fluchtversuch mehr macht, kommt Verständnis für das, was *ist,* und damit ein Handeln, das dem, was *ist,* angemessen ist. Bloßes Denken über das, was *ist,* bedeutet Flucht vor dem, was *ist.* Über ein Problem nachzudenken, ist Flucht vor dem Problem; denn das Denken *ist* unser Problem und unser einziges Problem. Unser Verstand ist nicht willens, das zu sein, was er ist, er fürchtet sich vor dem, was er ist; daher sucht er nach den verschiedensten Formen der Flucht vor sich selber, und Denken ist sein Weg der Ausflucht. Solange unser Denken anhält, sind wir notwendigerweise verhaftet und versuchen, uns selber zu entfliehen, und das bestärkt unsere Bedingtheit.

Freiheit vom Bedingt-Sein kommt mit der Freiheit vom Denken. Nur wenn unser Sinn vollkommen ruhig ist, herrscht Freiheit, in der das Wirkliche entstehen kann.

3] Furcht vor innerer Einsamkeit

Wie notwendig ist es, jeden Tag zu sterben, in jeder Minute alles absterben zu lassen — die vielen Gestern wie den Augenblick, der gerade verstrichen! Ohne Sterben gibt es kein Erneuern, ohne Tod keine Schöpfung. Die Bürde der Vergangenheit gebiert ihre eigene Fortdauer, die Sorge von gestern flößt der um heute neues Leben ein. Gestern verewigt das Heute, und unser Morgen ist immer noch ein Gestern. Es gibt keine andere Erlösung aus solcher Fortdauer als den Tod. Im Sterben liegt Freude. Jeder neue Morgen ist frisch und klar und frei vom Licht und Schatten des Gestern; man hört den Gesang der Vögel wie zumersten Mal, und Kinderlärm klingt anders als gestern. Wir aber tragen alle Erinnerungen an gestern in uns, und sie verdunkeln unser Leben. Solange unser

Furcht vor innerer Einsamkeit 17

Sinn mechanisch seine Erinnerungen abspielt, kennt er keine Rast, keine Ruhe, keine Stille: unermüdlich nutzt er sich ab. Das, was still ist, kann wiedergeboren werden, doch was beständig in Bewegung ist, erschöpft sich und wird wertlos. Im Enden ist die Quelle zu Neuem, und der Tod ist so nahe wie das Leben.

Sie sagte, sie habe eine Reihe von Jahren bei einem berühmten Psychologen studiert und sei von ihm analysiert worden, was beträchtlich lange gedauert habe. Sie sei als Christin erzogen, habe auch Hindu Philosophie und deren Lehren studiert, habe sich aber nie einer besonderen Gruppe noch einem Denksystem angeschlossen. Sie sei immer unbefriedigt gewesen, sei es auch jetzt noch, habe sogar die Psychoanalyse gelassen und beschäftige sich nun mit Sozialarbeit. Sie sei verheiratet gewesen, habe alle Freuden und Leiden des Familienlebens kennengelernt, und in allen möglichen Dingen Zuflucht gesucht: in gesellschaftlichem Ansehen, in Arbeit, Geld und dem warmen Entzücken dieses Landes am blauen Meer. Ihre Sorgen hätten sich vervielfacht — das sei zu ertragen —, doch habe sie nie über eine bestimmte Tiefe hinausgehen können, und sie sei nicht sehr tief.

Beinahe alles ist seicht und geht schnell zu Ende, nur um aufs neue wieder mit Seichtheit zu beginnen. Man kann das Unerschöpfliche nicht mit der Tätigkeit seines Verstandes entdecken.

«Ich bin von *einer* Tätigkeit zur andern gegangen, von *einem* Unglück zum andern — immer wurde ich getrieben und immer verfolgte ich etwas. Im Augenblick habe ich gerade einen Drang befriedigt, doch bevor ich einem anderen nachjage, der mich vielleicht ein paar Jahre weitertreibt, bin ich einem stärkeren Impuls gefolgt und hierher gekommen. Mein Leben verlief gut, reich und heiter, ich hatte viele Interessen und habe bestimmte Fächer gründlich studiert. Aber irgendwie bin ich nach so vielen Jahren immer noch am Rande der Dinge, es scheint, als ob ich nicht über einen gewissen Punkt hinaus vorstoßen kann. Ich möchte gern tiefer eindringen, kann es aber nicht. Man sagt, ich mache alles gut, was ich anfange, aber gerade das bindet mich. Meine Bedingtheit ist von wohltuender Art: ich kann anderen Gutes tun, den Armen helfen, Rücksicht, Freigebigkeit üben und so weiter. Das ist indessen genauso bindend wie jede andere Bedingtheit. Mein Problem heißt: wie kann ich nicht nur von dieser sondern auch von aller anderen Bedingtheit frei werden und darüber hinausgehen? Das ist zu einer zwingenden Notwendigkeit für mich geworden, und zwar nicht erst nach Ihren Vorträgen, sondern schon aus eigener Beobachtung und Erfahrung. Augenblicklich habe ich meine Sozialarbeit beiseitegelegt und will mich erst später entscheiden, ob ich sie wieder aufnehme oder nicht.»

Warum haben Sie sich früher nie nach dem Grund für Ihre Betriebsamkeit gefragt?

«Früher ist es mir nie in den Sinn gekommen, danach zu fragen, warum ich sozial tätig bin. Ich hatte immer das Bedürfnis zu helfen, Gutes zu tun, es war keine leere Sentimentalität. Ich fand, daß die Leute, mit denen ich lebte, nicht wirklich, sondern nur Masken seien, wirklich sind die, die Hilfe nötig haben. Mit den Maskierten zu leben, ist dumm und langweilig, bei den anderen gibt es Kampf und Schmerz.»

Warum beschäftigen Sie sich überhaupt mit Wohlfahrt oder irgendwelcher anderen Arbeit?

«Ich glaube, nur aus Gewohnheit. Man muß leben und etwas tun, und meine Bedingtheit lag darin, so anständig wie möglich zu handeln. Ich habe mich niemals gefragt, warum ich es tue, jetzt muß ich es aber herausfinden! Doch bevor wir weitergehen, lassen Sie mich bitte sagen, daß ich ein Einzelgänger bin. Obgleich ich mit vielen Leuten zusammenkomme, bin ich doch allein und habe es gern. Es liegt etwas Belebendes im Alleinsein.»

Allein zu sein, im höchsten Sinne des Wortes, ist sehr bedeutsam. Doch Alleinsein in Zurückgezogenheit schafft das Gefühl von Macht, Stärke und Unverwundbarkeit. Solches Alleinsein ist Isolierung und damit eine Flucht vor sich selber, ein Ausweg. Ist es nicht wichtig zu ermitteln, warum Sie sich niemals nach dem Grund all Ihrer scheinbar so wohltätigen Wirksamkeit gefragt haben? Sollten Sie dem nicht nachgehen?

«Ja, lassen Sie es uns versuchen. Ich glaube, es ist die Furcht vor innerer Einsamkeit, die mich zu all dem getrieben hat.»

Warum gebrauchen Sie das Wort ‹Furcht› in bezug auf innere Einsamkeit? Äußerlich macht es Ihnen nichts aus, allein zu sein, doch Sie wenden sich von innerer Einsamkeit ab. Warum? Furcht ist nichts Abstraktes, sie herrscht nur in Beziehung zu etwas. Es gibt keine Furcht an sich; sie besteht zwar als Wort, wird aber nur in Berührung mit etwas anderem empfunden. Wovor fürchten Sie sich also?

«Vor innerer Einsamkeit.»

Furcht vor innerer Einsamkeit gibt es nur in Verbindung mit etwas anderem. Sie können sich nicht gut vor innerer Einsamkeit fürchten, weil Sie sie niemals betrachtet haben. Augenblicklich messen Sie sie nur mit dem Maßstab des Bekannten. Sie kennen Ihren eigenen Wert — wenn ich es so ausdrücken darf — als Sozialarbeiterin, als Mutter, als fähiger und tüchtiger Mensch und so weiter. Sie kennen den Wert Ihrer äußeren Einsamkeit. Daher nähern Sie sich der inneren Einsamkeit auf dieselbe Weise und messen sie ebenso. Sie kennen das Vergangene, aber das, was *ist*, kennen Sie nicht. Wenn das Bekannte versucht, sein Augenmerk auf das Unbekannte zu richten, entsteht Furcht — gerade das erzeugt unsere Furcht.

«Ja, das ist vollkommen wahr. Ich vergleiche innere Einsamkeit mit dem, was ich aus Erfahrung kenne, und meine Erfahrungen erzeugen Furcht vor etwas, das ich noch gar nicht erlebt habe.»

Ihre Furcht richtet sich also nicht auf innere Einsamkeit; es ist vielmehr Ihre Vergangenheit, die sich vor etwas Unbekanntem, noch nicht Erlebtem fürchtet. Die Vergangenheit möchte sich alles Neue einverleiben und es zu seiner eigenen Erfahrung machen. Wie kann aber die Vergangenheit — und das sind Sie — etwas Neues, Unbekanntes erleben? Das Bekannte kann nur etwas seiner eigenen Art erfahren, niemals aber etwas Neues, Unbekanntes. Gibt man dem Unbekannten einen Namen, z. B.

innere Einsamkeit, so hat man es nur mit einem Worte bezeichnet, und das Wort tritt dann an die Stelle des Erlebens, denn Worte sind unsere Schutzwehr gegen Furcht. Der Begriff ‹innere Einsamkeit› überdeckt das Tatsächliche, das, was *ist,* und dann erzeugt das Wort selber Furcht.

«Scheinbar kann ich mich aber nicht dazu bringen, dem ins Auge zu sehen.»

Zuerst einmal müssen wir zu verstehen suchen, warum wir eine Tatsache als solche nicht betrachten wollen, und was uns daran hindert, sie passiv zu beobachten. Machen Sie jetzt bitte nicht den Versuch, sondern hören Sie lieber ruhig zu.

Unsere Erfahrung der Vergangenheit — das Bekannte — trachtet danach, sich das, was es innere Einsamkeit nennt, zu eigen zu machen; es kann jedoch zu keinem Erlebnis kommen, da man nicht weiß, was es ist. Man kennt den Ausdruck, doch nicht, was dahinter steht. Das Unbekannte läßt sich nicht erleben. Man kann darüber nachdenken, Betrachtungen anstellen oder sich davor fürchten, aber unser Denkvermögen kann es nicht verstehen, denn Denken ist das Ergebnis von Bekanntem oder Erfahrung. Weil also unser Denken etwas Unbekanntes nicht erkennen kann, fürchtet es sich davor. Solche Furcht muß solange anhalten, als unser Denken danach trachtet, das Unbekannte zu erleben und zu verstehen.

«Was aber dann . . . ?»

Bitte hören Sie nur zu. Wenn Sie richtig zuhören, wird die Wahrheit des Gesagten erkennbar werden, und dann wird Wahrheit zur Handlung. Was unser Verstand auch in bezug auf innere Einsamkeit unternehmen mag, ist Flucht vor sich selber und geht dem, was *ist,* aus dem Wege. Beim Umgehen dessen, was *ist,* schafft er seine eigene Bedingtheit und verhindert das Erleben des Neuen, Unbekannten. Furcht ist die einzige Reaktion des Denkens auf das Unbekannte; unser Verstand mag es bei allen möglichen Namen nennen, es bleibt doch Furcht. Sie müssen nur erkennen, daß unser Denken keine Wirkung auf das Unbekannte hat, auf das, was hinter dem Begriff ‹innere Einsamkeit› tatsächlich *ist.* Nur dann wird das, was *ist*, sich entfalten können — und es ist unerschöpflich. Wenn ich nun vorschlagen darf, lassen Sie es ruhen. Sie haben alles angehört, lassen Sie es jetzt wirken, wie es will. Nach dem Pflügen und Säen still zu werden, bedeutet, Schöpfung ins Dasein zu rufen.

4] Haß

Sie war Lehrerin, oder war es vielmehr gewesen. Sie war liebevoll und gütig, und das war ihr fast zur Gewohnheit geworden. Sie sagte, sie habe seit mehr als fünfundzwanzig Jahren unterrichtet und sei dabei glücklich gewesen, und obwohl sie sich zum Schluß lieber davon zurückgezogen hätte, sei sie doch bis zuletzt dabei geblieben. Kürzlich habe sie erst angefangen zu erkennen, was tief in ihrem Wesen verborgen sei. Sie habe es unerwarteterweise in einer Diskussion entdeckt, und es habe sie richtig überrascht und entsetzt. Es sei auf einmal dagewesen, und nicht einmal in Form von Selbstbeschuldigung. Beim Rückblick über die Jahre könne sie jetzt sehen, daß es immer bestanden habe. Sie sei tatsächlich voller Haß. Nicht daß sie jemanden im besonderen hasse, es sei vielmehr ein Gefühl von Haß im allgemeinen, ein unterdrückter Widerstand gegen alle und alles. Als sie es zuerst entdeckte, habe sie geglaubt, es sei etwas ganz Oberflächliches, das sie leicht abwerfen könne; mit der Zeit habe sie jedoch herausgefunden, daß es keine so leicht zu nehmende Angelegenheit, sondern ein tief eingewurzelter Haß sei, der ihr ganzes Leben durchzogen habe. Es entsetze sie so sehr, weil sie immer geglaubt habe, sie sei liebevoll und wohlwollend.

Liebe ist seltsam; wird sie vom Denken durchzogen, so ist es keine Liebe mehr. Wenn man an einen Menschen denkt, den man liebt, dann wird er zum Symbol angenehmer Empfindungen, Erinnerungen und Vorstellungen, aber das ist nicht Liebe. Denken ist ein Eindruck, und ein Eindruck ist keine Liebe, und wenn unser Denken arbeitet, wird gerade die Liebe verleugnet. Liebe ist eine Flamme ohne den Rauch des Denkens, ohne Eifersucht, Widerstand oder Gewohnheit — das sind alles Eigenschaften des Verstandes. Solange unser Herz mit den Dingen des Verstandes belastet ist, gibt es auch Haß, denn unser Verstand ist der Sitz von Haß, Widerstand, Konflikt und Gegensatz. Denken ist Reagieren, und jede Reaktion ist in irgendeiner Weise eine Quelle von Feindseligkeit. Denken bedeutet Widerstand und Haß; Denken ist stets im Wettstreit, auf der Suche nach einem Ziel und nach Erfolg; seine Erfüllung heißt Vergnügen und sein Vereitelt-Werden Haß. Denken, das sich in den Gegensätzen verfängt, bedeutet Konflikt, und die Synthese der Gegensätze ist immer noch Haß und Widerstand.

«Sehen Sie, ich habe immer geglaubt, daß ich Kinder liebe. Wenn sie aufwuchsen, pflegten sie zu mir zu kommen, um Trost zu suchen. Ich hielt es für selbstverständlich, daß ich sie liebe, besonders die, die ich außerhalb der Klasse auch noch vorzog. Jetzt aber sehe ich, daß selbst dabei immer noch eine Unterströmung von Haß und tief eingewurzeltem Widerstand bestanden hat. Was soll ich mit meiner Entdeckung anfangen? Sie können sich kaum vorstellen, wie entsetzt ich darüber bin, und obwohl Sie sagen, man solle nicht verurteilen, ist meine Entdeckung doch sehr heilsam gewesen.»

Haben Sie dabei auch den Vorgang des Hassens entdeckt? Es ist verhältnismäßig leicht, eine Ursache zu sehen und zu erkennen, warum man haßt; sind Sie sich aber der Wege des Hassens bewußt? Beobachten Sie sie, wie man ein unbekanntes Tier beobachten würde?

«All das ist mir ganz neu, ich habe noch nie den Vorgang des Hassens verfolgt.»

Dann lassen Sie es uns jetzt tun und sehen, was geschieht. Wir wollen einmal passiv beobachten, wie sich Haß entfaltet. Seien Sie nicht entsetzt, verurteilen Sie nicht, suchen Sie nicht nach Rechtfertigung — beobachten Sie nur passiv. Haß ist eine Form von Vereitlung, nicht wahr? Erfüllung und Vereitlung gehen stets Hand in Hand.

Wofür interessieren Sie sich — nicht beruflich, sondern wirklich zutiefst?

«Ich wollte immer gern malen.»

Warum haben Sie es nie getan?

«Mein Vater hielt mich dazu an, nie etwas zu tun, was nicht Geld einbrächte. Er war ein sehr aggressiver Mensch, und Geld bedeutete alles für ihn. Nie tat er etwas, ohne daß es Geld oder zum mindesten mehr Ansehen und Macht einbrachte. ‹Mehr› war sein Gott, und wir alle waren seine Kinder. Obgleich ich ihn liebte, widersetzte ich mich in vielen Dingen. Der Begriff vom Wert des Geldes wurde mir tief eingeprägt. Ich unterrichtete gern, wahrscheinlich weil sich mir dadurch die Gelegenheit bot zu befehlen. In meinen Ferien malte ich, doch war es sehr unbefriedigend. Ich wollte mein Leben der Malerei widmen, konnte mich ihr aber nur zwei Monate im Jahr überlassen. Schließlich hörte ich auf zu malen, aber die Flamme brannte in mir. Jetzt sehe ich, wie all das Widerstand erzeugen mußte.»

Sind Sie je verheiratet gewesen? Haben sie eigene Kinder?

«Ich verliebte mich in einen verheirateten Mann, und wir lebten heimlich zusammen. Ich war schrecklich eifersüchtig auf seine Frau und seine Kinder, hatte aber selber zu große Furcht, Kinder zu bekommen, obgleich ich mich danach sehnte. Alle natürlichen Dinge, wie der tägliche Umgang mit dem Gefährten und so weiter, waren mir versagt, und Eifersucht verzehrte mich bis zur Raserei. Er mußte in eine andere Stadt ziehen, aber meine Eifersucht ließ nicht nach. Es war unerträglich! Um alles zu vergessen, warf ich mich noch angestrengter aufs Unterrichten. Jetzt erkenne ich, daß ich immer noch eifersüchtig bin — nicht auf ihn, denn er ist tot, aber auf glückliche, verheiratete, erfolgreiche Menschen, beinahe auf jeden. Was wir zusammen hätten haben können, war uns versagt.»

Eifersucht ist Haß, nicht wahr? Wenn man liebt, gibt es keinen Raum für etwas anderes. Wir lieben aber nicht; Rauch erstickt unser Leben, und die Flamme stirbt.

«Ich erkenne jetzt, daß in meiner Schule, in dem Verhältnis zu meinen verheirateten Schwestern wie überhaupt zu allen Menschen stets ein Kampf im Gange war, den ich immer unterdrückte. Ich war auf dem Wege, eine ideale Lehrerin zu werden, das war mein Ziel.»

Je stärker das Ideal, desto tiefer die Unterdrückung, desto tiefer Konflikt und Widerstand.

«Ja, jetzt sehe ich das alles ein; und seltsamerweise, während ich es beobachte, beunruhigt es mich nicht, daß ich so bin, wie ich tatsächlich bin.»

Es beunruhigt Sie nicht, weil da eine Art grausamer Erkenntnis stattfindet, nicht wahr? Solche Erkenntnis bringt ein gewisses Vergnügen mit sich, sie verleiht uns Lebenskraft, das Gefühl des Vertrauens in Selbsterkenntnis oder die Macht des Wissens. Wie einst die Eifersucht — obgleich schmerzhaft — ein angenehmes Gefühl erweckte, so gibt Ihnen jetzt das Wissen um Ihre Vergangenheit ein Gefühl der Überlegenheit, das auch wohltut. Sie haben also einen neuen Ausdruck für Ihre Eifersucht, Ihre Vereitlung, Hintansetzung gefunden: den Haß und seine Erkenntnis. Im Wissen liegt Stolz, der eine neue Form von Widerstand darstellt. Wir gehen von einem Ersatz zum andern, doch dem Wesen nach gleichen sich alle diese Formen, wenn sie auch andere Namen tragen. So sind Sie im Netz Ihres eigenen Denkens gefangen, nicht war?

«Ja, aber was kann man tun?»

Fragen Sie nicht, sondern beobachten Sie Ihren Denkvorgang. Wie listig und betrügerisch er ist! Er verspricht Befreiung und verursacht nur eine neue Krise und mehr Widerstand. Beobachten Sie das passiv und lassen Sie die Wahrheit ans Licht kommen.

«Werde ich je frei von Eifersucht und Haß, von diesem unaufhörlichen, unterdrückten Kampf werden?»

Wenn man in positiver oder negativer Weise etwas erhofft, so projiziert man sein eigenes Verlangen; dann kann man damit Erfolg haben, doch ist das wiederum ein Ersatz, und der Kampf geht weiter. Der Wunsch, etwas zu erlangen oder zu vermeiden, ist immer noch im Bereich von Widerstand, nicht wahr? Sieht man das Falsche als falsch, so hat man Wahrheit. Man braucht nicht danach zu suchen. Sucht man etwas, so kann man es zwar finden, doch wird es nie die Wahrheit sein. Ein mißtrauischer Mensch zum Beispiel findet auch, was er vermutet; das ist verhältnismäßig leicht und dumm. Seien Sie sich nur passiv Ihres gesamten Denkvorganges bewußt, wie auch Ihres Verlangens, davon frei zu werden.

«All das ist zu einer außerordentlichen Entdeckung für mich geworden, und ich fange an, die Wahrheit in Ihren Worten zu erkennen. Ich hoffe, es wird nicht jahrelang dauern, bis ich über meinen Konflikt hinwegkomme. Da hoffe ich schon wieder! Nun will ich schweigend beobachten und abwarten, was geschieht.»

5] Fortschritt und Revolution

Aus dem Tempel stieg Gesang auf. Es war ein reiner, massiver Tempel, aus Stein gehauen und unzerstörbar. Ueber dreißig Priester standen da, bis zum Gürtel entblößt. Sie kannten die Bedeutung der Liturgie und sprachen die Sanskrit Worte klar und deutlich aus. Klang und Tiefe der Worte ließen fast die Mauern und Säulen erzittern, unwillkürlich wurde die Gruppe der Besucher still. Es wurde die Schöpfung, der Urbeginn der Welt und die Erschaffung des Menschen besungen. Die Zuhörer hielten die Augen geschlossen, denn der Gesang rief in ihnen wohltuende Störungen hervor: Kindheitserinnerungen voller Heimweh, Gedanken an ihren Fortschritt seit den Tagen der Jugend; da war die seltsame Wirkung der Sanskrit Worte und Entzücken über den Gesang selber. Einige von ihnen sangen die Liturgie leise mit, während ihre Lippen sich bewegten. Die Luft war mit starker Erregung geladen, doch die Priester sangen immer weiter, und die Götter blieben stumm.

Wie wir uns an unsere Idee des Fortschritts klammern! Wir finden Gefallen daran, uns vorzustellen, wir könnten besser, barmherziger, friedvoller oder tugendhafter werden. Wir möchten so gern an solchen Illusionen festhalten, und nur wenige sind sich tief dessen bewußt, daß alles Werden nichts als Schein oder befriedigende Sage ist. Wie gern glauben wir daran, daß wir einmal besser werden könnten; aber bis dahin leben wir ruhig so weiter wie bisher. Fortschritt ist ein tröstendes, beruhigendes Wort, mit dem wir uns hypnotisieren. Aber das, was *ist*, kann sich nie in etwas anderes verwandeln. Gier kann ebensowenig zur Nicht-Gier wie Gewalt zur Gewaltlosigkeit werden. Man kann Roheisen in eine wunderbare, komplizierte Maschine verwandeln, doch wird Fortschritt zur Illusion, wenn man ihn auf das Werden des Ich bezieht. Zu denken, das ‹Ich› könne sich in etwas Herrliches verwandeln, ist einfach eine Täuschung unseres Verlangens nach Größe. Wir verehren den Erfolg eines Staates, einer Ideologie oder unseres Ich und betrügen uns selber mit dem tröstenden Blendwerk des Fortschritts. Unser Denken kann zwar fortschreiten: es kann größer werden, einem vollkommneren Ziele zustreben, oder sich selbst zur Ruhe bringen. Solange es sich jedoch auf Erwerb oder Verzicht richtet, ist es nichts als bloße Reaktion. Eine Reaktion ruft immer Konflikt hervor, und Fortschritt im Konflikt führt zu mehr Verwirrung und größerem Widerstand.

Er sagte, er sei Revolutionär und bereit, um seiner Sache, seiner Ideologie oder einer besseren Welt willen zu töten oder getötet zu werden. Die gegenwärtige Gesellschaftsordnung zu zerstören, würde natürlich wiederum Chaos zur Folge haben, aber die entstehende Verwirrung könnte ausgenützt werden, um eine klassenlose Gesellschaft zu bilden. Was sei daran gelegen, ob man ein paar oder gar viele zerstöre, wenn man dabei eine vollkommene Gesellschaftsordnung aufbauen könne? Nicht auf den heutigen Menschen, sondern auf den der Zukunft komme es an. In der neuen Welt, die zu errichten sei, würde es völlige Gleichheit, Arbeit für alle und Glück geben.

Wieso sind Sie so sicher in bezug auf die Zukunft? Was macht Sie Ihrer Sache gewiß? Religionen versprechen den Himmel, und Sie versprechen eine bessere Welt in der Zukunft; Sie haben genauso Ihr Buch und Ihre Priester wie die andern, der Unterschied ist nicht groß. Weshalb sind Sie sicher, daß gerade Sie klar in die Zukunft blicken?

«Wenn wir einer bestimmten Richtung folgen, ist das Ende logischerweise sicher. Überdies gibt es eine Menge Beweise in der Geschichte, die unsere Behauptungen unterstützen.»

Jeder Mensch legt die Vergangenheit seiner besonderen Bedingtheit gemäß aus und will sie seinen Vorurteilen anpassen. Sie sind genauso unsicher über das Morgen wie alle andern, und dem Himmel sei Dank, daß es so ist! Aber es scheint höchst unlogisch, die Gegenwart einer trügerischen Zukunft opfern zu wollen.

«Glauben Sie an eine Wandlung, oder sind Sie das Werkzeug der kapitalistischen Bourgeoisie?»

Wandlung ist nichts anderes als abgeänderte Fortdauer, die Sie vielleicht Revolution nennen. Grundlegende Revolution ist jedoch ein ganz anderer Vorgang, der nichts mit Logik oder historischen Beweisen zu tun hat. Grundlegender Wandel findet nur dann statt, wenn man den gesamten Vorgang seines Handelns versteht, doch nicht von einem bestimmten wirtschaftlichen oder ideologischen Standpunkt aus, sondern als zusammengeschlossenes Ganzes. Solches Handeln ist kein Reagieren. Sie kennen aber nichts als Reaktion, die Reaktion der Antithese und die darauf folgende Reaktion, die Sie Synthese nennen. Zusammenschluß ist keine intellektuelle Synthese oder Schlußfolgerung, die mit bloßen Worten auf geschichtlicher Forschung aufgebaut wird. Zusammenschluß zu einem Ganzen kann nur mit dem vollen Verständnis für Reaktion kommen. Unser Verstand ist nichts als ein Ablauf von Reaktionen; und Wandlung, die auf Reaktionen oder Ideen beruht, ist keine Revolution, sondern bloß die abgeänderte Fortsetzung dessen, was war. Sie mögen es Revolution nennen, doch in Wirklichkeit ist es das nicht.

«Was ist dann Revolution Ihrer Ansicht nach?»

Wandlung, die sich auf eine Idee gründet, ist keine Revolution, denn alle Ideen kommen aus dem Gedächtnis und sind daher Reaktionen. Grundlegende Umwandlung ist nur dann möglich, wenn Ideen keinen Wert mehr haben und infolgedessen aufhören zu bestehen. Eine Revolution, die aus Widerstand geboren wird, ist nicht das, was sie zu sein vorgibt; sie ist nichts als Widerstand und kann daher niemals schöpferisch wirken.

«Die Revolution, von der Sie sprechen, ist rein abstrakt und hat keine Wirklichkeit in der modernen Welt. Sie sind ein unklarer Idealist und vollkommen unpraktisch.»

Im Gegenteil, der Idealist ist der Mensch mit Ideen und er ist alles andre als revolutionär. Ideen trennen. Trennung bedeutet Auflösung, aber durchaus nicht Wandlung. Ein Mensch mit einer Ideologie gibt sich mit Ideen und Worten ab, nicht aber mit direktem Handeln, er vermeidet direktes Handeln. Jede Ideologie ist ein Hindernis für direktes Handeln.

«Glauben Sie nicht, daß man durch Revolution zur Gleichheit kommen kann?»

Eine noch so logische Idee, selbst in Übereinstimmung mit historischen Tatsachen und als Grundlage für eine Revolution kann niemals Gleichheit herbeiführen. Die Wirksamkeit einer Idee liegt darin, Menschen zu trennen. Religiöser oder politischer Glaube hetzt die Menschen gegeneinander auf. Sogenannte Religionen haben Menschen entzweit und tun es noch. Organisierter Glaube, Religion genannt, ist wie jede andere Ideologie ein Teil unseres Verstandes und hat als solcher das Bestreben zu trennen. Dasselbe gilt für Ihre Ideologie, nicht wahr? Sie bilden eine Gruppe oder einen Kern um Ihre Idee und wollen gern jedermann in Ihre Gruppe einschließen, wie es der Gläubige auch tut. Sie wollen die Welt auf Ihre Weise erlösen, geradeso wie der andere es auf seine Art versucht. Sie morden und beseitigen einander — alles für eine bessere Welt. Keiner von Ihnen beiden hat aber Interesse an einer besseren Welt, sondern nur am Gestalten der Welt nach Ihrem Begriff. Wie kann also eine Idee zur Gleichheit beitragen?

«Im Bereich einer Idee sind wir alle gleich, wenn wir auch verschiedene Wirksamkeit haben. An erster Stelle sind wir Verkörperer der Idee und daneben besondere

Beamte. Wir sind nach unserer Wirksamkeit abgestuft und nicht als Stellvertreter der Ideologie.»

Genau dasselbe hat auch jeder organisierte Glaube verkündet. Vor Gott sind wir alle gleich, doch unserer Fähigkeit nach verschieden. Es gibt nur *ein* Leben, aber gesellschaftliche Unterschiede sind unvermeidlich. Setzt man eine Ideologie an die Stelle einer andern, so ändert das nichts an der grundlegenden Tatsache, daß jede Gruppe und jeder einzelne andere Menschen als untergeordnet behandelt. Tatsächlich gibt es auf keiner Schicht unseres Daseins Gleichheit. Einer ist fähig, der andere nicht; einer führt und andere folgen; einer ist abgestumpft, ein anderer empfindsam, lebendig, anpassungsfähig; einer malt oder schreibt, und ein anderer gräbt; einer ist Wissenschaftler, der andere Straßenkehrer. Ungleichheit ist eine Tatsache, und keine Revolution kann sie beseitigen. Alles, was eine sogenannte Revolution zuwege bringen kann, ist, eine Gruppe durch eine andere zu ersetzen. Dann ergreift die neue Gruppe politisch und wirtschaftlich die Macht, sie wird zur neuen Oberklasse, geht dazu über, sich durch Sonderrechte stark zu machen und so weiter, denn sie kennt alle Kniffe der anderen Klasse, die sie umgestürzt hat. Sie hat aber keineswegs Ungleichheit abgeschafft, oder doch?

«Am Ende wird es so kommen. Wenn die ganze Welt einmal so denkt wie wir, wird ideologische Gleichheit herrschen.»

Was aber durchaus keine Gleichheit ist, sondern nur eine Idee, eine Theorie, der Traum einer anderen Welt, genau wie bei dem religiös Gläubigen. Wie nahe sie beide einander stehen! Ideen entzweien, sie trennen, streiten und brüten Konflikt. Eine Idee kann niemals, nicht einmal in ihrer eigenen Welt, Gleichheit herbeiführen. Wenn wir alle zu derselben Zeit, von demselben Standpunkte aus dasselbe dächten, könnte eine Art Gleichheit eintreten. Doch das ist unmöglich, es ist eine reine Theorie, die zur Illusion führen muß.

«Spotten Sie über Gleichheit? Sind Sie so zynisch, daß Sie jede Anstrengung, gleiche Bedingungen für alle herbeizuführen, verurteilen?»

Ich bin weder zynisch, noch gegen gleiche Bedingungen für alle, ich will nur unverkennbare Tatsachen darlegen. Sicherlich ist es möglich, darüber hinauszugehen und vielleicht einen wirkungsvolleren Zugang zu dem Problem der Ungleichheit zu finden, doch nur, wenn man tatsächlich das, was *ist,* versteht. Es kann nicht geschehen, wenn man sich dem, was *ist,* mit einer Idee, einem Entschluß oder einer Illusion nähert. Voreingenommene Beobachtung ist keine Beobachtung. Die Tatsache besteht, daß keine Gleichheit in den Schichten unseres Bewußtseins wie im Leben überhaupt herrscht, und was wir auch tun mögen, wir können das nicht ändern.

Wäre es nicht möglich, an den Tatbestand heranzugehen, ohne neuen Widerstand oder neue Spaltung herbeizuführen? Revolutionen haben den Menschen als Mittel zu ihrem Zweck benutzt. Der Zweck war wichtig, nicht aber der Mensch. Religionen haben behauptet — wenigstens dem Worte nach —, der Einzelne sei bedeutsam; doch auch sie haben sich der Menschen bedient, um Glauben und Dogmen zu gründen. Menschen für einen Zweck nutzbar zu machen, muß notwendigerweise Begriffe wie Höher und Niedriger, Nah und Fern, Wissend und Unwissend schaffen. Solche Scheidung ist psychologische Ungleichheit und bewirkt Auflösung der Gesellschaft. Heutzutage kennen wir Beziehungen zwischen Menschen nur in der Form von Nutzen; die Gesellschaft bedient sich des Einzelnen genauso wie die Menschen sich untereinander bedienen, um auf allerlei Weise Vorteil zu ziehen. Dieses Einander-Benutzen ist die grundlegende Ursache für psychologische Trennung zwischen den Menschen.

Erst wenn Ideen nicht mehr als Grundfaktoren menschlicher Beziehungen wirken, wird man sich nicht länger andere zu Nutzen machen. Mit Ideen kommt Ausbeutung, und Ausbeutung erzeugt Widerstand.

«Welcher Faktor entsteht aber dann, wenn Ideen aufhören?»

Liebe — der einzige Faktor, der eine grundlegende Umwandlung herbeiführen kann. Liebe ist die einzig wahre Revolution. Doch Liebe ist keine Idee, sie tritt ins Dasein, wenn das Denken aufhört. Liebe ist kein Werkzeug für

Propaganda. Man kann sie weder züchten noch von den Dächern ausrufen. Liebe kann erst herrschen, wenn Flaggen, Glauben, Führer oder Ideen als Mittel zu planmäßigem Handeln fortfallen. Liebe ist die einzig schöpferische und beständige Wandlung.

«Aber Liebe kann keine Maschinen treiben, nicht wahr?»

6] Langeweile

Es hatte aufgehört zu regnen. Die Wege waren sauber, und aller Staub war von den Bäumen gewaschen. Die Erde sah erquickt aus. Im Teich quakten Frösche sehr laut, sie waren groß und hatten vor Freude geschwellte Kehlen. Das Gras glitzerte voll kleiner Wassertropfen, und auf dem Lande herrschte Frieden nach dem schweren Regen. Das Vieh war völlig durchnäßt, denn es suchte nie Unterschlupf beim Regen, jetzt aber graste es wieder zufrieden. In dem kleinen Fluß, der sich am Wegrande gebildet hatte, spielten ein paar Knaben, sie waren nackt, und ihre glänzenden Körper und hellen Augen waren schön anzusehen. Sie vergnügten sich über alle Maßen — wie glücklich sie waren! Nichts anderes war ihnen wichtig; sie lächelten vor Freude, wenn jemand sie ansprach, obwohl sie kein Wort von dem Gesagten verstanden. Die Sonne kam wieder hervor, und die Schatten wurden tiefer.

Wie notwendig ist es, daß unser Sinn sich von allem Denken läutert, daß er beständig leer ist — nicht leer *gemacht* wird, sondern es einfach ist; daß alle Erinnerungen an gestern und alle Gedanken an die kommende Stunde absterben! Es ist so einfach zu sterben und so schwer fortzuleben, denn Fortdauer ist das Streben, zu sein oder nicht zu sein. Streben heißt Verlangen, und das Verlangen kann nur absterben, wenn unser Sinn sein Erwerben einstellt. Wie einfach ist es, bloß zu leben! Doch bedeutet es nicht Stillstand. Im Nicht-Wünschen, Nichts-Sein-Wollen, Nirgendwohin-Gehen liegt großes Glück. Erst wenn sich unser Sinn von allem Denken läutert, kommt schöpferisches Schweigen. Doch solange er schweigt, um irgendwohin zu gelangen, ist er nicht in Ruhe. Etwas zu erreichen, bedeutet für ihn, Erfolg zu haben, und Erfolg ist sich immer gleich — am Anfang wie am Ende. Es gibt keine Läuterung für den Sinn, solange er am Muster seines eigenen Werdens webt.

Sie sagte, sie sei immer irgendwie beschäftigt gewesen: mit ihren Kindern, gesellschaftlichem Verkehr oder Sport, doch hinter aller Tätigkeit habe stets drückende und beständige Langeweile gestanden. Sie langweilte sich im gewohnten Gang ihres Lebens, bei Vergnügen und Schmerz, bei Schmeichelei wie bei allem anderen. Die Langeweile habe wie eine Wolke über ihrem Leben gehangen, solange sie zurückdenken könne. Wohl habe sie versucht, ihr zu entfliehen, aber jedes neue Interesse sei nur zu bald wieder zu Überdruß und tödlicher Langeweile geworden. Sie habe sehr viel gelesen und die üblichen Unruhen des Familienlebens kennen gelernt, aber bei allem habe sie quälende Langeweile empfunden. Es habe nichts mit ihrem Wohlbefinden zu tun, denn sie sei vollkommen gesund.

Was glauben Sie, warum langweilen Sie sich so? Ist es eine Folge von Hemmungen oder vielleicht eines lebenswichtigen Verlangens, das vereitelt wurde?

«Nicht gerade das. Es gab zwar oberflächliche Hemmungen, aber sie haben mich nie sehr gestört; wenn sie mich beunruhigten, bin ich ihnen ziemlich intelligent gegenübergetreten und habe mich nie verblüffen lassen. Ich glaube nicht, daß meine Schwierigkeit im Gehemmt-Sein liegt, denn ich habe immer das, was ich wollte, erreicht. Ich bin mit meinen Forderungen verständig gewesen, habe nie Unmögliches verlangt. Trotzdem habe ich bei allem, sogar bei meiner Familie und meiner Arbeit dieses Gefühl der Langeweile.»

Was verstehen Sie unter Langeweile? Sind Sie unbefriedigt? Hat Ihnen niemals etwas vollkommene Befriedigung gebracht?

«Das ist es nicht. Ich bin so unbefriedigt wie jeder normale Mensch, aber ich habe mich mit dem unvermeidlichen Unbefriedigtsein aussöhnen können.»

Woran sind Sie interessiert? Gibt es irgendein tiefgehendes Interesse in Ihrem Leben?

«Kein besonderes. Hätte ich ein tieferes Interesse, so wäre ich nicht so gelangweilt. Ich versichere Ihnen, ich bin von Natur aus schnell begeistert, und wenn ich ein Interesse hätte, würde ich es nicht so leicht fahren lassen. Ich habe in Abständen vielerlei Interessen gehabt, aber alle haben in einer Wolke von Langeweile geendet.»

Was verstehen Sie unter Interesse? Woher kommt der Wechsel von Interesse und Langeweile? Was bedeutet eigentlich Interesse? Sie interessieren sich für das, was Sie erfreut und befriedigt, nicht wahr? Ist Interesse nicht eine Art Gewinnsucht? Sie würden sich wohl kaum für etwas interessieren, das Ihnen keinen Gewinn brächte, oder doch? Ihr Interesse hält so lange an, als sie etwas erlangen. Interesse ist Gewinn, nicht wahr? Bei allem, womit Sie in Berührung kommen, haben Sie versucht, Befriedigung zu erlangen, und wenn Sie es gründlich ausgenutzt hatten, waren Sie natürlich gelangweilt. Jede Errungenschaft ist ein Form von Langeweile oder Überdruß. Wir wollen fortwährend ein anderes Spielzeug. Sobald wir das Interesse an einem verlieren, wenden wir uns einem anderen zu, und man kann immer neues Spielzeug finden. Wenn wir uns mit einer Sache befassen, geschieht es in der Absicht, etwas zu erwerben; so geht es bei Vergnügen und Wissen, bei Ruhm und Macht, bei der Tüchtigkeit, bei unserer Familie und so weiter. Haben wir nichts mehr von einer Religion oder einem Erlöser zu gewinnen, so verlieren wir Interesse und wenden uns einem andern zu. Manche Menschen schlafen innerhalb einer Organisation ein und wachen niemals auf; die, die aufwachen, treten einer anderen bei und schlafen da wieder ein. Solche Bewegung, die nur auf Erwerb gerichtet ist, nennt man Erweiterung des Geistes oder Fortschritt.

«Ist Interesse immer ein Erwerben?»

Haben Sie je wirkliches Interesse für das, was Ihnen nichts bieten kann, sei es ein Theaterstück, ein Spiel, eine Unterhaltung, ein Buch oder ein Mensch? Wenn ein Bild Sie nicht anspricht, gehen Sie daran vorüber. Wenn ein Mensch Sie nicht anregt oder Sie in irgendeiner Weise beunruhigt, wenn eine bestimmte Beziehung weder Freude noch Schmerz mit sich bringt, verlieren Sie Interesse und werden dessen überdrüssig. Haben Sie das nicht schon bemerkt?

«Ja, aber ich habe es nie so betrachtet.»

Auch hierher wären Sie nie gekommen, wenn Sie nicht etwas wollten. Sie möchten sich von der Langeweile befreien. Da ich Ihnen solche Freiheit aber nicht geben kann, werden Sie sich wieder langweilen. Wenn wir nun zusammen versuchen, den Vorgang von Erwerb, Interesse und Langeweile zu untersuchen, kann vielleicht Freiheit entstehen. Freiheit kann nicht erworben werden. Wollen Sie sie erwerben, so werden Sie sich bald genug wieder langweilen. Stumpft nicht all das Erwerben unseren Sinn ab? Positive und negative Errungenschaften sind nur Lasten. Sobald man etwas erlangt, verliert man das Interesse daran. Bei dem Versuch, etwas in Besitz zu bekommen, ist man lebendig und interessiert, aber Besitz selber langweilt. Der Wunsch nach mehr Besitz kann entstehen, aber die Jagd nach dem Mehr ist nichts als das Triebwerk zur Langeweile. Man kann die verschiedensten Formen des Erwerbens ausprobieren, und solange die Mühe des Erringens anhält, besteht auch Interesse; aber das Erwerben endet immer, und dann kommt die Langeweile. Ist es Ihnen nicht auch so ergangen?

«Ich glaube schon, aber ich habe die volle Bedeutung davon noch nicht verstanden.»

Das wird später kommen.

Besitztum ermüdet unsern Sinn. Alles Erwerben — sei es in bezug auf Wissen, Besitz oder Tugend — trägt dazu bei, uns unempfindlich zu machen. Es liegt im Wesen unseres Verstandes, alles erwerben und sich einverleiben zu wollen, nicht wahr? Oder besser gesagt, er hat sich seine Schablone des Einsammelns geschaffen; aber gerade durch solche Betätigung bereitet er sich auf Überdruß und Langeweile vor. Interesse oder Neugier ist der Anfang allen Erwerbens, das nur zu schnell in Langeweile umschlägt, und der Drang nach Freiheit von Langeweile ist wiederum eine Form von Besitz. So geht unser Sinn von der Langeweile zum Interesse und zurück zur Langeweile, bis er vollkommen erschöpft ist, und die einander folgenden Wogen von Interesse und Überdruß betrachten wir als unser Dasein.

«Wie kann man aber frei vom Ansammeln werden, ohne wieder neu zu erwerben?»

Nicht durch den Versuch, losgelöst oder nicht mehr erwerbsüchtig zu sein, sondern indem man selber die Wahrheit über den gesamten Erwerbsvorgang zu erfahren sucht. Nicht erwerbsüchtig sein zu wollen, ist nur eine andere Form von Erwerb, die auch bald zum Überdruß führen muß. Die Schwierigkeit — wenn ich das Wort gebrauchen darf — liegt nicht im wörtlichen Verstehen dessen, was hier besprochen wird, sondern im Erleben des Falschen als falsch. Die Wahrheit im Falschen zu entdecken, ist der Beginn von Weisheit. Es ist schwer für unser Denken, still zu sein, denn es ist immer gequält, immer hinter etwas her, es erwirbt oder verweigert, sucht und findet, es ist niemals ruhig, ewig in Bewegung. Unsere Vergangenheit wirft ihren Schatten auf die Gegenwart und formt ihre eigene Zukunft. Das ist eine zeitgebundene Bewegung, und es gibt kaum jemals eine Pause zwischen unseren Gedanken. Ein Gedanke folgt dem andern ohne Unterbrechung, und während unser Verstand sich unaufhörlich schärft, nutzt er sich ab. Wenn man einen Bleistift immerzu anspitzt, bleibt bald nichts mehr von ihm übrig. So nutzt sich auch unser Verstand ab und erschöpft sich. Er ist immer in Angst vor dem Ende. Aber Leben bedeutet Enden, von Tag zu Tag, es ist ein Absterben aller Erwerbungen, Erinnerungen und Erfahrungen — kurz der Vergangenheit. Wie kann man wahrhaft leben, solange man Erfahrungen macht? Erfahrung ist Wissen, Gedächtnis; ist aber unser Gedächtnis des Erlebens fähig? Kann unser Gedächtnis beim Erlebnis selber der Erfahrende sein? Die Läuterung des Verstandes ist Leben, Schöpfung. Schönheit liegt im Erleben an sich, nicht in der Erfahrung, denn Erfahrung gehört immer der Vergangenheit an, und Vergangenheit ist weder Erlebnis noch Leben. Die Läuterung unseres Sinnes verleiht dem Herzen Ruhe.

7] Disziplin

Wir waren durch dichten Verkehr gefahren und bogen nun von der Hauptstraße in eine beschützte Seitenstraße ab. Als wir den Wagen verließen, folgten wir dem Pfade, der sich durch einen Palmenhain wand und an einem grünen, reifen Reisfelde entlanglief. Wie schön war das lange, geschwungene Reisfeld, von hohen Palmen umstanden! Der Abend war kühl, und eine leichte Brise regte sich zwischen dem schweren Laub der Bäume. Ganz unerwartet tauchte ein See hinter der Biegung auf. Er war lang, schmal und tief, und die Palmen an beiden Ufern standen so nahe zusammen, daß sie fast undurchdringlich schienen. Die Brise spielte auf dem Wasser, und am Ufer hörte man ein Murmeln. Ein paar Jungen waren dabei zu baden — nackt, frei und ohne Scham. Ihre Körper glitzerten, so wohlgeformt, schlank, biegsam und schön waren sie! Sie schwammen immer bis in die Mitte des Sees hinaus, kamen dann zurück und begannen wieder von vorn. Der Weg führte weiter an einem Dorf vorbei. Auf unserm Rückweg kam der Vollmond hervor und warf tiefe Schatten. Die Jungen waren fort. Mondlicht lag auf dem Wasser, und die Palmen leuchteten im schattigen Dunkel wie weiße Säulen.

Er war von weither gekommen und war voller Ungeduld herauszufinden, wie man sein Denken unterjochen könne. Er sagte, er habe sich vorsätzlich von der Welt zurückgezogen, lebe sehr einfach bei Verwandten und widme seine Zeit dem Versuch der Beherrschung seines Denkens. Schon seit einer Reihe von Jahren mache er bestimmte Übungen, aber sein Denken sei immer noch nicht unter Kontrolle und wolle beständig ausbrechen wie ein Tier an der Leine. Er habe gehungert, doch das habe nichts geholfen, er habe Versuche mit seiner Nahrung angestellt, was ein wenig geholfen habe — niemals jedoch habe er Frieden gefunden. Sein Denken werfe beständig Bilder auf, beschwöre Szenen, Empfindungen und Ereignisse aus der Vergangenheit, oder es beschäftige sich damit, wie es morgen ruhig werden könne. Doch das Morgen käme nie, und der ganze Vorgang werde zu einem Alpdruck für ihn. Nur sehr selten sei sein Sinn ruhig, und allzu schnell ginge die Ruhe jedesmal in Erinnerung über und gehöre wieder der Vergangenheit an.

Was einmal besiegt wird, muß immer wieder besiegt werden. Unterdrücken ist eine Art Besiegen, genauso wie Ersetzen und Sublimieren es sind. Unser Wunsch nach Überwindung schafft neue Konflikte. Warum wollen Sie Ihr Denken überwinden und zur Ruhe bringen?

«Ich habe mich immer für religiöse Dinge interessiert, habe verschiedene Religionen studiert, die alle verkünden, unser Sinn müsse ruhig gemacht werden, wenn wir Gott erfahren wollen. Solange ich zurückdenken kann, bin ich immer auf der Suche nach Gott gewesen, nach durchdringender Schönheit in der Welt — in den Reisfeldern wie in schmutzigen Dörfern. Ich bin im Ausland gewesen, hatte eine vielversprechende Laufbahn vor mir und so weiter, doch eines Tages ließ ich alles im Stich und ging auf die Suche nach jener Stille. Neulich hörte ich, was Sie darüber sagten, und so bin ich hierher zu Ihnen gekommen.»

Sie versuchen, Ihr Denken zu unterdrücken, um Gott zu finden. Ist die Ruhe wirklich ein Weg zu Gott? Ist Ruhe ein Schlüssel, der die Himmelstore öffnet? Sie wollen sich den Weg zu Gott, zur Wahrheit, oder wie Sie es nennen, erkaufen. Kann man sich das Ewige durch Tugend, Verzicht oder Kasteiung erkaufen? Wenn man Tugend übt, der Keuschheit nachstrebt oder sich von der Welt zurückzieht, so glaubt man, damit das Unermeßliche abmessen zu können. Das ist nichts als ein Handel, nicht wahr? Ihre ‹Tugend› wird ein Mittel zum Zweck.

«Aber Disziplin ist doch nötig, um unser Denken im Zaum zu halten, sonst hat man niemals Frieden. Ich habe meinen Sinn nur nicht genug geschult, es ist meine eigene Schuld und nicht die der Disziplin.»

Disziplin ist ein Mittel zum Zweck, aber unser Zweck ist das Unbekannte. Wahrheit ist etwas Unbekanntes, man kann sie nicht erkennen. Wird sie erkannt, so ist es nicht

Wahrheit. Wenn man das Unermeßliche mißt, besteht es nicht mehr. Unser Maßstab ist das Wort, und Worte sind nicht wirklich. Disziplin ist ein Mittel, aber Mittel und Zweck sind nicht zweierlei, nicht wahr? Mittel und Zweck sind ein und dasselbe. Das Mittel *ist* Zweck, der einzige Zweck, und es gibt kein Ziel, das vom Mittel zu trennen sei. Gewalt als Mittel zum Frieden ist nichts als die Fortsetzung von Gewalt. Nur auf die Mittel kommt es an und nicht auf das Ziel, denn das Ziel wird durch die Mittel bestimmt.

«Ich möchte Ihnen nur zuhören und Ihre Worte zu erfassen suchen; wenn ich etwas nicht verstehe, werde ich fragen.»

Sie gebrauchen Disziplin und Kontrolle als Mittel, um Ruhe zu gewinnen, nicht wahr? Disziplin schließt Anpassung an ein Schema ein: man kontrolliert sich, um dies oder jenes zu erreichen. Ist nicht Disziplin gerade seinem innersten Wesen nach Gewalt? Sich zu disziplinieren, kann Vergnügen machen, aber das Vergnügen bildet auch eine Art Widerstand aus, der zu neuen Konflikten führt. Bedeutet das Ausüben von Disziplin nicht den Aufbau einer Verteidigung? Und was verteidigt wird, muß notwendigerweise angegriffen werden. Disziplin, um zu einem erwünschten Ziel zu gelangen, umfaßt auch das Unterdrücken dessen, was *ist;* Unterdrückung, Ersatz und Sublimierung verdoppeln unsere Anstrengung und führen zu neuen Konflikten. Man kann eine Krankheit mit Erfolg unterdrücken, aber sie wird immer wieder in anderer Form zutage treten, bis sie ausgerottet ist. Disziplin ist die Unterdrückung und Überwindung dessen, was *ist.* Disziplin ist eine Art Gewalt, und wir hoffen, durch ‹falsche› Mittel einen ‹richtigen› Zweck zu erreichen. Wie kann man durch Widerstand zum Freien, Wahren gelangen? Freiheit ist am Anfang und nicht am Ende. Das Ziel liegt im ersten Schritt, das Mittel ist Zweck. Der erste Schritt muß frei sein, und nicht erst der letzte. Disziplin schließt Zwang ein, mag er äußerlich oder selbstauferlegt, fein oder grob sein, und wo Zwang besteht, da ist auch Furcht. Furcht und Zwang werden als Mittel zum Zweck benutzt, und dann soll der Zweck Liebe sein!

Kann Liebe durch Furcht kommen? Liebe herrscht erst, wenn keine Furcht mehr besteht.

«Wie kann aber unser Verstand ohne jede Art von Zwang oder Anpassung überhaupt wirksam sein?»

Die Betätigung des Verstandes ist gerade das Hindernis zum Verständnis seiner selbst. Haben Sie nie beobachtet, daß Verständnis nur dann eintritt, wenn der Verstand nicht mehr als Denkorgan wirksam ist? Verständnis kommt beim Aufhören unseres Denkens, in der Pause zwischen zwei Gedanken. Sie sagen, der Sinn müsse still werden, und gleichzeitig wollen Sie, daß er wirksam sei. Können wir beim Beobachten einfach sein, so werden wir verstehen, aber unsere Annäherung ist so verwickelt, daß sie unser Verständnis behindert. Zweifellos interessieren wir uns hier nicht für Disziplin, Kontrolle, Unterdrückung oder Widerstand, sondern für den Denkvorgang selber und dafür, wie er enden kann. Was meinen wir, wenn wir sagen: der Sinn schweift ab? Doch einfach, daß sich unser Denken beständig von einer Anziehung zur andern, von einer Gedankenverbindung zur andern locken läßt und sich dadurch in immerwährender Erregung befindet. Ist es möglich, sein Denken zu beenden?

«Das ist gerade mein Problem. Ich möchte mein Denken beenden. Jetzt erkenne ich auch die Nutzlosigkeit von Disziplin. Ich sehe deutlich, wie falsch und dumm es ist, und will mich nicht mehr damit beschäftigen. Wie kann ich aber meinem Denken ein Ende machen?»

Hören Sie mir bitte weiter zu — ohne Vorurteil und ohne Ihre eigenen oder anderer Leute Schlußfolgerungen einzuwerfen, hören Sie zu, um zu verstehen und nicht um zu widerlegen oder bloß anzunehmen. Sie fragen, wie Sie Ihr Denken beenden können. Sind Sie, der Denker, ein von Ihren Gedanken abgesondertes Wesen? Sind Sie etwas anderes als Ihr Denken? Sind Sie nicht vielmehr Ihre eigenen Gedanken? Es kann geschehen, daß das Denken den Denker auf eine sehr hohe Stufe stellt, ihm einen Namen gibt und sich von ihm trennt; trotzdem bleibt der Denker im Rahmen des Denkvorganges, nicht wahr? Es gibt nur Denken, das Denken schafft den Denker und gibt ihm Gestalt als ein fortdauerndes, getrenntes Wesen. Es betrachtet sich selber als wandelbar, ständig wechselnd, daher erschafft es den Denker als etwas Bleibendes, als abgesondert und anders. Dann beginnt der Denker, auf sein Denken einzuwirken. Er sagt: ‹Ich muß meinem Denken ein Ende setzen›. Doch es gibt nichts anderes als den Denkvorgang und keinen Denker außerhalb des Denkens. Es ist wesentlich, dies als wahr zu erleben und nicht nur die Phrase zu wiederholen. Es gibt nichts als Denken und keinen Denker, der Gedanken hat.

«Wie ist das Denken ursprünglich entstanden?»

Durch Wahrnehmung, Berührung, Empfindung, Verlangen und Identifizierung: ‹ich will›, ‹ich will nicht›, und so weiter. Das ist ziemlich einfach, nicht wahr? Unser Problem heißt nun: wie kann das Denken zu Ende gehen? Dabei ist jede Art bewußten oder unbewußten Zwanges vollkommen nutzlos, denn das würde jemanden bedingen, der Aufsicht übt oder diszipliniert, und wie wir gesehen haben, besteht kein solches Wesen. Disziplin ist ein Vorgang des Vergleichens, Verurteilens oder Rechtfertigens, und wenn man klar erkennt, daß es kein besonderes Wesen gibt, das denkt oder diszipliniert, dann bleiben nur noch die Gedanken oder der Denkvorgang selber übrig. Denken ist eine Reaktion aus unserem Gedächtnis, unserer Erfahrung und unserer Vergangenheit. Das wiederum darf man nicht nur dem Wortlaut nach erfassen, sondern muß es erleben. Erst dann entsteht passive Aufmerksamkeit, worin es keinen Denker mehr gibt, und ein Gewahrwerden, in dem kein Denken mehr stattfindet. Unser Sinn — als Gesamtheit aller Erfahrung, als Ich-Bewußtsein, das beständig in der Vergangenheit weilt — kann nur still sein, wenn er sich nicht mehr projiziert, denn seine Projektion ist sein Verlangen, etwas zu werden.

Unser Sinn wird erst leer, wenn das Denken aufhört, und es kann nur aufhören, wenn man jeden einzelnen Gedanken passiv beobachtet. Bei solchem Gewahrwerden besteht kein Beobachter oder Zensor, sondern nur Erleben, und im Erleben selber gibt es weder den Erlebenden noch das Erlebte. Das Erlebte ist unser Denken, das seinerseits den Denker hervorbringt. Nur wenn unser Sinn etwas erlebt, herrscht Stille — eine Stille, die nicht künstlich erzeugt oder herbeigeführt ist — und nur in solcher Stille kann Wirklichkeit ins Dasein treten. Wirklichkeit ist nicht zeitbedingt und läßt sich nicht messen.

8] Konflikt – Freiheit – Beziehung

«Der Konflikt zwischen These und Antithese ist unvermeidlich und sogar notwendig. Er führt zur Synthese, aus der wiederum eine These mit ihrer entsprechenden Antithese hervorgeht und so weiter. Konflikt geht nie zu Ende, und durch Konflikt allein können Wachstum und Fortschritt kommen.»

Führt Konflikt je zum Verständnis unserer Probleme oder zu Wachstum und Fortschritt? Ist nicht Konflikt gerade seinem Wesen nach ein zersetzender Faktor, selbst wenn er mitunter nebensächliche Verbesserungen zur Folge hat? Warum betonen Sie, daß Konflikt wesentlich sei?

«Wir wissen, daß wir auf allen Ebenen unseres Daseins Konflikte haben; warum sollen wir das ableugnen oder die Augen davor verschließen?»

Man ist sicherlich nicht blind gegen seine beständigen inneren und äußeren Kämpfe. Wenn ich aber fragen darf: warum betonen Sie deren Notwendigkeit so stark?

«Konflikt läßt sich nicht verleugnen. Er ist ein Teil unseres menschlichen Wesens, und wir benutzen ihn als Mittel zum Zweck, wobei unser Zweck das Schaffen der rechten Umgebung für den Einzelnen ist. Wir arbeiten auf dieses Ziel hin und bedienen uns aller Mittel, um es herbeizuführen. Ehrgeiz und Konflikt liegen im Wesen des Menschen und können für oder gegen ihn angewandt werden. Durch Konflikt schreiten wir zu größeren Dingen fort.»

Was verstehen Sie unter Konflikt? Konflikt zwischen ...?

«Zwischen dem, was war, und dem, was sein wird.»
Das, ‹was sein wird›, ist unsere künftige Reaktion auf das, was war und ist. Unter Konflikt verstehen wir den Streit zwischen zwei einander entgegengesetzten Ideen. Kann aber Widerstand in irgendwelcher Form zum Verständnis beitragen? Wann tritt Verständnis für ein Problem ein?

«Es gibt Konflikte zwischen Klassen, Nationen und Ideen. Konflikt ist Gegenüberstellung, Widerstand infolge von Unwissenheit über bestimmte, grundlegende, historische Tatsachen. Durch Widerstand entsteht Wachstum, Fortschritt, ja unser gesamter Lebensvorgang.»

Wir wissen, daß Konflikte auf allen Ebenen unseres Daseins vorkommen, es wäre töricht, das zu leugnen. Ist aber Konflikt notwendig? Das haben wir bisher immer angenommen oder mit List und Schlauheit verteidigt. In der Natur hat Konflikt vielleicht eine ganz andere Bedeutung, und bei den Tieren besteht er womöglich in der Art, wie wir ihn kennen, überhaupt nicht. Doch für uns ist Konflikt zu einem höchst bedeutenden Faktor geworden. Warum hat er aber so große Bedeutung in unserem Leben? Wettbewerb und Ehrgeiz, die Anstrengung, etwas zu werden oder nicht zu werden, der Wille, etwas zu erreichen, und so weiter — das sind alles Bestandteile unserer Konflikte. Warum lassen wir sie als so wesentlich in unserem Leben gelten? Das bedeutet andrerseits noch nicht, daß wir Trägheit billigen sollen. Weshalb ertragen wir aber innere und äußere Konflikte? Sind sie zum Verstehen oder Lösen unserer Probleme notwendig? Sollten wir nicht lieber, anstatt immer zu verteidigen oder abzuleugnen, untersuchen? Sollten wir nicht danach trachten, die Wahrheit herauszufinden, und nicht nur an unseren Meinungen und Schlußfolgerungen festhalten?

«Wie kann man ohne Kampf von einer Gesellschaftsform zur anderen fortschreiten? Die besitzende Klasse wird ihren Reichtum niemals freiwillig aufgeben, man muß sie dazu zwingen, und der Kampf darum wird eine neue Gesellschaftsordnung, eine neue Lebensweise herbeiführen. Auf friedliche Art läßt sich das nicht erreichen. Wenn wir auch nicht gern Gewalt anwenden, so müssen wir doch den Tatsachen ins Auge sehen.»

Sie glauben, Sie allein wüßten, wie die neue Gesellschaft aussehen sollte, und niemand sonst; nur Sie seien im Besitz eines so außergewöhnlichen Wissens, und Sie sind daher bereit, alle, die Ihnen im Wege stehen, umzubringen. Eine solche Handlungsweise, die Sie für erforderlich halten, führt aber nur zu Widerstand und Haß, denn Ihr Wissen ist nichts als ein neues Vorurteil, eine andere Form der Bedingtheit. Die historischen Studien, die Sie oder Ihre Führer gemacht haben, werden auf besondere Weise ausgelegt, und das bestimmt Ihre Reaktion, die Sie dann den neuen Zugang oder die neue Ideologie nennen. Alle Reaktionen unseres Denkens sind bedingt, und wenn man eine Revolution, die auf einem Gedanken oder einer Idee beruht, herbeiführen will, verlängert man nur den veränderten Zustand dessen, was bestand. Sie sind alle Ihrem Wesen nach Reformatoren und keine wahren Revolutionäre. Eine Reformation oder Revolution, die sich auf Ideen gründet, wirkt rückschrittlich auf die Gesellschaft.

Sagten Sie nicht, daß der Kampf zwischen These und Antithese notwendig sei, und daß ein solcher Konflikt der Gegensätze die Synthese hervorbringe?

«Der Kampf zwischen unserer heutigen Gesellschaftsform und ihrem Gegensatz muß am Ende durch den Druck historischer Ereignisse eine neue Gesellschaftsordnung zur Folge haben.»

Ist ein Gegensatz anders oder abweichend von dem, was *ist*? Wie entsteht der Gegensatz? Ist er nicht eine Abart der Projektion dessen, was *ist*? Sind nicht in jeder Antithese die Bestandteile ihrer eigenen These enthalten? These und Antithese sind nicht sehr verschieden voneinander, und die Synthese ist immer noch eine Abart der These. Mag die These auch zeitweise eine andere Färbung annehmen, mag sie verändert, verbessert, den Umständen und dem Druck gemäß neu gestaltet werden, so bleibt sie doch immer These. Der Kampf zwischen den Gegensätzen ist durchaus verderblich und ganz töricht. Man kann mit dem Verstande oder mit Worten alles beweisen oder widerlegen, aber das wird niemals bestimmte, unverkennbare Tatsachen ändern können. Die heutige Gesellschaft ist auf der Gewinnsucht des Einzelnen aufgebaut, und das Gegenteil hiervon, mit der sich ergebenden Synthese, wird als die neue Gesellschaft bezeichnet. In Ihrer neuen Gesellschaft steht die Gewinnsucht des Staates der des Einzelnen gegenüber, und der Staat ist die regierende Klasse; damit hat der Staat die höchste Bedeutung und nicht mehr der Einzelne. Sie behaupten nun, daß aus einer solchen Antithese schließlich eine Synthese kommen könne, und der einzelne Mensch wieder wichtig sein werde. Das ist eine Zukunftsphantasie, ein Ideal, eine Projektion des Denkens und deshalb nichts als eine Reaktion des Gedächtnisses oder der Bedingtheit. In der Tat laufen wir in einem bösen Kreise herum ohne Ausweg! Und solchen Konflikt, solchen Kampf innerhalb unseres Denkkäfigs nennen Sie dann Fortschritt.

«Wollen Sie damit sagen, daß alles so bleiben muß, wie es ist, mit der Ausbeutung und Verderbtheit unserer heutigen Gesellschaft?»

Durchaus nicht. Doch Ihre Revolution ist keine Revolution, sie bedeutet nichts als den Übergang der Macht von einer Gruppe zur andern und das Ersetzen einer Klasse durch eine andere. Ihre Revolution ist nur ein anderes Gebäude, aus demselben Material gefügt und innerhalb desselben grundlegenden Schemas. Es *gibt* jedoch eine radikale Wandlung, die keinen Konflikt darstellt und nicht auf dem Denken mit seinen ich-haften Projektionen, Idealen, Dogmen und Utopien beruht. Solange wir aber noch glauben, wir könnten dies in jenes verwandeln, mehr oder weniger werden oder ein Ziel erreichen, kann keine grundlegende Umwandlung stattfinden.

«Solche Revolution ist undenkbar. Schlagen Sie das ersthaft vor?»

Es ist die einzige Revolution, die einzig grundlegende Wandlung.

«Wie stellen Sie sich vor, daß man sie herbeiführen könne?»

Indem man das Falsche als falsch erkennt und die

Wahrheit im Falschen sieht. Zweifellos müssen die Beziehungen von Mensch zu Mensch eine grundsätzliche Umwandlung erfahren. Wir alle wissen, daß die Dinge nicht so weitergehen können, ohne daß wir Leid und Unheil nur noch vergrößern. Aber die Reformatoren wie die sogenannten Revolutionäre haben ein Ziel vor Augen, das sie erreichen wollen, und beide benutzen den Menschen als Mittel zu ihrem Zweck. Das Benutzen des Menschen wird nun zum wahren Ausgangspunkt, und nicht mehr das Erreichen eines besonderen Zieles. Man kann aber Zweck und Mittel nicht trennen, denn sie bilden einen einzigen, unteilbaren Vorgang. Die Mittel sind Zweck. Es ist unmöglich, eine klassenlose Gesellschaft mit Hilfe von Klassenkonflikten zu errichten. Wenn man falsche Mittel zu sogenannten rechten Zielen anwendet, ist das Ergebnis ziemlich deutlich. Frieden kann niemals durch Krieg oder Bereitschaft zum Kriege kommen. Alle Gegensätze sind selbst-projiziert; ein Ideal ist die Reaktion auf das, was *ist*, und der Kampf um das Ideal ist ein vergeblicher und trügerischer Streit innerhalb unseres Gedankenkäfigs. Aus solchem Konflikt kann keine Erlösung oder Befreiung für den Menschen entstehen. Ohne Freiheit gibt es aber kein Glück. Freiheit ist kein Ideal, und der einzige Weg zur Freiheit ist die Freiheit selber.

Solange man sich des Menschen im Namen Gottes oder des Staates, psychologisch oder physiologisch bedient, bleibt unsere Gesellschaft auf Gewalt begründet. Es ist eine List der Politiker und der Priester, Menschen zu einem Zweck gebrauchen zu wollen, und es ist zugleich die Verleugnung aller menschlichen Beziehung.

«Was wollen Sie damit sagen?»

Kann eine Beziehung zwischen uns bestehen, wenn wir einander zu unserer gegenseitigen Befriedigung benutzen? Steht man zu einem Menschen in Beziehung, wenn man ihn zu seinem Behagen wie ein Möbelstück gebraucht? Hat man irgendeine Beziehung zu einem Möbel? Man kann es sein Eigentum nennen — das ist aber auch alles. In ähnlicher Weise nennt man einen anderen Menschen sein eigen und besitzt ihn, wenn man ihn zu psychologischem oder physiologischem Gewinn benutzt;

kann man aber Besitztum als eine Beziehung ansehen? Der Staat bedient sich des Einzelnen und nennt ihn Bürger, er steht in keiner Beziehung zu ihm, sondern benutzt ihn lediglich als Werkzeug. Ein Werkzeug ist etwas Totes, und zu toten Dingen hat man keine Beziehung. Wenn man den Menschen für einen noch so edlen Zweck benutzt, braucht man ihn doch nur als Werkzeug, als etwas Lebloses. Da man sich des Lebendigen nicht bedienen kann, verlangt man nach Leblosem, und daher beruht unsere Gesellschaftsordnung auf dem Gebrauch lebloser Dinge. Ein Mensch wird zum leblosen Werkzeug der Befriedigung, wenn man sich seiner auf irgendeine Weise bedient. Beziehungen können nur zwischen lebenden Wesen herrschen, aber beim Benutzen eines anderen Menschen setzt ein Isolierungsvorgang ein, und Isolierung erzeugt Konflikt und Streit.

«Warum legen Sie so großen Nachdruck auf Beziehung?»

Unser Dasein besteht aus Beziehungen. Zu leben bedeutet, in Beziehung zu stehen. Gesellschaft *ist* Beziehung. Das Gefüge unserer heutigen Gesellschaftsordnung ist auf gegenseitigen Gebrauch aufgebaut und hat daher Gewalt, Zerstörung und Elend zur Folge. Wenn der sogenannte revolutionäre Staat das nicht von Grund auf ändern kann, wird er — vielleicht auf einer anderen Ebene — nur neue Konflikte, mehr Verwirrung und Widerstand schaffen. Solange wir einander psychologisch benötigen und gebrauchen, kann keine Beziehung zwischen uns bestehen. Beziehung ist eine Verbindung; wie kann man mit einem anderen verbunden sein, wenn man ihn ausnützt? Ausbeutung schließt Furcht ein und führt unweigerlich zu allen möglichen Illusionen und Nöten. Nur bei Ausbeutung herrscht Konflikt, nie aber in einer Beziehung. Wenn man sich eines anderen zu seinem Vergnügen oder zu einem andern Zweck bedient, muß Konflikt, Widerstand und Feindschaft entstehen. Zweifellos kann man aber den Konflikt nicht beseitigen, indem man ihn als Mittel zu einem selbst erfundenen Ziele benutzt; und alle Ideale oder Utopien sind selbst erfunden. Es ist sehr wichtig, das zu begreifen; denn nur dann kann man erkennen, wie wahr es ist, daß Konflikt in jeder Form

Beziehung und Verständnis zerstört. Verständnis tritt erst ein, wenn unser Sinn ruhig ist. Doch solange er sich an eine Ideologie, ein Dogma oder einen Glauben klammert, solange er der Schablone seiner eigenen Erfahrungen und Erinnerungen verhaftet ist, solange er auf Erwerb oder Werden gerichtet ist, kann er nicht ruhig sein. Alles Erwerben bedeutet Konflikt, und alles Werden Isolierung. Wird unser Sinn diszipliniert, kontrolliert und im Zaum gehalten, so kann er nicht ruhig sein. Dann wird er leblos, isoliert sich mit Hilfe von allerlei Widerstand und schafft dadurch unvermeidliches Unglück für sich selbst und andere.

Unser Sinn ist nur dann still, wenn er sich nicht mehr in seinem Denken — dem Netz seiner eigenen Tätigkeit — verfängt; und ist er einmal ruhig — nicht ruhig gemacht —, so tritt ein wirklicher Faktor ins Dasein: die Liebe.

9] Anstrengung

Es hatte sanft genug angefangen zu regnen, doch plötzlich, als ob die Schleusen des Himmels sich geöffnet hätten, kam eine Wasserflut herab. In den Straßen stand das Wasser knietief, weit über den Bürgersteig hinaus. Sogar die Blätter der Bäume regten sich nicht mehr, als wären sie still vor Staunen. Ein Automobil fuhr vorbei und hielt an, denn es war Wasser in seine Maschine geraten. Menschen wateten über die Straße, sie waren bis auf die Haut durchnäßt, aber voller Freude über den Regen. In den Gärten wurden ganze Beete weggewaschen, und der Rasen war fußhoch mit braunem Schlamm bedeckt. Ein dunkelblauer Vogel mit rehfarbenen Schwingen versuchte, zwischen dem dichten Laub Zuflucht zu finden, aber er wurde immer nässer und schüttelte sich ununterbrochen. Der Guß dauerte eine Weile, dann hörte er ebenso plötzlich auf, wie er begonnen hatte, und alles war rein gewaschen.

Wie einfach ist es, unschuldig zu sein! Ohne Unschuld

kann man nicht glücklich sein. Das Vergnügen an Sensationen ist niemals unschuldiges Glück. Unschuld bedeutet Freisein von der Last der Erfahrungen. Es ist nur unsere Erinnerung an ein Erlebnis, die verderblich wirkt, nicht das Erlebnis selber. Wissen — die Bürde der Vergangenheit — ist Verderbnis. Unsere Fähigkeit anzusammeln und unser Bemühen, etwas zu werden, zerstören die Unschuld; wie kann aber Weisheit ohne Unschuld kommen? Wer nur neugierig ist, kann nie weise werden; er mag etwas finden, aber es wird nicht Wahrheit sein. Die Mißtrauischen können auch kein Glück kennen lernen, denn Mißtrauen ist die Angst ihres innersten Wesens, und Angst erzeugt Verderbnis. Furchtlosigkeit ist nicht Mut, sondern Freiheit von allem Angesammelten.

«Ich habe keine Mühe gescheut, etwas in der Welt zu erreichen, und mit großem Erfolg Geld verdient; meine Anstrengungen in dieser Richtung haben zu dem erwünschten Resultat geführt. Ich habe mich auch sehr bemüht, ein glückliches Familienleben zu schaffen, aber Sie wissen wohl, wie das geht; Familienleben ist nicht dasselbe wie Geldverdienen oder das Leiten eines Betriebes. Im Geschäftsleben hat man auch mit Menschen zu tun, doch auf einer anderen Ebene. Zuhause gibt es immer soviel Reibung, meist ohne guten Grund, und alle Anstrengung auf diesem Gebiet scheint die allgemeine Verwirrung nur zu vergrößern. Ich beklage mich nicht, das liegt nicht in meiner Art, aber unser Ehesystem ist sicherlich falsch. Wir heiraten, um unseren Geschlechtsdrang zu befriedigen, und ohne eigentlich etwas von einander zu wissen. Obgleich wir in demselben Hause leben, gelegentlich und bewußt Kinder zeugen, bleiben wir doch einander fremd, und es herrscht immer eine gewisse Spannung, wie sie nur Eheleute kennen. Ich habe alles getan, was ich für meine Pflicht hielt, aber ohne rechten Erfolg, um es gelinde auszudrücken. Wir sind beide herrschsüchtige und streitlustige Naturen, was es auch nicht gerade leichter macht, und all unsere Bemühungen, uns einander anzupassen, haben zu keiner tiefgehenden Gemeinschaft geführt. Obwohl ich großes Interesse für psychologische Fragen habe, hat es mir bisher nicht viel geholfen, und ich möchte nun gern tiefer in das Problem eindringen.»

Die Sonne war herausgekommen, die Vögel hatten angefangen zu singen, und der Himmel strahlte klar und blau nach dem Unwetter.

Was verstehen Sie unter Bemühung?

«Nach etwas zu streben. Ich habe nach Geld und Rang gestrebt und beides erreicht. Ich habe auch nach einem glücklichen Familienleben gestrebt, bin aber darin nicht sehr erfolgreich gewesen. Jetzt strebe ich nach etwas Höherem.»

Wir kämpfen unermüdlich mit einem Ziel vor Augen, wir streben nach Vollendung und bemühen uns, etwas zu werden — positiv oder negativ. Der Kampf geht immer um Sicherheit in irgendeiner Form. Er bewegt sich auf etwas hin oder von etwas fort. Anstrengung ist tatsächlich ein nie endender Kampf, etwas zu erreichen, nicht wahr?

«Ist es falsch, etwas erreichen zu wollen?»

Darauf wollen wir später eingehen. Was wir Anstrengung nennen, ist ein ununterbrochener Vorgang des Sich-Fortbewegens und Erreichens oder des Erwerbens in allen möglichen Richtungen. Wenn man einer Errungenschaft müde wird, wendet man sich einer anderen zu, und hat man davon genug, so richtet man sein Augenmerk wieder auf etwas anderes. Anstrengung ist nichts als ein beständiges Ansammeln von Wissen, Erfahrung, Geschick, Tugend, Besitz, Macht und so weiter — ein endloses Werden, Sich-Ausdehnen und Wachsen. Ob sich nun unser Bemühen auf ein würdiges oder unwürdiges Ziel richtet, es muß immer zum Konflikt führen, und Konflikt ist Widerstand, Hindernis, ein Sich-Widersetzen. Ist das nötig?

«Nötig wofür?»

Lassen Sie es uns untersuchen. Auf physischem Gebiet mag Anstrengung nötig sein. Will man eine Brücke bauen, Oel bohren oder Kohle fördern, so kann Anstrengung sehr nützlich werden; doch wenn es darum geht, wie die Produkte erzeugt, wie die Arbeit verrichtet und Gewinne verteilt werden, ist es eine ganz andere Frage. Wird der Mensch vom Staate oder von Privatinteressen auf physischem Gebiet für einen bestimmten Zweck oder ein Ideal benutzt, so muß alle seine Anstrengung zu Verwirrung und Elend führen. Die Anstrengung, etwas zu erreichen für den Einzelnen, für den Staat oder eine religiöse Organisation, schafft notwendigerweise Widerstand. Wenn man das nicht voll erfaßt, muß alles Streben nach Erwerb, alle Anstrengung auf physischem Gebiet zweifellos eine verheerende Wirkung auf die Gesellschaft haben.

Ist aber Anstrengung auf psychologischem Gebiet — nämlich das Werden, Erreichen oder Erfolghaben — nötig und nützlich?

«Wenn wir uns um nichts mehr bemühten, würden wir dann nicht verkommen und verfallen?»

Wirklich? Was haben wir denn bisher mit aller Anstrengung auf psychologischem Gebiet erreicht?

«Nicht sehr viel, das gebe ich zu. Unsere Anstrengungen haben eine falsche Richtung eingeschlagen. Auf die Richtung kommt es an, und Bemühungen, die in die rechte Bahn gelenkt werden, können von höchster Bedeutung werden. Nur infolge des Mangels an rechter Anstrengung ist heute alles in solchem Durcheinander.»

Sie glauben also, es gäbe richtige und falsche Anstrengung, ist das Ihre Ansicht? Lassen Sie uns nicht um Worte streiten, aber wie unterscheiden Sie zwischen richtiger und falscher Anstrengung? Nach welchem Maßstab urteilen Sie? Was ist Ihr Prüfstein? Die Tradition oder ein Ideal der Zukunft, das, was sein *sollte*?

«Meinen Maßstab bestimmt das Ergebnis. Erfolg ist wichtig, und ohne die Lockung eines Zieles würde sich niemand anstrengen.»

Wenn Ihr Maßstab Erfolg ist, dann ist Ihnen sicherlich nichts an den Mitteln gelegen — oder doch?

«Ich werde Mittel anwenden, die dem Zweck entsprechen. Ist Glück unser Ziel, dann müssen wir glückliche Mittel finden.»

Sind glückliche Mittel nicht schon das glückliche Ziel?

Der Zweck liegt in den Mitteln, nicht wahr? Daher gibt es nur Mittel, die Mittel sind selber Ziel oder Ergebnis.

«Das habe ich noch nie so betrachtet, aber jetzt sehe ich, daß es wahr ist.»

Lassen Sie uns darauf eingehen, welche Mittel glücklich sind. Kann eine Anstrengung, die nichts als Konflikt, inneren und äußeren Widerstand hervorruft, je zum Glück führen? Wie kann man, angenommen die Mittel tragen den Zweck in sich, durch Konflikt und Streit zum Glück gelangen? Weil Anstrengung immer nur neue Probleme und Konflikte hervorbringt, ist sie offenbar verderblich und zersetzend. Warum strengen wir uns so an? Um mehr zu bedeuten, uns zu verbessern oder etwas zu gewinnen, nicht wahr? Anstrengung führt stets in die eine oder andere Richtung: zum Mehr oder zum Weniger. Anstrengung setzt immer ein Erwerben für sich selber oder eine Gruppe voraus, nicht wahr?

«Ja, das ist richtig. Erwerb für die eigene Person ist auf anderer Ebene die Erwerbsüchtigkeit des Staates oder der Kirche.»

Anstrengung bedeutet Errungenschaft im positiven oder negativen Sinne. Was aber machen wir uns zu eigen? Einerseits gehen wir dem Erwerb physischer Bedürfnisse nach, und andrerseits benutzen wir diese als Mittel zur Selbsterhöhung; oder wenn man sich mit geringen physischen Bedürfnissen begnügt, will man Macht, Rang und Ruhm gewinnen. Die Regierenden oder Vertreter des Staates mögen mitunter nach außen hin ein einfaches Leben führen und nur wenig besitzen, doch sie haben Macht erlangt und daher widersetzen sie sich und herrschen.

«Glauben Sie, daß alles Erwerben verderblich ist?»

Lassen Sie es uns untersuchen. Auf der einen Seite steht Sicherheit — das heißt die der wesentlichen physischen Bedürfnisse — auf der andern Gewinnsucht. Gewinnsucht im Namen einer Rasse oder eines Landes, im Namen Gottes oder des Einzelnen zerstört jede vernünftige und wirkungsvolle Ordnung der physischen Bedürfnisse zur Wohlfahrt aller. Wir brauchen Nahrung, Kleidung und Obdach in angemessener Weise, das ist klar und einfach. Wonach streben wir aber abgesehen von diesen Dingen?

Man erwirbt Geld als Mittel zur Macht oder zu seiner Befriedigung auf gesellschaftlichem und psychologischem Gebiet, oder aber zur Freiheit, das zu tun, was man will. Man strebt nach Besitz und Rang, um dadurch auf allerlei Weise Macht zu gewinnen. Und wenn man nach außen hin erfolgreich gewesen ist, will man es auch, wie Sie sagen, innerlich werden.

Was verstehen wir unter Macht? Mächtig zu sein, bedeutet zu herrschen, zu besiegen, zu unterdrücken, sich überlegen zu fühlen, tüchtig zu sein und so weiter. Macht liegt — bewußt oder unbewußt — genauso im Fühlen und Streben des Asketen wie des Weltmannes. Macht ist eine der vollkommensten Ausdrucksformen des Ich, sei es die Macht des Wissens oder der Enthaltsamkeit, weltliche Macht oder die Herrschaft über sich selbst. Das Gefühl von Macht oder Herrschaft ist außerordentlich befriedigend. Sie suchen vielleicht Befriedigung in der Macht, ein anderer im Trunk oder in Verehrung, ein dritter im Wissen oder in der Tugend. Jede Form kann ihre besonderen soziologischen und psychologischen Wirkungen haben, aber alles Erwerben bleibt Selbst-Befriedigung, und Befriedigung ist auf allen Gebieten Sensation, nicht wahr? Wir bemühen uns, zu immer größeren oder feineren Sensationen zu gelangen und nennen es einmal Erfahrung oder Wissen, ein andermal Liebe oder das Suchen nach Gott und Wahrheit. Dazu kommt unsere Sensation der Rechtschaffenheit oder das Gefühl, wirkungsvoller Träger einer Ideologie zu sein. Jede Anstrengung bringt das Erlangen von Befriedigung, das heißt, Sensation. Hat man auf einem Gebiet Befriedigung gefunden, so sucht man sie bald genug auf einem anderen, und hat man sie auch da erlangt, so sucht man weiter und immer weiter. Das beständige Verlangen nach Befriedigung, nach immer feineren Formen der Sensation nennt man Fortschritt; es bleibt dagegen unaufhörlich Konflikt. Das Suchen nach stets größerer Befriedigung endet nie, deshalb hören auch Konflikt und Widerstreit nicht auf, und Glück kann nie kommen.

«Ich verstehe Ihren Punkt. Sie wollen sagen, daß das Suchen nach Befriedigung in jeder Form tatsächlich zu einem Suchen nach Unglück wird. Nach Befriedigung zu streben, bedeutet ewiges Leiden. Was soll man aber tun? Alles Suchen nach Befriedigung aufgeben und nur stillstehen?»

Ist Stillstand wirklich unvermeidlich, wenn man nicht mehr nach Befriedigung sucht? Ist man notwendigerweise leblos, wenn man nie mehr ärgerlich wird? Befriedigung ist auf allen Gebieten Sensation. Die Verfeinerung unserer Sensationen ist nichts als die Verfeinerung unserer Worte. Worte, Begriffe, Symbole und Vorstellungen spielen in unserm Leben eine höchst bedeutsame Rolle, nicht wahr? Selbst wenn wir nicht mehr nach der Wirkung oder Genugtuung physischer Berührung suchen, behalten die Worte und Vorstellungen noch ihre Bedeutung für uns. Auf einem Gebiet sammeln wir Genüsse mit groben Mitteln, auf einem anderen mit feineren und edleren; aber wir sammeln Worte zu dem gleichen Zweck wie Dinge, nicht wahr? Warum sammeln wir überhaupt?

«Ich glaube, weil wir so unzufrieden, so vollkommen gelangweilt mit uns selber sind, daß wir alles tun, um vor unserer eigenen Seichtheit davonzulaufen. Ja, so ist es — und plötzlich wird es mir klar, daß gerade das bei mir der Fall ist. Wie merkwürdig!»

Alle unsere Erwerbungen dienen dazu, die Leere in uns zu bedecken. Unser Sinn ist wie eine hohle Trommel, die sich von jeder beliebigen Hand schlagen läßt und eine Menge Lärm macht. Das ist unser Leben: endlose Konflikte unbefriedigender Ausflüchte und zunehmender Nöte. Seltsamerweise sind wir nie allein, niemals strenggenommen allein. Immer ist jemand oder etwas bei uns: ein Problem, ein Buch oder ein anderer Mensch; und sind wir doch einmal allein, so sind unsere Gedanken bei uns. Es ist aber notwendig, daß man allein und entblößt sei. Jede Flucht vor sich selber, alles Erwerben und das Streben, etwas zu sein oder nicht zu sein, muß aufhören. Dann erst kommt ein Alleinsein, worin das, was allein und unermeßlich ist, empfangen werden kann.

«Wie kann man aufhören davonzulaufen?»

Wenn man als wahr erkennt, daß alle Ausflüchte nur zu Illusion und Elend führen. Wahrheit befreit, ohne daß man selber etwas dazu tun kann. Jede einzelne Handlung, die der Flucht vor sich selber Einhalt gebieten soll, ist nichts als ein neuer Fluchtversuch. Der höchste Zustand des Nicht-Handelns ist das Handeln der Wahrheit.

10] Hingebung und Verehrung

Eine Mutter war dabei, ihr Kind zu züchtigen, man hörte es vor Schmerz schreien. Die Mutter war sehr böse und redete hitzig auf es ein, während sie es schlug. Als wir später wieder vorbeikamen, liebkoste sie es und umarmte es so heftig, als wolle sie es zu Tode drücken. Tränen standen in ihren Augen. Das Kind sah ganz bestürzt aus, aber es lächelte zu seiner Mutter auf.

Liebe ist so seltsam, wie leicht geht ihre wärmende Flamme verloren! Wenn die Flamme verlöscht, bleibt nichts als Rauch übrig. Der Rauch erfüllt unser Herz und unsern Sinn, und wir verbringen unsere Tage in Bitternis und Tränen. Wir haben unser Lied vergessen, die Bedeutung der Worte verloren, der Duft ist verweht, und wir stehen mit leeren Händen da. Wir wissen nicht, wie wir die Flamme klar und rauchlos erhalten sollen, der Rauch erstickt sie immer wieder. Doch Liebe gehört nicht zum Verstande und liegt nicht im Netz unseres Denkens, man kann sie weder finden noch üben oder nähren; sie ist da, wenn unser Sinn ruhig und unser Herz frei von den Dingen des Verstandes ist.

Von unserem Raum konnte man den Fluß übersehen, auf dessen Wasser die Sonne glitzerte.

Er war keineswegs töricht, nur voller Gemütsbewegung und sehr überschwänglich; sicherlich hatte er selber sein Vergnügen daran, denn es schien ihm große Freude zu machen. Er wartete ungeduldig darauf, zu Worte zu kommen, und als er auf einen gold-grünen Vogel aufmerksam gemacht wurde, ließ er seinem Gefühl freien Lauf und fing zu schwärmen an. Dann sprach er über die Schönheit des Flusses und sang ein Lied dazu. Seine Stimme war angenehm, nur zu laut für den kleinen Raum. Zu dem grün-goldenen Vogel gesellte sich ein anderer, sie saßen beide dicht zusammen und putzten ihre Gefieder.

«Ist Verehrung nicht ein Weg zu Gott? Bewirkt aufopfernde Hingabe nicht die Läuterung des Herzens? Ist sie nicht ein wesentlicher Bestandteil unseres Lebens?»

Was verstehen Sie unter Hingabe?

«Liebe zum Höchsten, ein Blumenopfer vor dem Ebenbild, dem Symbol Gottes. Hingabe ist völlige Versenkung, die Liebe, die über fleischliche Liebe hinausgeht. Ich habe viele Stunden ruhig gesessen, völlig in meine Liebe zu Gott versunken. In solchem Zustande bin ich nichts und weiß nichts. Dann verschmilzt alles Leben — der König und der Straßenkehrer sind eins. Es ist ein wunderbarer Zustand. Sie werden ihn sicherlich auch kennen.»

Ist Hingebung Liebe, und steht sie außerhalb unseres täglichen Lebens? Kann man die Hingabe an eine Sache, an Wissen, Dienst oder Handeln als ein Opfer bezeichnen? Wenn man sich in Hingebung versenkt, ist das Selbst-Aufopferung? Oder Selbstverleugnung, wenn man sich völlig mit dem Gegenstand seiner Hingabe identifiziert? Ist die Versenkung in ein Buch, eine Litanei oder eine Idee Selbtslosigkeit? Bedeutet Hingabe das Anbeten eines Bildes, Menschen oder Symbols? Besteht die Wirklichkeit aus Symbolen, und kann ein Symbol die Wahrheit vertreten? Jedes Symbol ist statisch; wie aber soll etwas Statisches je das Lebendige darstellen? Ist Ihr Bildnis dasselbe wie Sie?

Lassen Sie uns einmal betrachten, was wir unter Hingabe verstehen. Sie verbringen mehrere Stunden am Tage mit dem, was Sie Liebe oder Beschauung Gottes nennen. Ist das wirklich Hingabe? Ein Mensch, der sein Leben sozialen Verbesserungen weiht, ist seiner Arbeit hingegeben; auch ein General, dessen Arbeit in planmäßiger Zerstörung besteht, ist ihr ergeben. Ist all das

Hingabe? Sie verwenden viel Zeit darauf, sich — wenn ich so sagen darf — an dem Ebenbilde oder der Idee Gottes zu berauschen; viele Menschen tun so etwas auch auf andere Weise. Gibt es einen grundlegenden Unterschied zwischen all diesen Formen der Verehrung, und richtet sich Hingabe auf einen Gegenstand?

«Aber die Anbetung Gottes verzehrt mein ganzes Leben. Ich bin mir ausschließlich Gottes bewußt. Er erfüllt mein Herz.»

Und der Mensch, der seine Arbeit, seinen Führer oder seine Ideologie anbetet, wird auch von dem verzehrt, womit er sich beschäftigt. Sie erfüllen Ihr Herz mit dem Wort ‹Gott›, ein anderer mit Tätigkeit — ist das Hingabe? Sie sind glücklich mit Ihrem Bilde oder Symbol, ein anderer mit seinen Büchern oder mit Musik — ist das Hingabe? Jemand verliert sich an eine Sache — ist das Hingabe? Ein Ehemann ist seiner Frau aus den verschiedensten Gründen der Befriedigung ergeben — ist Befriedigung Hingabe? Man identifiziert sich mit seinem Vaterlande und berauscht sich daran — ist das Hingabe?

«Wenn ich mich ganz Gott überliefere, füge ich doch niemandem Schaden zu. Im Gegenteil, ich gehe selber allem Unheil aus dem Wege und schädige keinen andern.»

Das ist wenigstens etwas. Immerhin, wenn Sie vielleicht auch äußerlich keinen Schaden anrichten, so bleibt doch die Illusion auf einer tieferen Ebene für Sie wie für die Gesellschaft immer noch schädlich.

«Ich kümmere mich nicht um die Gesellschaft. Meine Bedürfnisse sind sehr gering. Ich habe meine Leidenschaften unter Kontrolle und verbringe meine Tage im Schatten Gottes.»

Wäre es nicht wichtig herauszufinden, ob auch Wirklichkeit hinter dem Schatten steht? Wenn man eine Illusion anbetet, so klammert man sich an seine eigene Befriedigung; gibt man auf irgendeiner Ebene seinen Trieben nach, dann ist man lüstern.

«Sie stören meinen Frieden, und ich weiß nicht recht, ob ich unsere Unterhaltung fortsetzen möchte. Sehen Sie, ich kam hierher, um mit Ihnen an demselben Altar zu beten, aber ich finde Ihre Verehrung ganz anders als die meine, und was Sie sagen, geht über meinen Verstand. Doch würde ich gern wissen, worin die Schönheit Ihrer Anbetung besteht. Sie haben weder Bildnisse noch Darstellungen oder religiöse Bräuche, aber sicherlich verehren Sie doch Gott. Auf welche Weise tun Sie es?»

Wer anbetet, ist zugleich das, was er anbetet. Einen anderen zu verehren, heißt sich selbst zu verehren. Jedes Abbild oder Symbol ist eine Projektion, die man selber schafft. Ihr Abgott, Ihr Buch oder Gebet ist am Ende nur der Abglanz Ihres eigenen Wesens, Ihre eigene Schöpfung, selbst wenn ein anderer sie ursprünglich gemacht hat. Ihre Wahl richtet sich nach der Befriedigung, die Sie erlangen, und ist nichts anderes als Ihr Vorurteil. Das Bildnis wird für Sie zum Mittel, sich zu berauschen, und wird aus Ihren eigenen Erinnerungen gewoben. Sie verehren sich selber in dem Bildnis, das Ihr Denken erschaffen hat. Ihre Hingebung ist Selbst-Liebe, von der Litanei Ihres Denkens übertönt. Das Abbild sind Sie selber, es ist der Abglanz Ihres eigenen Sinnes. Solche Verehrung ist eine Form von Selbsttäuschung, die zu Leid und Isolierung und damit zum Tode führen muß.

Liegt im Suchen Hingabe? Nach etwas zu suchen, bedeutet, überhaupt nicht zu suchen. Man kann die Wahrheit suchen, aber man wird sie niemals finden. Durch Suchen glauben wir, uns selber entfliehen zu können, doch das ist eine Illusion. Wir trachten auf alle mögliche Weise danach, dem zu entfliehen, was wir sind. Da wir aber in unserm Innern so unbedeutend und nichtig sind, kann unsere Verehrung von etwas Größerem nur ebenso kleinlich und töricht wie wir selber sein. Unser Identifizieren mit dem Großen bleibt immer noch die Projektion des Kleinen. Da das ‹Mehr› nur ein vergrößertes Weniger sein kann, wird das Kleine auf der Suche nach dem Großen nur das finden, was es zu finden vermag. Unser Sinn kennt viele und mannigfaltige Wege der Flucht vor sich selber, doch er bleibt auf seiner Flucht furchtsam, beschränkt und unwissend.

Wenn man das Problem der Flucht vor sich selber versteht, kommt Freiheit von dem, was *ist*. Das, was *ist*, wird erst dann verständlich, wenn unser Sinn nicht mehr auf die Suche nach Antwort geht und nicht länger dem, was *ist,* entfliehen will. Man gibt der Suche alle möglichen Namen, einer davon ist Hingabe. Will man aber das, was *ist,* begreifen, so muß unser Sinn vollkommen ruhig sein.

«Was verstehen Sie unter dem, was *ist*?»

Es ist das, was von Augenblick zu Augenblick geschieht. Bei dem Versuch, den Gesamtvorgang von Verehrung und Hingabe an das, was man Gott nennt, zu begreifen, kann man sich dessen, was *ist,* bewußt werden. Im Grunde hat man aber nie das Verlangen, das, was *ist,* zu verstehen, denn die Flucht vor dem, was *ist,* die man Verehrung nennt, ist eine Quelle viel größerer Freude; und damit gewinnt die Illusion mehr Bedeutung als die Wirklichkeit. Unser Verständnis für das, was *ist,* hängt nicht vom Denken ab, denn alles Denken ist selber Ausflucht. Über ein Problem nachzudenken, bedeutet nicht, es zu verstehen. Nur wenn unser Sinn still ist, kann sich die Wahrheit dessen, was *ist,* entfalten.

«Ich bin zufrieden mit dem, was ich habe. Ich bin glücklich mit meinem Gott, meiner Litanei und Hingabe. Anbetung Gottes ist der Sang meines Herzens und mein Glück. Ihr Lied ist vielleicht klarer und offener, aber wenn ich singe, ist mein Herz voll, und was kann ein Mensch mehr verlangen als ein volles Herz? In meinem Liede sind wir Brüder, und Ihr Sang stört mich nicht.»

Wenn das Lied wahr ist, gibt es kein Ich und Du, sondern nur die Ruhe des Ewigen. Das Lied ist nicht der Klang, sondern die Stille. Lassen Sie nicht den bloßen Klang des Gesanges Ihr Herz erfüllen.

11] Interesse

Er war der Direktor einer Schule und hatte Universitätsrang. Sein Interesse für Erziehung war sehr groß gewesen, auch hatte er viel an allerlei Sozialreformen mitgearbeitet; jetzt aber, so sagte er, habe er die Triebkraft verloren, obwohl er noch recht jung sei. Er führe seine Obliegenheiten fast mechanisch aus und arbeite seine tägliche Routine in müder Langeweile ab. Er habe keine Freude mehr an dem, was er tue, und der Auftrieb, den er früher gehabt, sei völlig verschwunden. Er sei religiös gerichtet und habe danach gestrebt, bestimmte Reformen in seiner Religion einzuführen, aber auch das sei eingeschlafen. Er sehe keinen Wert in irgendwelchen besonderen Taten mehr.

Warum?

«Alles Handeln führt zu Verwirrung, Unheil und neuen Problemen. Ich habe versucht, vernünftig und intelligent zu handeln, aber es endete stets in einem Durcheinander. Die verschiedenen Tätigkeiten, die ich ausübte, haben alle bei mir ein Gefühl von Depression, Furcht und Überdruß hinterlassen und zu nichts geführt. Jetzt fürchte ich mich vor dem Handeln, und meine Angst, mehr Schaden als Gutes anzurichten, hat bewirkt, daß ich mich auf ein Minimum an Tätigkeit beschränkt habe.»

Was ist die Ursache Ihrer Furcht? Haben Sie Angst davor, Schaden anzurichten? Ziehen Sie sich vom Leben zurück, weil Sie fürchten, mehr Verwirrung zu stiften? Fürchten Sie sich vor der Verwirrung, die Sie stiften könnten, oder vor der in Ihrem Innern? Wenn Sie innere Klarheit besäßen und aus Klarheit handelten, würden Sie sich dann um äußere Verwirrung, die Ihr Handeln vielleicht verursachen könnte, Sorge machen? Fürchten Sie sich vor innerer oder äußerer Verwirrung?

«Ich habe es noch nie so betrachtet und möchte Ihre Worte erst einmal überlegen.»

Würden Sie sich daran stoßen, mehr Probleme herbeizuführen, wenn Sie sich innerlich im klaren wären? Wir laufen immer so gern vor unseren Problemen davon, aber vergrößern sie dadurch nur. Probleme aufzudecken, kann den Anschein von Verwirrung erwecken, aber die Fähigkeit, ihnen zu begegnen, hängt von der Klarheit des Zuganges ab. Wäre Ihr Handeln auch voller Verwirrung, wenn Sie klar sähen?

«Ich sehe nicht klar und weiß nicht, was ich tun soll. Ich könnte einem ‹Ismus› der Rechten oder Linken beitreten, aber das würde ebensowenig zu klarem Handeln führen. Man könnte vor den Sinnwidrigkeiten eines bestimmten ‹Ismus› die Augen schließen und trotzdem dafür arbeiten, aber die Tatsache bleibt, daß bei dem Handeln aller ‹Ismen› im wesentlichen mehr Schaden als Nutzen entsteht. Wenn ich innerlich im klaren wäre, würde ich mich den Problemen stellen und versuchen, sie aufzuklären. Aber ich bin mir über nichts klar und habe jeden Antrieb zum Handeln verloren.»

Wieso haben Sie allen Antrieb verloren? Haben Sie sich in Ihrer begrenzten Tatkraft verausgabt, oder sich bei Dingen erschöpft, für die Sie im Grunde kein Interesse haben? Oder wäre es denkbar, daß Sie Ihr wahres Interesse noch nicht entdeckt haben?

«Sehen Sie, nach dem Universitätsstudium habe ich mich lebhaft für Sozialreform interessiert und ein paar Jahre lang viel dafür gearbeitet; aber ich erkannte sehr bald, wie belanglos all das ist, und so ließ ich es fallen und wandte mich der Erziehung zu. Ich arbeitete eine Reihe von Jahren wirklich eifrig dafür und kümmerte mich um nichts anderes, aber schließlich ließ ich auch das fallen, weil meine Verwirrung immer mehr zunahm. Ich war ehrgeizig, nicht um meinetwillen, sondern für den Erfolg der Arbeit, aber die anderen, mit denen ich zusammenarbeitete, zankten sich beständig, weil sie eifersüchtig und für ihre eigene Person ehrgeizig waren.»

Ehrgeiz ist etwas Sonderbares. Sie sagen, Sie seien nicht persönlich ehrgeizig gewesen sondern nur für den Erfolg der Arbeit. Gibt es einen Unterschied zwischen persönlichem und sogenannt unpersönlichem Ehrgeiz? Sie würden es nicht für persönlich oder kleinlich halten, sich mit einer Ideologie zu identifizieren und ehrgeizig dafür zu arbeiten, das nennen Sie eine würdige Form von Ehrgeiz, nicht wahr? Ist es wirklich so? Sehen Sie, Sie haben nur den Begriff ‹unpersönlich› für ‹persönlich› eingesetzt, doch der Trieb oder Beweggrund ist derselbe geblieben. Sie streben in der Arbeit, mit der Sie sich identifizieren, nach Erfolg. Für das Wort ‹ich› haben Sie ‹Arbeit›, ‹System›, ‹Vaterland› oder ‹Gott› eingesetzt. Sie selber bleiben immer noch wichtig, und Ihr Ehrgeiz ist beständig am Werke — mit aller Unbarmherzigkeit,

Eifersucht und Furcht. Haben Sie Ihre Arbeit aufgegeben, weil Sie nicht erfolgreich waren? Und hätten Sie sie mit Erfolg fortgesetzt?

«Ich glaube nicht, daß es daran lag. Die Arbeit selber hatte ziemlichen Erfolg, so wie alles, woran man Zeit, Energie und Intelligenz wendet. Ich gab sie auf, weil sie zu nichts führte; sie brachte mir zeitweise Linderung, aber keine grundlegende und bleibende Wandlung.»

Sie hatten Triebkraft, als Sie arbeiteten; was ist aus ihr geworden? Was geschah mit dem Drang, mit der Flamme? Ist das Ihr Problem?

«Ja, das ist mein Problem. Früher hatte ich die Flamme, aber jetzt ist sie verschwunden.»

Glüht sie noch, oder ist sie durch Mißbrauch so ausgebrannt, daß nur noch Asche übrig ist? Vielleicht haben Sie Ihr wahres Interesse noch nicht gefunden. Fühlen Sie sich gehemmt, eingeengt? Sind Sie verheiratet?

«Nein, ich glaube nicht, daß ich Hemmungen habe; auch habe ich nicht das Bedürfnis nach einer Familie oder der Gemeinschaft mit einem bestimmten Menschen. Wirtschaftlich bin ich mit wenigem zufrieden. Es hat mich immer zur Religion im tiefsten Sinne des Wortes gezogen, aber vielleicht wollte ich auch auf religiösem Gebiet ‹erfolgreich› sein.»

Wenn Sie sich nicht gehemmt fühlen, warum sind Sie dann nicht damit zufrieden, bloß zu leben?

«Ich bin nicht mehr so jung und will nicht verkommen oder stumpfsinnig dahinleben.»

Lassen Sie uns einmal das Problem anders betrachten. Wofür interessieren Sie sich? Nicht: wofür *sollten* Sie sich interessieren, sondern wie steht es tatsächlich damit?

«Ich weiß wirklich nicht.»

Interessiert es Sie nicht, das herauszufinden?

«Wie soll ich es aber anfangen?»

Glauben Sie, es gäbe einen Weg oder eine Methode dafür? Es ist in der Tat sehr wichtig, daß Sie selber entdecken, in welcher Richtung Ihr Interesse liegt. Bisher haben Sie allerlei versucht, haben Energie und Intelligenz darauf verwandt, aber nichts hat Sie richtig befriedigt. Entweder haben Sie sich erschöpft bei allerlei

Dingen, die für Sie kein wesentliches Interesse hatten, oder aber Ihr wahres Interesse liegt noch verborgen und will geweckt werden. Was glauben Sie?

«Noch einmal, ich weiß nicht. Können Sie mir dabei helfen, es zu finden?»

Wollen Sie nicht selber die Wahrheit erfahren? Wenn Sie sich ganz verausgabt haben, müssen Sie auf bestimmte Weise an Ihr Problem herangehen; wenn aber Ihre Flamme noch glüht, wird das Anfachen wichtig. Wie steht es bei Ihnen? Möchten Sie nicht selber herausfinden, was es wirklich ist, ohne daß ich es Ihnen sage? Die Wahrheit in bezug auf das, was *ist*, zeitigt Ihr eigenes Handeln. Wenn Sie ganz erschöpft sind, ist es eine Frage des Heilens, des Sich-Erholens und schöpferischen Brachliegens. Schöpferisches Brachliegen folgt dem Pflügen und Säen und ist Untätigkeit im Hinblick auf vollkommenes, zukünftiges Handeln. Es kann auch sein, daß Ihr wahres Interesse noch nie erweckt worden ist. Bitte hören Sie zu und untersuchen Sie es selber. Haben Sie erst einmal die Absicht, so werden Sie es auch herausfinden — aber nicht durch anhaltendes Forschen, sondern durch Klarheit und Eifer bei Ihrem Vorsatz. Dann werden Sie in Ihrem Wachzustand eine lebhafte Aufmerksamkeit entdecken, die jede Andeutung Ihres verborgenen Interesses auffängt; und sogar Ihre Träume werden dabei eine Rolle spielen. Mit andern Worten, Ihre ernste Absicht wird das Triebwerk der Enthüllung in Bewegung setzen.

«Wie kann ich aber wissen, welches Interesse mein wahres ist? Ich habe schon so viele Interessen gehabt, die alle versandet sind. Woher weiß ich, daß das Interesse, welches ich nun vielleicht als mein wahres entdecken werde, nicht auch im Sande verlaufen wird?»

Es gibt natürlich keine Garantie, aber da Sie sich jetzt der Möglichkeit des Versandens bewußt sind, werden Sie Ihre ganze Aufmerksamkeit darauf richten, das Wahre zu entdecken. Wenn ich es so ausdrücken darf: Sie werden Ihr wahres Interesse nicht suchen; doch in dem Zustand passiver Aufmerksamkeit wird es sich zeigen. Sobald Sie nämlich versuchen, Ihr wirkliches Interesse herauszufinden, müssen Sie wählen, berechnen, eins gegen das andere abwägen und urteilen. Ein solcher Vorgang verursacht Widerstand, und Sie verzehren Ihre Kraft mit Zweifeln an der rechten Wahl. Machen Sie dagegen keine positive Anstrengung, sondern verhalten sich nur passiv beobachtend, dann können Sie eine Bewegung Ihres Interesses wahrnehmen. Stellen Sie damit einmal Versuche an, und Sie werden sehen.

«Ich möchte nicht zu voreilig sein, aber ich glaube, ich fange an, mein wahres Interesse zu spüren. Ich fühle eine entscheidende Belebung und neue Begeisterung.»

12] Erziehung und Einheitlichkeit

Es war ein herrlicher Abend. Die Sonne ging hinter riesigen, schwarzen Wolken unter, vor denen sich eine Gruppe hoher, schlanker Palmen abzeichnete. Der Fluß hatte einen goldenen Schimmer, und die fernen Hügel glühten in der untergehenden Sonne. Donner rollte, aber über den Bergen war der Himmel klar und blau. Das Vieh kam von der Weide in die Ställe zurück, von einem kleinen Knaben getrieben. Er konnte nicht älter als zehn oder zwölf Jahre sein, und obwohl er den ganzen Tag über allein gewesen war, sang er laut, während er hin und wieder den Kühen, die abschweiften oder zu langsam liefen, leichte Schläge versetzte. Als er lächelte, erhellte sich sein dunkles Gesicht. Voller Neugier blieb er stehen und fing aus einem unbestimmten Drang an, Fragen zu stellen. Es war ein Dorfjunge ohne jede Erziehung. Niemals würde er lesen und schreiben lernen, aber er wußte schon, was es heißt, mit sich selber allein zu sein. Er war sich dessen nicht bewußt, daß er allein war, wahrscheinlich war es ihm überhaupt nicht eingefallen, noch bedrückte es ihn. Er war eben allein und zufrieden — nicht zufrieden mit etwas, sondern einfach zufrieden. Mit etwas zufrieden zu sein, heißt, unzufrieden zu sein. Es ist ein Zeichen von Furcht, Zufriedenheit in einer Beziehung zu suchen; denn wenn sie von einer Beziehung abhängt, ist sie nichts als Befriedigung. Zufriedenheit ist ein Zustand des Nicht-Abhängig-Seins. Abhängigkeit führt stets zu Konflikt und Widerstand. Um zufrieden sein zu können, muß man frei sein. Freiheit ist immer am Anfang und muß es sein; denn Freiheit ist kein Ziel und kein Ergebnis. Niemals kann man in der Zukunft frei werden. Künftige Freiheit hat keine Wirklichkeit und ist nichts als eine Idee. Wirklich ist das, was *ist,* und sich passiv dessen, was *ist,* bewußt zu werden, bedeutet Zufriedenheit.

Der Professor sagte, er habe nach seiner Promotion viele Jahre lang unterrichtet und habe in einer der Regierungsanstalten eine große Anzahl Jungen unter sich. Er bereite seine Schüler dazu vor, ihre Examen zu bestehen, denn das entspräche den Wünschen der Regierung und der Eltern. Natürlich gäbe es mitunter Jungen, denen man besondere Gelegenheiten bieten oder Stipendien gewähren könne, aber die große Masse sei gleichgültig, stumpf, faul und meist etwas boshaft. Manche Jungen verstünden, etwas aus sich zu machen, wohin sie auch kämen, aber nur sehr wenige hätten eine schöpferische Flamme. In all den Jahren seiner Tätigkeit sei er nur sehr selten außergewöhnlichen Jungen begegnet, hin und wieder einem, der vielleicht ein Genie hätte werden können, aber nur zu bald von seiner Umgebung unterdrückt wurde. Er habe in seiner Eigenschaft als Lehrer viele Länder bereist, um die Ausnahmefälle zu studieren, aber es sei überall dasselbe. Jetzt wolle er sich von seinem Beruf zurückziehen, denn er sei nach so vielen Jahren recht traurig über die ganze Lage. Wie gut die Jungen auch erzogen seien, sie erwiesen sich im allgemeinen als dumm. Nur wenige seien gescheit oder wüßten sich zu behaupten und hohe Stellungen zu erlangen, aber hinter ihrer Maske von Ansehen und Herrschsucht seien sie ebenso kleinlich und von Furcht geplagt wie alle andern.

«Unser modernes Erziehungssystem hat versagt, denn es hat zwei verheerende Kriege und entsetzliches Elend verursacht. Zweifellos genügt es nicht, lesen und schreiben zu lernen, sich technische Fähigkeiten anzueignen und sein Gedächtnis auszubilden; das hat nur zu unaussprechlichem Leid geführt. Was betrachten Sie als Endziel der Erziehung?»

Liegt es nicht darin, im menschlichen Wesen einen vollständigen Zusammenschluß, Einheitlichkeit herbeizuführen? Und wenn es das ‹Ziel› aller Erziehung ist, muß man sich dann nicht darüber klar werden, ob der Einzelne für die Gesellschaft oder die Gesellschaft für den Einzelnen besteht? Wenn die Gesellschaft den Einzelnen für ihre eigenen Zwecke benutzt, ist sie nicht an der Ausbildung einheitlicher Menschen interessiert; sie braucht wirksame Maschinen, anpassungsfähige, ehrbare Bürger, und dazu genügt ein sehr oberflächlicher Zusammenschluß. Solange ein Mensch gehorcht und willens ist, sich gründlich einzuordnen, wird ihn die Gesellschaft nützlich finden und gern Zeit und Geld an ihn wenden. Ist andrerseits die Gesellschaft für den Einzelnen da, so muß sie ihm helfen, sich von den durch sie bedingten Einflüssen frei zu machen. Sie muß ihn zu einem einheitlichen menschlichen Wesen erziehen.

«Was verstehen Sie unter einem einheitlichen menschlichen Wesen?»

Man muß sich dieser Frage auf negative oder indirekte Weise nähern, denn sie läßt sich nicht positiv beantworten.

«Ich verstehe nicht, was Sie damit meinen.»

Mit der positiven Aussage, was ein einheitlicher Mensch sei, würde man nur ein neues Schema, ein Muster oder Beispiel zur Nachahmung schaffen, und ist das Nachahmen eines Musters nicht ein Zeichen des Verfalls? Können wir einheitlich werden, wenn wir versuchen, einem Beispiel zu folgen? Nachahmung ist doch ein Vorgang der Zersetzung — was man überall in der Welt beobachten kann. Wir sind alle auf dem Wege, sehr gute Grammophonplatten zu werden: wir wiederholen, was die sogenannten Religionen uns gelehrt haben, oder was der neuste politische, wirtschaftliche oder religiöse Führer gesagt hat. Wir halten an unseren Ideologien fest und gehen zu politischen Massenversammlungen; wir haben sportliche Massenvergnügen, Massenverehrung und Massenhypnose. Ist das ein Zeichen von Einheitlichkeit? Das Sich-Anpassen ist doch kein Einheitlich-Werden, nicht wahr?

«Das führt zu der grundlegenden Frage der Disziplin. Sind Sie gegen Disziplin?»

Was verstehen Sie unter Disziplin?

«Es gibt die verschiedensten Formen von Disziplin, die der Schule, des Bürgers, der Partei, der Gesellschaft, der Religion und die selbst auferlegte. Disziplin kann einer inneren oder äußeren Autorität folgen.»

Im Grunde schließt Disziplin eine Art Anpassung ein, nicht wahr? Anpassung an ein Ideal oder eine Autorität bildet aber Widerstand aus, der notwendigerweise zur Opposition führen muß. Widerstand ist Opposition. Disziplin ist also ein Isolierungsvorgang, bei dem man sich als Einzelner oder innerhalb einer Gruppe absondert. Nachahmung ist eine Form von Widerstand, nicht wahr?

«Glauben Sie, daß Disziplin dem Einheitlich-Werden im Wege steht? Was würde in einer Schule geschehen, wo keine Disziplin herrschte?»

Ist es nicht wichtiger, die wesentliche Bedeutung der Disziplin zu erfassen, als voreilige Schlüsse zu ziehen oder Beispiele anzuführen? Wir versuchen, hier zu erkennen, welche Faktoren Auflösung herbeiführen, oder was der Einheitlichkeit im Wege steht. Ist nicht Disziplin im Sinne von Anpassung, Widerstand, Opposition oder Konflikt ein solcher Faktor? Warum wollen wir uns immer angleichen? Doch nicht nur aus Gründen rein körperlicher Sicherheit, sondern auch zu unserm psychologischen Wohlbefinden und Behagen. Bewußt oder unbewußt treibt uns die Angst vor Ungewißheit zu äußerer und innerer Anpassung. Wir alle brauchen ein bestimmtes Maß physischer Sicherheit, doch unsere Furcht vor psychologischer Ungewißheit macht physische Sicherheit unmöglich, außer vielleicht für einige wenige. Furcht ist die Grundlage aller Disziplin: Furcht davor, keinen Erfolg zu haben, bestraft zu werden, zu verlieren und so weiter. Disziplin bedeutet Nachahmung, Unterdrückung,

Widerstand, und ob sie nun bewußt oder unbewußt angewandt wird, sie bleibt das Ergebnis von Furcht; und ist Furcht nicht ein zersetzender Faktor?

«Womit wollen Sie Disziplin ersetzen? Ohne Disziplin würde noch größeres Chaos als jetzt herrschen. Ist eine gewisse Disziplin nicht zum Handeln nötig?»

Intelligenz beginnt, wenn man das Falsche als falsch erkennt, wenn man das Wahre im Falschen und das Wahre als wahr sieht. Es ist keine Frage von Ersatz. Man kann Furcht nicht durch etwas anderes ersetzen — sie bleibt in jedem Falle bestehen. Auch wenn man seine Angst erfolgreich zudeckt und vor ihr davonläuft, ist sie immer noch da. Ersatz zu finden, hat keine Bedeutung, wohl aber, seine Furcht auszumerzen. Keine Disziplin kann jemals Freiheit von Furcht herbeiführen. Furcht muß beobachtet, erforscht und verstanden werden. Sie ist nichts Abstraktes, denn sie entsteht nur in Beziehung auf etwas, und eine solche Beziehung muß verstanden werden. Verstehen heißt aber, sich nicht zu widersetzen und nichts zu bekämpfen. Ist also Disziplin im weiteren und tieferen Sinne nicht auch ein zersetzender Faktor, und die Furcht mit ihren Folgeerscheinungen wie Nachahmung und Unterdrückung eine zersetzende Kraft?

«Wie kann man aber frei von Furcht werden? Wie kann in einer Klasse mit vielen Schülern ohne eine gewisse Disziplin — oder, wenn Sie vorziehen, Angst — Ordnung herrschen?»

Nur wenn die Schülerzahl sehr herabgesetzt wird und rechte Erziehung stattfindet. Das ist natürlich unmöglich, solange der Staat sich nur für ein Massenprodukt von Bürgern interessiert. Die herrschende Klasse zieht Massenerziehung vor und will keine Unzufriedenheit anfachen, denn dann könnte ihre Stellung bald unhaltbar werden. Der Staat kontrolliert die Erziehung, er tritt dazwischen und formt den Menschen für seine eigenen Zwecke, und zwar am leichtesten durch Furcht, Disziplin, Lohn und Strafe. Freiheit von Furcht ist etwas ganz anderes. Furcht will verstanden sein, ohne daß man ihr Widerstand leistet, sie unterdrückt oder sublimiert.

Das Problem der Auflösung oder Zersetzung ist recht

verwickelt wie alle menschlichen Probleme. Ist Konflikt nicht auch ein zersetzender Faktor?

«Aber Konflikt ist doch wichtig, sonst würden wir ja stillstehen. Ohne Streben gäbe es keinen Fortschritt und keine Kultur. Ohne Streben oder Konflikt wären wir noch Barbaren.»

Vielleicht sind wir es noch. Warum ziehen wir immer so voreilige Schlüsse oder widersetzen uns einer neuen Anregung? Zweifellos sind wir Barbaren, wenn wir Tausende töten — für unser Vaterland oder irgendwelche Ideale. Es ist höchste Barbarei, ein menschliches Wesen zu töten. Aber lassen Sie uns mit dem fortfahren, wovon wir sprachen. Ist Konflikt nicht ein Zeichen von Zersetzung?

«Was verstehen Sie unter Konflikt?»

Konflikt in jeglicher Form: zwischen Mann und Frau, zwischen zwei Gruppen mit widerstreitenden Ideen, zwischen dem, was *ist,* und der Tradition, zwischen dem, was *ist,* und einem Ideal, dem, was ‹sein sollte›, der Zukunft. Konflikt ist Streit nach innen und außen. Heutzutage gibt es Konflikte auf allen Schichten unseres Daseins, den bewußten wie den unbewußten. Das Leben ist zu einer Folge von Konflikten geworden, zu einem wahren Schlachtfelde — und wozu? Bekommt man Verständnis durch Streit? Kann ich jemanden verstehen, wenn ich mich mit ihm streite? Zum Verständnis braucht man ein gewisses Maß von Frieden. Nur in Frieden und Glück kann Schöpfung stattfinden, nie aber bei Konflikt und Streit. Unablässig kämpfen wir zwischen dem, was *ist,* und dem, was sein *sollte,* zwischen These und Antithese. Wir nehmen Konflikte als unabänderlich hin, und das Unvermeidliche wird für uns zur Norm, zur Wahrheit — auch wenn es falsch sein mag. Kann man das, was *ist,* umwandeln, indem man sein Gegenteil bekämpft? Wenn ich etwas bin und darum kämpfe, etwas anderes zu werden — nämlich das Gegenteil —, ändere ich damit das, was ich bin? Ist die Antithese oder der Gegensatz nicht eine veränderte Projektion dessen, was *ist*? Alles trägt die Elemente seines eigenen Gegensatzes in sich, nicht wahr? Läßt sich das, was *ist,* durch Vergleichen erkennen? Ist nicht vielmehr jede Schlußfolgerung über das, was *ist*, ein Hindernis zum Verständnis? Will man irgendetwas begreifen, so muß man es beobachten, studieren; wie kann man es aber frei untersuchen, wenn man dafür oder dagegen eingenommen ist? Wenn man zum Beispiel seinen Sohn verstehen will, muß man ihn beobachten, ohne sich mit ihm zu identifizieren oder ihn zu verurteilen, denn solange man mit ihm in Konflikt steht, kann kein Verständnis erwachsen. Ist also Konflikt wesentlich für Verständnis?

«Gibt es nicht noch eine andere Art Konflikt, zum Beispiel den Kampf, etwas zu erlernen oder sich eine Technik zu eigen zu machen? Mitunter hat man eine intuitive Vorstellung von etwas, aber man muß es sich dann verdeutlichen, und das kann Kampf, Mühe und zuweilen Schmerz bedeuten.»

In gewissem Sinne ist das wahr, doch die Schöpfung selber wird zum Mittel. Mittel und Ziel sind nicht voneinander zu trennen, das Ziel richtet sich nach den Mitteln, die Ausdrucksform nach der Schöpfung. Der Stil formt sich nach dem, was man zu sagen hat, und hat man etwas zu sagen, so schafft eben das seinen eigenen Stil. Doch wenn man nur Techniker ist, entsteht kein wesentliches Problem.

Kann Konflikt je Verständnis auf irgendeinem Gebiet hervorrufen? Erzeugt die Anstrengung oder der Wille, positiv oder negativ etwas zu sein oder werden zu wollen, nicht eine fortlaufende Kette von Konflikten? Wird die Ursache eines Konflikts nicht zur Wirkung, und diese ihrerseits wieder zur Ursache? Es gibt keine Erlösung vom Konflikt, ehe man das, was *ist*, nicht verstanden hat. Man kann es aber nicht durch einen Schleier von Ideen begreifen, sondern muß unbefangen darauf zugehen. Weil das, was *ist*, nie stillsteht, darf unser Sinn an keinen Glauben, keine Erkenntnis, Ideologie oder Schlußfolgerung gebunden sein. Konflikt bewirkt gerade seiner Natur nach Trennung, wie jede Art Widerstand es tut; und Ausschluß oder Trennung ist ein zersetzender Faktor. Jede Form von Macht, sei es beim Einzelnen oder beim Staate, jede Anstrengung, mehr oder weniger zu werden, ist ein Vorgang der Zersetzung. Alle Ideen, Glaubenssätze, Denksysteme schließen ab und trennen. Anstrengung und Konflikt können unter keinen Umständen Verständnis herbeiführen und werden daher für den Einzelnen wie für die Gesellschaft zur Verderbnis.

«Was ist aber nun Einheitlichkeit? Ich verstehe mehr oder weniger, welche Faktoren Zersetzung verursachen, das ist aber nur die negative Seite. Durch Verneinung kann man kaum zur Einheitlichkeit gelangen. Wenn ich auch weiß, was falsch ist, so bedeutet das noch nicht, daß ich weiß, was richtig ist.»

Wenn man das Falsche als falsch erkennt, ist ohne Zweifel das Wahre *da*. Wird man sich — nicht nur dem Wortlaut nach, sondern tief im Innern — der entartenden Umstände bewußt, so ist man einheitlich. Und ist das Einheitlich-Werden etwas Stillstehendes, das man gewinnen und abschließen kann? Geschlossenheit läßt sich nicht erreichen — Erreichen ist Sterben. Sie ist kein Ziel oder Ende, sondern ein Daseinszustand, etwas Lebendiges; und kann etwas Lebendiges je zu einem Ziel oder Zweck werden? Der Wunsch, ein zusammengeschlossenes, einheitliches Ganzes zu sein, ist genau wie jeder andere Wunsch eine Quelle von Konflikt. Sobald aber Konflikt aufhört, herrscht Geschlossenheit, Einheitlichkeit. Sie bedeutet einen Zustand vollkommener Aufmerksamkeit, der jedoch nie bei Anstrengung, Konflikt, Widerstand oder Konzentration eintreten kann. Konzentration ist ein Sich-Festlegen, man beginnt zu trennen und auszuschließen, und dabei kann man niemals ungeteilt aufmerksam sein. Ausschluß bedingt Einengung, und etwas Eingeengtes kann das vollständige Ganze nicht wahrnehmen. Völlige, ungeteilte Aufmerksamkeit ist unmöglich, solange man verurteilt, rechtfertigt, sich identifiziert oder seinen Sinn von Schlußfolgerungen, Theorien und Grübeleien beschatten läßt. Erst wenn man die Hindernisse versteht, kommt Freiheit. Für einen Gefangenen ist die Freiheit etwas Abstraktes. Doch passive Beobachtung kann alle Hindernisse aufdecken, und sobald man von ihnen frei wird, entsteht Einheitlichkeit.

13] Keuschheit

Der Reis war dem Reifen nahe; die untergehende Sonne lag auf den Feldern und verlieh ihrem Grün einen goldenen Schimmer. Lange, schmale Wassergräben liefen durch die Felder, und auf dem Wasser fing sich das immer dunkler werdende Licht. Ringsherum, am Rande der Reisfelder standen Palmen und unter ihnen kleine Häuser, dunkel und einsam. Unser Pfad schlängelte sich träge durch die Reisfelder und Palmenhaine dahin. Er war voller Musik. Ein Junge spielte Flöte angesichts eines Reisfeldes. Er sah sauber und gesund aus, sein Körper war wohlgeformt und zart, er trug nur ein reines, weißes Tuch um die Lenden. Die sinkende Sonne schien ihm gerade ins Gesicht, und seine Augen lächelten. Er übte eine Tonleiter, und wenn er genug davon hatte, spielte er ein Lied. Daran hatte er seine helle Freude, und die Freude wirkte ansteckend. Ich setzte mich in seine Nähe, aber er spielte ruhig weiter. Das Abendlicht, die gold-grünen, wogenden Felder, die Sonne zwischen den Palmen und der Flöte spielende Knabe schienen dem Abend einen Zauber zu verleihen, wie man ihn nur selten erlebt. Dann hörte er auf zu spielen, kam zu mir heran und setzte sich dicht neben mich. Keiner von uns beiden sprach ein Wort, aber er lächelte, und es schien, als sei der Himmel davon erfüllt. Seine Mutter rief aus einem der Häuser unter den Palmen. Er antwortete nicht sogleich, sondern stand erst nach dem dritten Ruf auf, lächelte wieder und ging fort. Weiter unten auf dem Pfad sang ein Mädchen mit hübscher Stimme zur Begleitung eines Streichinstruments. Jenseits des Feldes fiel ein Mann ein und sang aus voller Kehle mit; das Mädchen hielt inne und hörte dem andern bis zu Ende zu. Es wurde dunkel. Der Abendstern stand über den Feldern, und die Frösche fingen an zu quaken.

Immer wollen wir besitzen — eine Kokosnuß, eine Frau oder den Himmel! Wir wollen alles an uns reißen; es scheint als ob die Dinge durch Besitzen größeren Wert bekämen. Wenn wir von einem Bilde sagen können: ‹es gehört mir›, wird es in unseren Augen schöner und wertvoller, als ob es größere Feinheit, Tiefe und Fülle gewonnen habe. Im Besitzen liegt aber eine seltsam gewalttätige Eigenschaft. Im Augenblick, da man sagt: ‹es gehört mir›, wird der Gegenstand zu etwas, das man pflegen und verteidigen muß, und damit entsteht Widerstand und der Keim zur Gewalttätigkeit. Gewalt ist Selbst-Erfüllung, die unablässig nach Erfolg sucht. Erfolg bedingt stets Mißerfolg. Erreichen ist Sterben, aber Wandern ist ewig. Strebt man nach Gewinn und Sieg in dieser Welt, so verliert man sein Leben. Wie eifrig verfolgen wir immer unser Ziel! Doch das Ziel hat kein Ende, ebensowenig wie unsere Konflikte bei der Verfolgung. Konflikt ist ein unaufhörliches Überwinden, was aber einmal besiegt wird, muß immer wieder besiegt werden. Der Sieger schwebt beständig in Furcht, und Besitz ist sein Untergang. Auch der Besiegte verliert in seinem Streben nach Sieg das, was gewonnen wurde, und wird damit dem Sieger gleich. Seine Schale leer zu lassen, bedeutet Leben ohne Tod.

Sie waren erst kurze Zeit verheiratet und noch kinderlos, beide schienen so jung, so schüchtern und weltfremd. Sie wollten gern ruhig etwas besprechen, ohne sich zu eilen und ohne das Gefühl, andere warten zu lassen. Es war ein hübsches Paar, aber in ihren Augen lag eine gewisse Spannung. Ihr Lächeln kam bereitwillig, schien aber Besorgnis zu verbergen. Sie sahen frisch und sauber aus, doch eine Andeutung inneren Kampfes umgab sie. Liebe ist etwas Seltsames: wie leicht stirbt sie, wie schnell kann der Rauch ihre Flamme ersticken! Die Flamme ist weder dein noch mein, nur eine Flamme, klar und sich selbst genug — weder persönlich noch unpersönlich, sie gehört nicht zum Gestern und nicht zum Morgen. Ihre Wärme kann heilen, ihr Duft ist nicht beständig. Man kann sie weder besitzen noch für sich allein beanspruchen oder festhalten. Versucht man, sie zu bewahren, so verbrennt und zerstört sie, und der Rauch erfüllt unser Dasein, so daß kein Raum für die Flamme mehr bleibt.

Er sagte, sie seien zwei Jahre verheiratet und lebten

jetzt ruhig in der Nähe einer ziemlich großen Stadt. Sie besäßen ein kleines Gut, auf dem sie Reis und Früchte anbauten und Vieh züchteten. Er interessiere sich für die Verbesserung seiner Viehzucht, während sie im Krankenhaus des Ortes arbeite. Ihre Tage seien erfüllt, doch nicht so, als wollten sie sich selber entfliehen. Sie seien niemals vor etwas oder jemandem davongelaufen, außer vor ihren Verwandten, die stark an der Überlieferung festhielten und sehr langweilig seien. Sie hätten sich trotz des Widerstandes der Familie geheiratet und lebten nun für sich allein ohne viel Hilfe. Bevor sie heirateten, hätten sie sich ausgesprochen und wären zu dem Entschluß gekommen, keine Kinder zu haben.

Warum?

«Wir beide sehen, in welch schrecklicher Verwirrung sich die Welt befindet, und es kommt uns wie ein Verbrechen vor, mehr Kinder in die Welt zu setzen. Die unsern müßten unvermeidlich zu rein bürokratischen Beamten oder zu Sklaven eines religiös-ökonomischen Systems werden. Ihre Umgebung würde sie entweder verdummen oder schlau und zynisch machen. Außerdem hätten wir nicht genug Geld, um ihnen eine angemessene Erziehung geben zu können.»

Was verstehen Sie unter angemessen?

«Um unsere Kinder entsprechend zu erziehen, müßten wir sie nicht nur hier, sondern auch im Ausland zur Schule schicken. Wir müßten ihre Intelligenz und ihr Gefühl für Schönheit und Wert entwickeln und ihnen helfen, ihr Leben reich und glücklich zu gestalten, so daß sie in Frieden mit sich selber wären. Natürlich müßten sie auch eine Technik erlernen, die aber ihre Seele nicht zerstören dürfte. Abgesehen von dem allen hatten wir das Gefühl, wir dürften in unserer Dummheit nicht unsere eigenen Reaktionen und unsere eigene Bedingtheit den Kindern vererben. Wir wollten nicht uns selber in abgeänderter Form fortpflanzen.»

Wollen Sie mir zu verstehen geben, daß Sie beide all das so logisch und brutal durchdacht haben, bevor Sie heirateten? Sie haben einen guten Vertrag aufgesetzt, können Sie ihn nun auch so leicht einhalten? Das Leben ist etwas verwickelter als so ein mündliches Abkommen, nicht wahr?

«Das sehen wir jetzt allmählich ein. Keiner von uns beiden hat zu jemand anderem darüber gesprochen, weder vor noch nach unserer Heirat, und das ist eine unserer Schwierigkeiten. Wir kannten niemanden, zu dem wir frei hätten reden können, denn die meisten älteren Leute sind reichlich anmaßend und machen sich ein Vergnügen daraus, zu tadeln und einem auf die Schulter zu klopfen. Wir hörten einen Ihrer Vorträge und hatten beide den Wunsch, hierher zu kommen und unser Problem mit Ihnen zu besprechen. Dazu kommt, daß wir vor unserer Ehe das Gelübde abgelegt haben, nicht in geschlechtliche Beziehung zu treten.»

Noch einmal: Warum?

«Wir sind beide religiös veranlagt und wollten ein geistiges Leben führen. Seit meinen jungen Jahren hatte ich den Wunsch, mich von der Welt zurückzuziehen und Einsiedler zu werden. Ich las eine Menge religiöser Bücher, die alle mein Verlangen nur bestärkten. Tatsächlich habe ich fast ein Jahr lang die gelbe Mönchskutte getragen.»

Was sagen Sie dazu?

«Ich bin weder so klug noch so gelehrt wie er, aber ich habe ebenfalls eine stark religiöse Tradition. Mein Großvater hatte eine recht gute Stellung; er verließ Frau und Kinder, um ein *Sannyasi* zu werden, und jetzt will mein Vater dasselbe tun. Bisher hat meine Mutter sich immer noch durchgesetzt, aber eines Tages wird er wohl verschwunden sein. Ich selber fühle den gleichen Trieb zum religiösen Leben.»

Warum, wenn ich fragen darf, haben Sie dann erst geheiratet?

«Wir brauchten beide Kameradschaft», antwortete er, «wir liebten uns und hatten viel gemeinsam. Das fühlten wir schon seit unserer frühesten Jugend, und wir sahen keinen Grund, nicht offiziell zu heiraten. Wir hatten daran gedacht, unverheiratet und platonisch zusammen zu leben, aber das hätte nur unnötige Verwicklungen geschaffen. Nach unserer Heirat war ein Jahr lang alles in bester Ordnung, doch unser Verlangen nach einander wuchs und war fast unerträglich. Schließlich wurde es so schlimm, daß ich oft fortzugehen pflegte. Ich konnte nicht mehr arbeiten, an nichts anderes mehr denken und hatte die wildesten Träume. Ich wurde launisch und reizbar, und doch fiel kein scharfes Wort zwischen uns. Wir liebten uns und konnten einander weder mit Wort noch Tat verletzen. Aber wir verzehrten uns nach einander und beschlossen am Ende, zu Ihnen zu gehen und mit Ihnen darüber zu sprechen. Ich kann tatsächlich das Gelübde, das wir beide abgelegt haben, nicht durchführen. Sie können sich keine Vorstellung davon machen, wie es gewesen ist.»

Und wie steht es mit Ihnen?

«Welche Frau, die einen Mann liebt, verlangt nicht nach einem Kinde von ihm? Ich wußte nicht, daß ich solcher Liebe fähig sei, und habe auch Tage in Folterqualen und Nächte in Herzeleid zugebracht. Ich wurde hysterisch und begann, beim geringsten Anlaß zu weinen, und bestimmte Tage des Monats wurden mir zum Alpdruck. Ich hoffte immer, etwas würde geschehen, aber obwohl wir es miteinander besprachen, nützte es nichts. Dann wurde ein Krankenhaus in unserer Nähe gebaut, und man fragte mich, ob ich helfen wolle. Ich war froh, allem entfliehen zu können, aber es half immer noch nichts. Ihn jeden Tag so nahe zu sehen, ...» Sie weinte jetzt aus tiefstem Herzen. «So sind wir also gekommen, um alles mit Ihnen zu besprechen — was sagen Sie dazu?»

Besteht ein religiöses Leben darin, sich selbst zu bestrafen? Ist das Abtöten des Körpers oder des Geistes ein Zeichen von Verständnis? Ist selbst-auferlegte Folter der Weg zur Wirklichkeit? Ist Keuschheit Verneinung? Wie weit glauben Sie, mit Ihrem Verzicht gehen zu können? Kann man durch Konflikt tatsächlich zum Frieden gelangen? Sind die Mittel nicht unendlich wichtiger als der Zweck? Ein Ziel *mag* vielleicht kommen, aber die Mittel *sind hier*. Man muß die Wirklichkeit, das, was *ist*, verstehen und darf sie nicht mit Entschlüssen, Idealen und Vernunftgründen ersticken. Kummer ist nicht der Weg zum Glück. Das, was man Leidenschaft nennt, soll man zu verstehen und nicht zu unterdrücken oder zu veredeln suchen; es hat keinen Zweck, einen Ersatz dafür finden zu wollen. Was man auch tut, welche List man auch anweden mag — alles wird nur zur Bestärkung dessen dienen, was man nicht liebt und nicht versteht. Wenn man aber das, was wir Leidenschaft nennen, lieben kann, wird man es auch verstehen lernen, denn mit dem, was man liebt, steht man in direkter Fühlung. Doch alles, was man mit Unwillen, mit voreingenommenen Ideen oder Schlußfolgerungen betrachtet, kann man nicht lieben. Und wie soll man seine Leidenschaft lieben und verstehen, wenn man ein Gelübde dagegen geleistet hat? Ein Gelübde ist eine Form von Widerstand, und alles, dem man sich widersetzt, trägt am Ende den Sieg davon. Wahrheit läßt sich nicht erobern oder erstürmen, sie rinnt einem durch die Finger, wenn man sie festzuhalten sucht. Wahrheit kommt stillschweigend, ohne daß man sie erkennt. Was man erkennen kann, ist nicht Wahrheit, sondern nur eine Idee oder ein Symbol. Der Schatten ist nichts Wirkliches.

Ohne Zweifel ist es unsere Aufgabe, sich selbst zu erkennen, nicht sich zu zerstören. Es ist verhältnismäßig leicht zu zerstören. Man macht sich eine Schablone für sein Handeln zurecht und hofft, sie werde zur Wahrheit führen. Sie ist aber selbst verfertigt und entspricht der eigenen Bedingtheit, genau wie das Ziel. Sie schaffen sich zuerst Ihre Schablone und tun dann ein Gelübde, es durchzuführen. Das ist am Ende Flucht vor sich selber. Aber Sie sind nicht Ihre selbst-ersonnene Schablone und deren Ablauf, sondern das, was Sie tatsächlich sind — Ihr Verlangen und Begehren. Wollen Sie wirklich über Ihre Begierde hinausgehen und sich von ihr befreien, so müssen Sie sie vollkommen zu verstehen trachten, ohne sie zu verurteilen oder bloß hinzunehmen. Das ist eine Kunst, die man erst durch die rechte Mischung von Aufmerksamkeit und tiefe Passivität zu meistern lernt.

«Ich habe einige Ihrer Ansprachen gelesen und kann Ihren Worten folgen. Aber was sollen wir nun tatsächlich tun?»

Es ist Ihr Leben, Ihr Glück und Leid, wie darf ein anderer wagen, Ihnen zu raten, was Sie tun sollen? Haben Ihnen andere Leute nicht schon genug geraten? Andere Leute stellen die Vergangenheit, Tradition oder Bedingtheit dar, an der Sie auch teilhaben. Sie haben auf andere und auf sich selber gehört und sind jetzt in dieser schlimmen Lage. Suchen Sie immer noch Rat bei anderen — und damit bei sich selber? Dann werden Sie sich alles anhören, das Angenehme hinnehmen und alles Schmerzliche zurückweisen, während doch beides bindet. Das Gelübde gegen Ihr Verlangen ist der Anfang allen Elends gewesen, genauso wie das Frönen der Leidenschaft es gewesen wäre. Wichtig ist nur das Verständnis für den gesamten Verlauf des Ideals: Ihr Gelübde, Ihre Disziplin und die Qual — die dunkle Flucht vor der eigenen inneren Armut, vor dem Schmerz innerer Unzulänglichkeit und Einsamkeit. Sie sind dieser gesamte Ablauf.

«Wie steht es mit Kindern?»

Auch hier gibt es weder ‹ja› noch ‹nein›. Es führt zu nichts, verstandesgemäß nach einer Antwort zu suchen. Wir machen Kinder zu Schachfiguren im Spiel unserer Einbildung und häufen damit nur Elend an, wir bedienen uns ihrer als Mittel zur Flucht vor uns selber. Wenn Kinder nicht mehr zu solchen Zwecken benutzt werden, bekommen sie eine andere Bedeutung als die, welche die Gesellschaft, der Staat oder Sie selber ihnen geben mögen. Keuschheit kommt nicht aus dem Verstande, sie ist der Inbegriff der Liebe. Ohne Liebe gibt es keine Keuschheit — was man auch tun mag. Wenn Liebe da ist, werden Sie die rechte Antwort auf Ihre Frage finden.

Sie blieben noch lange Zeit zusammen in dem Raum in vollkommenem Schweigen. Worte und Gebärden hatten aufgehört.

14] Die Furcht vor dem Tode

In dem roten Staub vor dem Hause lagen eine Menge Trompetenblumen mit goldenen Kelchen. Sie hatten große, purpurne Blütenblätter und strömten einen zarten Duft aus. Im Dunkel der Nacht hatten sie die Erde bedeckt, aber im Lauf des Tages würden sie alle weggefegt werden. Sie kamen von der kräftigen Schlingpflanze, deren gezackte Blätter in der Morgensonne glitzerten. Ein paar Kinder traten achtlos auf die Blumen, und ein Mann, der eilig in seinen Wagen stieg, bemerkte sie nicht einmal. Ein Vorübergehender pflückte eine Blüte, sog ihren Duft ein und nahm sie mit, nur um sie später achtlos fallen zu lassen. Eine Frau kam aus dem Hause, wo sie wohl in Dienst war, brach eine Blume ab und steckte sie sich ins Haar. Wie herrlich waren die Blüten, und wie schnell welkten sie in der Sonne!

«Mein ganzes Leben lang hat mich eine Art Furcht verfolgt. Schon als Kind war ich sehr ängstlich, scheu und empfindsam, und jetzt fürchte ich mich vor dem Altwerden und dem Tode. Ich weiß, daß wir alle sterben müssen, aber meine Furcht läßt sich nun einmal nicht beschwichtigen, auch nicht mit der größten Vernunft. Ich bin der Parapsychologischen Gesellschaft beigetreten, habe ein paar spiritistische Sitzungen mitgemacht und alles gelesen, was die großen Lehrer über den Tod gesagt haben, aber die Furcht ist mir geblieben. Ich habe sogar Psychoanalyse versucht, aber auch das hat nichts geholfen. Meine Furcht ist langsam zu einem Problem geworden. Ich wache nachts mit entsetzlichen Träumen auf, die sich alle mehr oder weniger mit dem Tode beschäftigen. Tod und Gewalt erschrecken mich über alle Maßen, der Krieg war ein unausgesetzter Alpdruck für mich, und jetzt bin ich wirklich tief beunruhigt. Es ist keine Neurose, aber ich fühle, es könnte eine werden. Ich habe alles Erdenkliche getan, um meine Furcht zu beherrschen, habe auch versucht, vor ihr davonzulaufen, aber am Ende meiner Flucht ist es mir nicht geglückt, sie abzuschütteln. Ich habe ein paar ziemlich törichte Vorträge über Wiedergeburt gehört und die Literatur der Hindus und Buddhisten darüber studiert — aber alles war, wenigstens für mich, höchst unbefriedigend. Meine Furcht vor dem Tode ist nicht oberflächlich, sondern sitzt sehr tief.»

Wie ist Ihre Einstellung zur Zukunft, zum Morgen oder zum Tode? Wollen Sie die Wahrheit darüber erfahren, oder suchen Sie nach Bestätigung und nach befriedigenden Versicherungen über Fortdauer, respektive Zerstörung? Wollen Sie die Wahrheit oder eine tröstende Antwort hören?

«Wenn Sie es so ausdrücken, weiß ich wirklich nicht, wovor ich mich fürchte, aber meine Furcht ist immer noch da und bedrängt mich.»

Was ist Ihr Problem: Wollen Sie sich von Ihrer Furcht befreien, oder wollen Sie die Wahrheit über den Tod wissen?

«Was verstehen Sie unter der Wahrheit über den Tod?»

Der Tod ist eine unumstößliche Tatsache. Was man auch tun mag, er ist unwiderruflich, endgültig und wahr. Wollen Sie die Wahrheit über das erfahren, was jenseits des Todes liegt?

«Aus all meinen Studien und den wenigen Materialisationen, die ich bei spiritistischen Sitzungen miterlebte, habe ich entnommen, daß es offenbar eine Art Fortdauer nach dem Tode gibt. Unser Denken setzt sich in irgendeiner Weise fort, was Sie selber auch behauptet haben; und genauso wie das Rundfunk-Senden von Liedern, Worten und Bildern am andern Ende einen Empfänger benötigt, so braucht unser Denken, das nach dem Tode anhält, ein Instrument, durch das es sich ausdrücken kann. Dazu kann es sich ein Medium wählen oder sich auf andere Art verkörpern. All das ist ziemlich klar, man kann Versuche damit anstellen und es verstehen. Aber obgleich ich tief in das Gebiet eingedrungen bin, trage ich immer noch eine unergründliche Furcht in mir, die, wie ich bestimmt glaube, mit dem Tode zusammenhängt.»

Der Tod ist unvermeidlich. Fortdauer dagegen kann man beenden oder nähren und aufrecht erhalten. Was

Fortdauer besitzt, kann sich aber nicht erneuern, es kann weder neu sein noch das Unbekannte verstehen. Fortdauer ist Dauer, und was ewig fortdauert, ist nicht zeitlos. Das Zeitlose entsteht nicht durch Zeit oder Dauer. Soll etwas Neues beginnen, so muß etwas aufhören. Das Neue liegt nicht innerhalb der Fortdauer unseres Denkens. Denken ist ununterbrochene Bewegung in der Zeit, und solche Bewegung kann unmöglich einen Daseinszustand einschließen, der nicht zur Zeit gehört. All unser Denken stützt sich auf die Vergangenheit und gehört seinem ganzen Wesen nach zur Zeit. Zeit ist nicht nur etwas Chronologisches, sondern auch die Bewegung unseres Denkens von der Vergangenheit durch die Gegenwart in die Zukunft, und zwar eine Bewegung von Gedächtnis, Wort, Bild, Symbol, Aufzeichnung und Wiederholung. Denken oder Gedächtnis setzt sich durch Wort und Wiederholung ununterbrochen fort. Das Ende des Denkens bildet den Anfang von etwas Neuem, das Absterben des Denkens wird zum ewigen Leben. Soll etwas Neues entstehen, so muß beständiges Enden stattfinden. Das Neue ist nichts Fortlaufendes, es liegt niemals auf dem Gebiet der Zeit. Es besteht nur im Sterben von Augenblick zu Augenblick. Man muß jeden Tag sterben können, wenn das Unbekannte eintreten soll. Enden ist Beginnen, doch unsere Furcht verhindert das Enden.

«Ich weiß, daß ich Furcht habe, aber ich weiß nicht, was dahinter liegt.»

Was verstehen wir unter Furcht? Was ist Furcht? Sie ist nichts Abstraktes und tritt niemals unabhängig oder abgesondert auf. Sie entsteht nur in Beziehung zu etwas und offenbart sich im Verlauf der Beziehung, es gibt keine Furcht außerhalb von Beziehungen. Wovor also fürchten Sie sich? Sie sagen, Sie fürchten sich vor dem Tode. Was bedeutet das? Trotz aller unserer Theorien, Grübeleien und erkennbarer Tatsachen ist der Tod immer noch das Unbekannte. Wenn wir auch noch soviel darüber wissen, können wir ihn doch nicht in das Gebiet des Bekannten einreihen, und obwohl wir die Hand nach ihm ausstrecken, läßt er sich nicht fassen. Gedan-

kenverbindungen liegen im Reich des Bekannten, doch das Unbekannte läßt sich nicht vertraut machen oder durch Gewohnheit einfangen — und so entsteht Furcht.
Kann unser Bewußtsein — das Bekannte — je etwas Unbekanntes begreifen oder in sich schließen? Die Hand, die man danach ausstreckt, wird nur Erkennbares empfangen, doch niemals das Unerkennbare. Nach Erfahrung zu verlangen, bedeutet, seinem Denken Fortdauer zu verleihen, nach Erfahrung zu verlangen, heißt, die Vergangenheit zu bestärken und das Bekannte zu fördern. Sie wollen den Tod zu erfahren suchen, nicht wahr? Obgleich Sie leben, wollen Sie wissen, was Todsein bedeutet. Wissen Sie überhaupt, was Leben ist? Sie kennen Leben nur als Konflikt, Verwirrung, Widerstreit, flüchtige Freuden und Leiden. Ist das wirklich Leben? Ist Kummer und Schmerz Leben? In dem Zustand, den wir Leben nennen, in Leid, Kampf und Haß, der in der Freude miteingeschlossen ist, möchten wir etwas erleben, was außerhalb unseres Bewußtseinsgebietes liegt und unserem sogenannten Leben entgegengesetzt ist. Ein Gegensatz ist aber nur die Fortsetzung dessen, was *ist,* vielleicht in veränderter Form. Der Tod ist indessen kein Gegensatz von etwas — er ist das Unbekannte. Während das Erkennbare dringend danach fordert, den Tod oder das Unbekannte zu erleben, kann es ihn unmöglich erleben, was es auch tun mag; daher die Furcht. Ist es nicht so?

«Sie haben es klar dargelegt. Wenn ich zu Lebzeiten den Tod erkennen oder erfahren könnte, würde meine Furcht sicherlich aufhören.»

Weil Sie den Tod nicht erleben können, fürchten Sie sich vor ihm. Kann aber unser Bewußtsein einen Zustand erfahren, den es selber nicht ins Leben zu rufen vermag? Nur die Projektionen unseres Bewußtseins — das heißt, das Bekannte — lassen sich so erfahren. Alles Erfahren liegt auf dem Gebiet des Bekannten. Das Bekannte kann nur wiederum Bekanntes und niemals etwas jenseits seines Bereichs erleben. Erleben ist etwas anderes als Erfahren. Ein Erlebnis liegt an sich nicht auf dem Gebiet desjenigen, der es erfährt; aber während das Erlebnis verblaßt, treten der Erfahrende und seine Erfahrung auf, und damit wird das Erlebnis ins Bereich des Bekannten gezogen. Der Wissende oder Erfahrende verlangt nach dem Zustand des Erlebens — nach dem Unbekannten; und da er nicht in einen Zustand des Erlebens gelangen kann, fürchtet er sich. Er *ist* Furcht und nicht von ihr abgesondert. Wer Furcht erlebt, ist nicht ihr Beobachter, sondern die Furcht selber, ihr eigenes Werkzeug.

«Was verstehen Sie unter Furcht? Ich weiß, daß ich mich vor dem Tode fürchte. Ich habe nicht das Gefühl, daß ich Furcht *bin,* sondern daß ich mich *vor* etwas fürchte und von meiner Furcht getrennt bin. Für mich ist die Furcht etwas anderes als mein ‹Ich›, das zusieht und sie analysiert. Ich bin der Beobachter, und beobachte Furcht. Wie können der Beobachter und seine Beobachtung ein und dasselbe sein?»

Sie sagen, Sie seien der Beobachter und beobachten Ihre Furcht. Ist es wirklich so? Sind Sie als Wesen von Ihren Eigenschaften abgesondert? Sind Sie nicht mit Ihren Eigenschaften identisch? Sie sind doch dasselbe wie Ihre Gedanken, Gefühle und so weiter und von Ihren Eigenschaften und Gedanken nicht zu trennen: Sie *sind* Ihr eigenes Denken. Es erschafft ‹Sie›, das scheinbar abgesonderte Wesen. Ohne Denken besteht kein Denker. Sobald unser Denken seine eigene Unbeständigkeit erkennt, schafft es den Denker als etwas Bleibendes, Dauerndes, und dann wird der Denker zum Erfahrenden, Analysierenden oder Beobachter, der sich vom Vergänglichen absondert. Wir verlangen alle nach einem Fortleben in irgendeiner Form, und da wir uns von Unbeständigkeit umgeben sehen, erzeugt unser Denken den Denker, der angeblich fortdauert. Dann geht der Denker daran, andere, höhere Schichten des Fortlebens aufzubauen — die Seele, den *Atman,* das höhere Ich und so weiter —, so liegt der Ursprung dieses ganzen Gefüges in unserem eigenen Denken; aber das ist ein anderes Thema. Wir beschäftigen uns hier mit der Furcht. Was ist Furcht? Lassen Sie uns einmal sehen, was sie eigentlich ist.

Sie sagen, Sie fürchten sich vor dem Tode. Da Sie ihn

nicht erleben können, haben Sie Angst vor ihm. Der Tod ist etwas Unbekanntes, vor dem Sie sich fürchten. Ist es nicht so? Nun, wie können Sie Furcht vor etwas haben, das Sie nicht einmal kennen? Tatsächlich fürchtet man sich nicht vor dem Unbekannten, dem Tode, sondern vor dem Verlust des Bekannten, denn das könnte Schmerz bereiten oder unsere Freude und Befriedigung schmälern. Nur das Bekannte erzeugt Furcht in uns, niemals das Unbekannte. Wie kann etwas Unbekanntes Anlaß zur Furcht geben? Es läßt sich nicht in Ausdrücken wie Schmerz und Freude messen, denn es ist ja unbekannt.

Furcht kann nie allein bestehen, sie kommt immer in Beziehung zu etwas. Man fürchtet sich tatsächlich vor dem Bekannten in seinem Verhältnis zum Tode, nicht wahr? Weil man sich an das Bekannte, das heißt an seine Erfahrungen klammert, ängstigt man sich vor dem, was die Zukunft bringen könnte. Doch die Zukunft, das, ‹was kommen könnte›, ist nur unsere Reaktion oder Phantasie oder das Gegenteil dessen, was *ist*, nicht wahr?

«Ja, das scheint mir richtig.»

Kennen Sie aber das, was *ist*? Verstehen Sie es? Haben Sie je das Tor zum Bekannten geöffnet und dahinter geblickt? Haben Sie nicht auch Furcht vor dem, was Sie da finden könnten? Haben Sie jemals das Bekannte oder das, was Sie besitzen, untersucht?

«Nein, noch nie. Ich habe das Bekannte immer für selbstverständlich gehalten, habe die Vergangenheit wie Sonne und Regen hingenommen und sie nie untersucht. Man achtet ja so wenig auf die Vergangenheit wie auf seinen eigenen Schatten. Jetzt, da Sie es erwähnen, glaube ich, daß ich mich auch vor Entdeckungen fürchte, die ich dort machen könnte.»

Haben die meisten Menschen nicht Angst davor, sich selbst zu betrachten? Weil sie Unangenehmes entdecken könnten, sehen sie lieber nicht hin und ziehen es vor, in Unwissenheit über das, was *ist*, zu bleiben. Sie fürchten sich nicht nur vor der Zukunft sondern auch vor der Gegenwart. Sie haben Angst, sich so zu sehen, wie sie sind, und während sie dem, was *ist*, aus dem Wege gehen, bekommen sie Furcht vor dem, was *sein könnte*. Man nähert sich dem sogenannt Bekannten — und daher auch dem Unbekannten, dem Tode — voller Furcht und geht in seinem Verlangen nach Befriedigung dem, was *ist,* aus dem Wege. Wir suchen beständig nach Sicherheit und fordern immer wieder, ungestört zu bleiben; aber gerade unser Sehnen nach Ungestörtheit läßt uns das, was *ist,* vermeiden und das, was *sein könnte,* befürchten. Furcht ist nichts als Unkenntnis dessen, was *ist,* und so verbringen wir unser Leben in einem Zustand beständiger Furcht.

«Aber wie können wir uns von unserer Furcht freimachen?»

Will man sich von etwas befreien, so muß man es zuerst zu verstehen suchen. Ist es bei Ihnen Furcht oder nur der Wunsch, etwas nicht zu sehen? Denn der Wunsch, etwas nicht zu sehen, führt zur Furcht; wenn man aber das, was *ist,* nicht voll begreifen will, wirkt unsere Furcht vorbeugend. Man kann ein zufriedenes Leben führen und absichtlich allem Forschen nach dem, was *ist,* aus dem Wege gehen, wie es so viele tun; aber solche Menschen sind nicht glücklich, ebensowenig wie die, die an einer oberflächlichen Untersuchung dessen, was *ist,* Vergnügen haben. Nur wer ernsthaft forscht, kann sich eines Glückszustandes bewußt werden, nur für ihn gibt es Freiheit von Furcht.

«Wie soll man mit dem Verständnis dessen, was *ist,* beginnen?»

Man kann das, was *ist,* im Spiegel der eigenen Beziehungen zu allen Dingen sehen. Es läßt sich nicht in Zurückgezogenheit oder Isolierung erkennen, auch nicht, wenn ein Ausleger, ein Vermittler dazwischentritt, der ableugnet oder annimmt. Man kann das, was *ist,* nur verstehen, wenn sich der Sinn vollkommen passiv verhält und in keiner Weise auf es einzuwirken sucht.

«Ist es nicht außerordentlich schwer, passiv bewußt zu sein?»

Ja, allerdings, solange man noch denkt.

15] Die Verschmelzung von Denker und Gedanke

Der Teich war nicht groß, aber besonders schön. Gras bedeckte seine Ufer, und ein paar Stufen führten zum Wasserspiegel hinab. An einem Ende stand ein kleiner, weißer Tempel, von hohen, schlanken Palmen umgeben. Der Tempel war hübsch gebaut, gut unterhalten und fleckenlos rein. Wenn die Sonne hinter den Palmen unterging, pflegte niemand mehr dort zu sein, nicht einmal der Priester, der mit größter Ehrfurcht in dem Tempel amtierte. Das kleine, dekorative Bauwerk gab dem Teich eine friedliche Atmosphäre, der Ort war so ruhig, daß selbst die Vögel still wurden. Die leichte Brise, die die Palmen bewegt hatte, legte sich nun, und ein paar Wolken schwebten am Himmel, von der Abendsonne bestrahlt. Eine Schlange schwamm über den Teich, zwischen den Lotusblättern ein und aus. Das Wasser war vollkommen klar und mit rosa und violetten Lotusblüten besät, deren zarter Duft dicht über der Oberfläche und an den grünen Ufern hing. Jetzt rührte sich gar nichts mehr, und die Verzauberung des Ortes schien sich über die ganze Welt zu verbreiten. Wie herrlich waren die Blüten! Sie lagen vollkommen still auf dem Wasser, und ein paar begannen, sich schon vor der Dunkelheit der Nacht zu schließen. Die Schlange hatte jetzt den Teich überquert, kam die Böschung herauf und ganz nahe vorbei. Ihre Augen glänzten wie helle, schwarze Perlen, und ihre gespaltene Zunge spielte wie eine kleine Flamme vor ihr her, als wolle sie einen Pfad für die Schlange selber bahnen.

Grübelei und Phantasie stehen dem Erkennen der Wahrheit im Wege. Ein grübelnder Verstand kann niemals die Schönheit dessen, was *ist*, erfassen, denn er verfängt sich im Netz seiner eigenen Vorstellungen und Worte. Wenn er auch noch so weit im Spiel seiner Einbildung wandern mag, so bleibt er doch immer im Schatten seines eigenen Gefüges und kann nie darüber hinausblicken. Ein empfindsamer Sinn dagegen kennt keine

Phantasiegebilde. Diese Fähigkeit, Bildnisse zu schaffen, beschränkt unseren Verstand, bindet ihn an die Vergangenheit und an seine Erinnerungen, so daß er sich abstumpft; nur ein ruhiger Sinn ist empfindsam. Ansammlung in jeder Form wird zur Last — und wie kann der Sinn frei sein, wenn er belastet ist? Ein freies Gemüt ist sensitiv. Das Offene ist etwas Unwägbares, Unbedingtes und Unbekanntes. Phantasie und Grübelei stehen allem Offenen und Empfindsamen im Wege.

Er sagte, er sei schon seit vielen Jahren auf der Suche nach Wahrheit, habe die Runde bei vielen Lehrern und *Gurus* gemacht, sei aber immer noch ein Wallfahrer und habe daher auch hier angehalten, um zu forschen. Er war ein Asket, der sich von der Welt zurückgezogen und sein eigenes Vaterland weit hinter sich gelassen hatte; sein Körper war von der Sonne tief gebräunt und bei seinen Wanderungen hager geworden. Mit großer Mühe hatte er gelernt, sich zu disziplinieren, zu konzentrieren und seine Begierden zu unterjochen. Als Gelehrter hatte er stets Zitate bei der Hand, konnte gut diskutieren und schnell Schlüsse ziehen; auch hatte er Sanskrit gelernt und beherrschte dessen klingende Redewendungen mit Leichtigkeit. All das hatte seinem Verstand eine gewisse Schärfe verliehen; doch ein geschärfter Verstand ist weder biegsam noch frei.

Muß unser Sinn nicht von Anfang an frei sein, wenn man etwas untersuchen oder erforschen will, und ist ein geschulter oder unterdrückter Verstand je frei? Freiheit ist kein Ziel am äußersten Ende, sondern muß gleich zu Beginn da sein, nicht wahr? Der geschulte oder beherrschte Verstand kann zwar innerhalb seines eigenen Bereichs frei sein, doch ist das noch nicht Freiheit. Am Ende aller Schulung steht die Anpassung, und der Weg der Schulung führt zum Bekannten aber niemals zur Freiheit. Schulung mit der dazugehörigen Furcht ist nichts als ein Verlangen, etwas zu erreichen.

«Ich fange an zu erkennen, daß bei all den Vorschriften etwas grundfalsch sein muß. Trotzdem ich viele Jahre lang versucht habe, meine Gedanken in eine gewünschte

Form zu gießen, sehe ich ein, daß ich nichts erreicht habe.»

Wenn Nachahmung zum Mittel wird, muß das Ergebnis eine bloße Abschrift sein. Die Mittel bestimmen das Ende, nicht wahr? Wird unser Verstand zu Anfang geformt, so ist er zum Schluß immer noch bedingt — und wie kann er dann frei sein? Mittel und Ziel sind dasselbe und nicht zweierlei. Es ist eine Illusion anzunehmen, man könne etwas Wahres durch falsche Mittel erlangen. Bedient man sich der Unterdrückung als Mittel, so muß das Ziel ein Ergebnis der Furcht werden.

«Ich bekomme jetzt ein unbestimmtes Gefühl von der Unzulänglichkeit aller Vorschriften, selbst wenn ich ihnen heute noch folge, denn sie sind mir zu einer fast unbewußten Gewohnheit geworden. Schon als Kind hat man mich zur Anpassung erzogen, und seitdem ich dieses Gewand angelegt habe, ist mir Disziplin beinahe zur zweiten Natur geworden. Die meisten Bücher, die ich gelesen, und alle *Gurus,* die ich besucht habe, schreiben Selbstbeherrschung in irgendeiner Weise vor, und Sie haben keine Ahnung, wie ich mich darauf gestürzt habe. Was Sie hier sagen, kommt mir fast wie Gotteslästerung vor, es ist tatsächlich ein Schock für mich; und doch ist es offensichtlich wahr. Habe ich nun all die Jahre unnütz vergeudet?»

Sie hätten die Zeit vergeudet, wenn die Übungen Ihrem Verständnis oder Ihrer Aufnahmefähigkeit für die Wahrheit im Wege stünden, d. h. wenn Sie heute Ihre Hindernisse nicht mehr einsichtsvoll beobachten und voll begreifen könnten. Wir sind so stark hinter unseren Ausflüchten verschanzt, daß wir meist nicht wagen, sie zu betrachten oder gar über sie hinauszublicken. Der Drang nach Verständnis ist an sich schon der Anfang von Freiheit. Wo liegt also Ihr Problem?

«Ich suche nach Wahrheit und habe mich aller möglichen Lehren und Übungen als Mittel zu diesem Zweck bedient. Mein tiefster Instinkt treibt mich, zu suchen und zu finden, ich habe an nichts anderem Interesse.»

Lassen Sie uns in der Nähe beginnen, um weit gehen zu können. Was verstehen Sie unter Suchen? Sie suchen nach Wahrheit und glauben, Sie könnten sie finden, wenn Sie danach suchen. Will man aber die Wahrheit suchen, so muß man doch wissen, was sie ist. Suchen setzt voraus, daß man etwas bereits kennt, es schon gefühlt oder davon gewußt hat, nicht wahr? Ist nun Wahrheit etwas, das sich erkennen, einsammeln und festhalten läßt? Jede Andeutung in bezug auf sie ist doch lediglich eine Projektion aus unserer Vergangenheit, und daher keineswegs Wahrheit, sondern nur Erinnerung. Suchen ist immer ein Vorgang, der sich nach außen oder nach innen richtet; doch unser Denken muß ruhig sein, wenn Wirklichkeit zutage treten soll. Suchen bedeutet Anstrengung, etwas zu erwerben oder abzustreifen, etwas positiv oder negativ zu erreichen. Kann aber unser Sinn je ruhig sein, solange er der Brennpunkt von Konzentration, Anstrengung oder Konflikt ist? Wird er durch Kampf still? Man kann ihn zwangsweise still *machen;* aber was einmal gemacht worden ist, kann auch wieder rückgängig gemacht werden.

«Ist nicht Anstrengung mitunter unbedingt nötig?»

Wir wollen sehen. Lassen Sie uns einmal der Wahrheit über das Suchen auf den Grund gehen. Zum Suchen braucht man den Suchenden, der abseits steht von dem, was er sucht. Gibt es überhaupt so ein abseitsstehendes Wesen? Ist jemand, der denkt, der etwas erlebt, getrennt oder verschieden von seinen Gedanken und Erlebnissen? Wenn man auf dieses Problem nicht wirklich eingeht, ist alle Meditation bedeutungslos. Wir müssen also unseren Verstand, unser Ich untersuchen. Was ist der Verstand, der sucht und wählt, der sich fürchtet, ableugnet und rechtfertigt? Was ist unser Denken?

«Ich habe das Problem noch nie auf diese Weise betrachtet und bin jetzt ziemlich verwirrt. Aber fahren Sie bitte fort.»

Denken ist Empfindung, nicht wahr? Durch Wahrnehmung und Berührung entsteht eine Empfindung und daraus wiederum Verlangen — unser Wunsch nach diesem, aber nicht nach jenem. Verlangen bildet den Anfang des Identifizierens, des ‹Mein› und ‹Nicht-Mein›. Denken ist in Worte gekleidetes Empfinden, es ist die

Die Verschmelzung von Denker und Gedanke

Antwort aus unserm Gedächtnis, es ist Wort, Erlebnis oder Bild. Alles Denken ist flüchtig, wechselnd und unbeständig, doch strebt es nach Fortdauer. Deshalb erschafft es den Denker, der nun zu etwas Beständigem wird. Er übernimmt die Rolle des Zensors, des Führers, Aufsehers oder Schöpfers von Gedanken. Dieses trügerische und beständige Wesen ist das Ergebnis unseres Denkens, d. h. des Flüchtigen; es *ist* unser Denken, und ohne Denken hat es keinen Bestand. Der Denker setzt sich aus Eigenschaften zusammen, und die Eigenschaften lassen sich nicht von ihm trennen. Ein Aufseher ist auch das, was er beaufsichtigt, er spielt nur ein trügerisches Spiel mit sich selber. Bis das Falsche nicht als falsch erkannt wird, gibt es keine Wahrheit.

«Wer ist es dann aber, der erkennt und erlebt, wer ist das Wesen, das sagt: ‹Ich verstehe›?»

Solange der, der erlebt, sich an seine Erlebnisse erinnert, gibt es keine Wahrheit. Wahrheit ist nichts, das man aus dem Gedächtnis hervorholen, aufspeichern, verzeichnen und später ans Licht bringen kann. Etwas Angesammeltes ist nicht Wahrheit. Das Verlangen nach Erlebnissen erzeugt den Erlebenden, der alles ansammelt und sich dann daran erinnert. Dieses Verlangen verursacht die Spaltung zwischen dem Denker und seinem Denken; dieser Wunsch, etwas zu werden, etwas zu erleben, mehr oder weniger zu sein, führt zur Scheidung zwischen dem Erlebenden und seinem Erlebnis. Wenn man sich der Wege seines Verlangens bewußt wird, entsteht Selbsterkenntnis, und das ist der Anfang allen Meditierens.

«Wie kann eine Verschmelzung des Denkers mit seinen Gedanken stattfinden?»

Weder durch einen Willensakt, durch Disziplin oder Anstrengung in irgendwelcher Form, noch durch Kontrolle, Konzentration oder irgendein anderes Mittel. Die Anwendung eines Mittels setzt immer einen Vermittler voraus, der handelt, nicht wahr? Solange aber jemand da ist, der handelt, wird auch Trennung stattfinden. Eine Verschmelzung kann nur eintreten, wenn unser Sinn vollkommen ruhig *ist* und nicht mehr versucht, es zu werden; Stille herrscht noch nicht, wenn der Denker abwesend ist, sondern erst, wenn alles Denken aufgehört hat, wenn man frei von den Reaktionen aus seiner Bedingtheit, das heißt, aus seinem Denken ist. Unsere Probleme werden sich erst lösen lassen, wenn keine Ideen oder Schlußfolgerungen mehr bestehen; denn Gedanken, Ideen und Schlußfolgerungen sind Erregungen unseres Denkens, und wie kann man etwas wirklich verstehen, wenn der Sinn erregt ist? Ernste Absicht muß sich mit Spontanität in schnellem Spiel mischen.

Wenn Sie all dem, was hier gesagt worden ist, gut zugehört haben, werden Sie sehen, daß die Wahrheit sich in Augenblicken einstellt, da Sie es am wenigsten erwarten. Wenn ich Ihnen raten darf, seien Sie offen, empfänglich, seien Sie sich von Augenblick zu Augenblick dessen bewußt, was *ist*. Richten Sie keine undurchdringlichen Gedankenmauern um sich auf. Der Segen der Wahrheit kommt, wenn unser Denken nicht in seine eigenen Betätigungen und Kämpfe versponnen ist.

16] Machtstreben

Die Kuh lag in Wehen, und zwei oder drei Leute, die regelmäßig ihr Melken, Füttern und Säubern besorgten, waren jetzt bei ihr. Sie beobachtete sie ständig, und wenn sich einer aus irgendeinem Grunde entfernte, rief sie ihn leise zurück. In dieser kritischen Stunde wollte sie ihre Freunde um sich haben. Alle waren gekommen, und sie war froh darüber, aber ihre Wehen nahmen zu. Dann wurde das kleine Kalb geboren: es war eine Färse und bildschön. Die Mutter stand auf, lief rings um ihr Neugeborenes herum und stieß es von Zeit zu Zeit sanft an. Sie war so glücklich, daß sie uns mitunter zur Seite drängte. Das trieb sie eine Zeitlang so fort, bis sie schließlich müde wurde. Wir hielten das Kalb an ihre Euter, aber die Mutter war zu aufgeregt, um es trinken zu lassen. Schließlich beruhigte sie sich; aber dann wollte sie uns nicht mehr fortlassen. Eine der Damen setzte sich auf die Erde, und die neue Mutter streckte sich aus und legte den Kopf in ihren Schoß. Sie hatte plötzlich alles Interesse an ihrem Kalb verloren, und ihre Freunde zählten jetzt wieder. Draußen war es sehr kalt gewesen, aber nun ging endlich die Sonne hinter den Hügeln auf und es wurde wärmer.

Er war Mitglied der Regierung und war sich — wenn auch etwas scheu — seiner Bedeutung bewußt. Er sprach über die Verantwortung seinem Volke gegenüber und erklärte, in welcher Weise seine Partei der Opposition überlegen sei und besser arbeiten könne. Sie gäben sich alle Mühe, der Bestechung und dem Schwarzhandel ein Ende zu machen, aber es sei so schwer, tüchtige und unbestechliche Leute zu finden, und so leicht für Außenstehende, die Regierung zu kritisieren und ihr die Schuld für alles zu geben, was ungetan bliebe. Man sollte es sich in seinem Alter leichter machen, fuhr er fort, doch die meisten Menschen seien zu gierig nach Macht, sogar die Untüchtigen. Tief im Innern seien alle Menschen unglücklich und auf ihren eigenen Vorteil bedacht, wenn auch manche ihr Elend und ihr Verlangen nach Macht klug zu verbergen wüßten. Warum dränge es jeden so sehr nach Macht?

Was verstehen wir unter Macht? Jeder Mensch und jede Gruppe strebt nach Macht: für sich selber, für eine Partei oder eine Ideologie. Partei oder Ideologie sind nur Vergrößerungen des eigenen Ich. Der Asket strebt nach Macht durch Selbstverleugnung und sogar eine Mutter durch ihr Kind. Es gibt die Macht der Tüchtigkeit mit ihrer Rücksichtslosigkeit und die Macht der Maschine in den Händen einiger weniger; es gibt die Herrschaft *eines* Menschen über einen andern, die Ausbeutung der Dummen durch die Klugen, die Macht des Geldes, des Namens und Wortes und des Geistes über den Stoff. Wir streben alle nach Macht in irgendeiner Form, sei es über uns selber oder über andere. Der Machtsdrang bringt ein gewisses Glück, eine nicht allzu flüchtige Befriedigung mit sich. Die Macht des Verzichts gleicht der des Reichtums. Es ist unser Verlangen nach Befriedigung und Glück, das uns auf die Machtsuche treibt. Und wie leicht lassen wir uns befriedigen! Die Leichtigkeit, mit der wir ein bestimmtes Maß an Befriedigung erreichen, blendet uns, wie alle Befriedigung blendet. Warum streben wir überhaupt nach Macht?

«Ich glaube, in erster Linie weil sie uns auf anerkanntem Wege körperliches Behagen, gesellschaftliches Ansehen und Achtbarkeit verschafft.»

Liegt der Machtsdrang nur auf *einer* Schicht unseres Wesens? Oder streben wir innerlich genauso wie äußerlich danach? Warum? Warum verehren wir alle Autorität — die von Büchern oder Personen, die des Staates oder des Glaubens? Woher kommt unser Drang, sich an einen Menschen oder eine Idee klammern zu wollen? Früher war es die Autorität der Priester, die uns band, heute ist es die der Fachleute und Spezialisten. Haben Sie je bemerkt, wie jemand mit Titel und Rang, oder wie der mächtige Leiter eines Unternehmens behandelt wird? Macht in irgendeiner Form scheint unser ganzes Leben zu beherrschen: die Macht des Einzelnen über viele, der Vorteil des Einen über den Andern oder gegenseitige Benutzung.

«Was verstehen Sie unter dem Einander-Benutzen?»

Das ist ziemlich einfach, nicht wahr? Wir machen zu gegenseitiger Befriedigung voneinander Gebrauch. Unser heutiges Gesellschaftsgefüge — und das bedeutet unser Verhältnis zueinander — beruht auf Bedürfnis und Gebrauch. Braucht man zum Beispiel Wahlstimmen, um zur Macht zu gelangen, so bedient man sich seiner Mitmenschen, um es zu erreichen, und sie brauchen ihrerseits das, was man ihnen verspricht. Die Frau braucht den Mann, und der Mann die Frau. So ist heutzutage unser Verhältnis zueinander auf Bedürfnis und Gebrauch gestellt. Aber eine solche Einstellung birgt Zwang in sich, und daher ist auch die Grundlage unserer Gesellschaft nichts als Gewaltsamkeit. Solange also unser Gesellschaftsgefüge auf gegenseitigem Bedürfnis und Gebrauch beruht, muß es notgedrungen gewaltsam sein und zersetzend wirken. Wenn ich einen anderen zu meiner eigenen Befriedigung oder zur Erfüllung einer Ideologie, mit der ich mich identifiziere, benutze, kann nur noch Furcht, Mißtrauen und Streit zwischen uns herrschen. Damit geht meine Beziehung zum andern in einen Isolierungs- und Auflösungsvorgang über. All das wird im Leben des Einzelnen geradeso schmerzhaft deutlich wie in den Angelegenheiten der Welt.

«Man kann aber nicht leben, ohne sich gegenseitig zu benötigen.»

Ja, ich brauche den Briefträger; aber wenn ich ihn zur Befriedigung eines inneren Dranges benütze, dann wird der rein öffentliche Bedarf zur psychologischen Notwendigkeit und unsere Einstellung zueinander hat sich grundlegend geändert. Dies psychologische Brauchen und Benutzen des andern führt zu Gewalt und Leid. Psychologisches Bedürfnis erzeugt Machtstreben, und die Macht wird auf verschiedenen Ebenen unseres Daseins zur Befriedigung angewandt. Ein Mensch, der voller Ehrgeiz für sich selber oder seine Partei ist, oder ein Ideal erreichen will, ist offensichtlich ein zerstörendes Element innerhalb der Gesellschaft.

«Ist Ehrgeiz nicht unvermeidlich?»

Er ist nur solange unvermeidlich, als noch keine grundlegende Wandlung im Menschen stattgefunden hat. Warum sollen wir eigentlich Ehrgeiz als unvermeidlich hinnehmen? Ist Grausamkeit von Mensch zu Mensch unvermeidlich? Wollen Sie dem nicht ein Ende setzen? Ist es nicht ein Zeichen höchster Gedankenlosigkeit, all das als unvermeidlich hinzunehmen?

«Wenn ich auch nicht grausam zu andern bin, so kann doch jemand anders grausam zu mir werden, darum muß ich dem andern voraus sein.»

Jeder Einzelne, jede Gruppe oder Ideengemeinschaft versucht, dem andern voraus zu sein, und bestärkt dadurch Grausamkeit und Gewalt. Doch schöpferische Tätigkeit kann nur im Frieden stattfinden, und wie kann Friede herrschen, wenn man sich gegenseitig gebraucht? Es ist völlig sinnlos, über Frieden zu sprechen, solange unser Verhältnis zu einem oder zu vielen Menschen noch auf Bedürfnis und Gebrauch beruht, denn das muß unvermeidlich zu Macht und Gewalt führen. Die Macht einer Idee und die Macht des Schwertes ähneln einander: beide zerstören. Ideen und Glauben stellen Mensch gegen Mensch, genauso wie das Schwert es tut. Idee und Glaube stehen in krassem Gegensatz zur Liebe.

«Warum lassen wir uns dann bewußt oder unbewußt von solchem Machtsdrang verzehren?»

Ist das Machtstreben nicht eine anerkannte und ehrenwerte Form der Flucht vor sich selber, vor dem, was *ist*? Jeder Mensch versucht, seiner Unzulänglichkeit, seiner inneren Armut, Einsamkeit und Isolierung zu entfliehen. Die Wirklichkeit ist unerfreulich, und jede Ausflucht winkt einladend und bezaubernd. Stellen Sie sich einmal vor, was geschehen würde, wenn man versuchte, Sie Ihrer Macht, Ihres Ranges und hartverdienten Reichtums zu entblößen. Sie würden dem Widerstand leisten, nicht wahr? Da Sie sich unentbehrlich für die Wohlfahrt der Gesellschaft halten, würden Sie sich mit Gewalt widersetzen — oder vielleicht mit vernünftiger, geschickter Beweisführung. Wären Sie aber imstande, Ihre vielen Erwerbungen auf den verschiedensten Gebieten freiwillig beiseite zu setzen, dann würden Sie zu einem Nichts werden, nicht wahr?

«Wahrscheinlich ja — und das ist niederschmetternd. Natürlich will ich nicht zu einem Nichts werden.»

Daher erhalten Sie den Schein nach außen aufrecht, ohne inneren Bestand, ohne den unbestechlichen, inneren Reichtum. Sie wollen genauso wie alle andern die Schaustellung nach außen hin, und aus dem sich entwickelnden Konflikt entstehen dann Haß und Furcht, Gewaltsamkeit und Verfall. Sie sind mit Ihrer Ideologie ebenso unzulänglich wie Ihre Gegenpartei, und infolgedessen zerstören Sie einander im Namen des Friedens, im Namen der Tauglichkeit, zureichender Beschäftigung oder im Namen Gottes. Da fast jeder danach strebt, an der Spitze zu stehen, haben wir eine Gesellschaftsform aus Gewalt, Konflikt und Feindschaft aufgebaut.

«Wie kann man all das wieder ausrotten?»

Nur indem man nicht mehr ehrgeizig ist, nicht mehr nach Macht, Namen und Rang strebt, indem man das ist, was man ist: ein einfacher Mensch, ein Nichts. Negatives Denken ist die höchste Form von Intelligenz.

«Aber die Grausamkeit und Gewalttätigkeit der ganzen Welt kann doch unmöglich durch meine persönliche Anstrengung aufgehalten werden. Und würde es nicht unendlich lange dauern, bis alle Menschen sich geändert hätten?»

Sie selber sind der andere. Ihre Frage entspringt dem Verlangen, Ihrer eigenen unmittelbaren Wandlung auszuweichen, nicht wahr? Sie sagen im wesentlichen: ‹Welchen Zweck hat meine Wandlung, wenn alle anderen sich nicht ändern?› Um weit zu gehen, muß man in der Nähe beginnen. Aber im Grunde wollen Sie sich gar nicht ändern. Sie wollen lieber alles so lassen, wie es ist, besonders weil Sie an der Spitze stehen; daher sagen Sie, es würde unendlich lange dauern, die Welt durch individuelle Umwandlung zu ändern. Sie sind aber die Welt, Sie sind das Problem, es liegt nicht außerhalb Ihrer, denn die Welt ist eine Projektion von Ihnen. Die Welt läßt sich nicht ändern, bevor Sie sich selbst ändern. In der Umwandlung liegt Glück, nicht im Erwerben.

«Ich bin aber ziemlich glücklich. Natürlich gibt es vieles in mir, das mir nicht gefällt, doch habe ich weder Zeit noch Neigung, dem nachzugehen.»

Nur ein glücklicher Mensch kann eine neue Gesellschaftsordnung herbeiführen; wer sich jedoch mit einer Ideologie oder einem Glauben identifiziert, wer sich in gesellschaftlicher oder individueller Tätigkeit verliert, ist nicht glücklich. Glück ist kein Ziel an sich. Es entsteht beim Verständnis für das, was *ist*. Erst wenn sich unser Sinn von seinen eigenen Projektionen befreit, kann Glück kommen. Erkauftes Glück ist nichts als Befriedigung. Glück als Folge von Handeln oder Machtstreben ist nur Sensation, und da jede Sensation schnell abstirbt, entsteht das Verlangen nach mehr und mehr. Solange der Wunsch nach Mehr für uns ein Mittel zum Glück bleibt, muß alles in Unzufriedenheit, Konflikt und Leid enden. Glück ist keine Erinnerung, es ist ein Zustand, der mit der Wahrheit eintritt, es ist ewig neu und niemals stetig.

17] Was stumpft uns ab?

Er hatte eine kleine Stellung mit armseligem Gehalt und war mit seiner Frau zusammen gekommen, die ihr gemeinsames Problem besprechen wollte. Beide waren noch ganz jung und hatten keine Kinder, obwohl sie schon ein paar Jahre verheiratet waren; das war aber nicht ihr Problem. Sein Gehalt reichte kaum aus, um sich in den gegenwärtigen schweren Zeiten durchzuschlagen, da sie aber kinderlos waren, hatten sie für sich beide gerade genug zum Leben. Niemand konnte voraussagen, was die Zukunft bringen würde, obwohl sie kaum schlimmer als die Gegenwart werden konnte. Er wollte nicht gern sprechen, doch seine Frau erklärte, er müsse es tun. Sie hatte ihn beinahe dazu gezwungen mitzukommen, denn er hatte sich sehr gesträubt, jetzt aber war er da, und sie war froh darüber. Das Reden fiele ihm nicht leicht, sagte er, und er habe nie zu jemand anderem als zu seiner Frau über sich selber gesprochen. Er habe ein paar Freunde, habe aber sogar ihnen gegenüber nie sein Herz ausgeschüttet, denn sie würden ihn doch nicht verstehen. Während er sprach, begann er langsam aufzutauen, und seine Frau hörte mit Besorgnis zu. Er erklärte, daß seine Arbeit kein Problem für ihn sei, denn sie interessiere ihn und ernähre sie beide jedenfalls. Sie waren einfache, anspruchslose Menschen mit Universitätsbildung.

Schließlich ging sie daran, ihr Problem darzulegen. Sie sagte, seit etwa zwei Jahren scheine ihr Mann alles Interesse am Leben verloren zu haben. Er arbeite in seinem Kontor, aber das sei auch ungefähr alles. Er ginge am Morgen zur Arbeit und käme am Abend zurück, ohne daß sich seine Arbeitgeber je über ihn beklagten.

«Meine Arbeit ist größtenteils Routine und erfordert nicht allzugroße Aufmerksamkeit. Zwar interessiert sie mich, aber sie strengt mich auch immer irgendwie an. Meine Schwierigkeit liegt nicht im Kontor oder bei meinen Mitarbeitern, sondern in mir selber. Wie meine Frau schon sagte, habe ich alles Interesse am Leben verloren, ich weiß nicht recht, was mir fehlt.»

«Er war immer schnell begeistert, empfindsam und liebevoll, seit über einem Jahr indessen ist er allem gegenüber stumpf und gleichgültig geworden. Früher war er sehr zärtlich zu mir, jetzt aber sieht das Leben für uns beide traurig aus. Es scheint ihm einerlei zu sein, ob ich da bin oder nicht, und es macht uns fast unglücklich, zusammen in demselben Hause leben zu müssen. Er ist keineswegs unfreundlich oder rücksichtslos, sondern nur völlig apathisch und gleichgültig geworden.»

Vielleicht weil Sie keine Kinder haben?

«Nicht deswegen», sagte er, «unsere rein körperliche Beziehung ist mehr oder weniger in Ordnung. Keine Ehe ist vollkommen, und bei uns gibt es auch Wechselfälle, aber ich glaube nicht, daß meine Stumpfheit von einem Mangel an sexueller Anpassung herkommt. Obwohl meine Frau und ich nun schon seit einiger Zeit wegen meiner Stumpfheit keine Geschlechtsbeziehung mehr haben, halte ich die Kinderlosigkeit nicht für den Grund.»

Warum sagen Sie das?

«Bevor ich so abstumpfte, erhielten meine Frau und ich die Gewißheit, daß wir keine Kinder bekommen könnten. Mich selber hat das nie sehr beunruhigt, aber sie weint oft deswegen. Sie möchte gern Kinder haben, doch einer von uns beiden ist offenbar zeugungsunfähig. Ich habe allerlei Vorschläge gemacht, wie sie zu einem Kinde kommen könne, aber sie will nichts derartiges versuchen. Sie will entweder ein Kind von mir oder überhaupt keins haben und ist darüber tief verstört. Schließlich ist ein Baum ohne Früchte nur noch eine Zierde. Wir haben oft nachts wachgelegen und es besprochen, aber die Tatsache besteht nun einmal. Ich verstehe, daß man nicht alles im Leben haben kann, und es ist wohl kaum der Mangel an Kindern, der mich so abgestumpft hat; wenigstens glaube ich, in diesem Punkte ziemlich sicher zu sein.»

Liegt der Grund vielleicht im Kummer Ihrer Frau, in ihrem Gefühl der Nutzlosigkeit?

«Sehen Sie, mein Mann und ich sind sehr gründlich auf all das eingegangen. Ich bin unendlich traurig, noch kein Kind zu haben, und bete zu Gott, es möge mir einmal eins beschert werden. Natürlich will mein Mann mich glücklich sehen, aber mein Kummer ist nicht der Grund für seine Stumpfheit. Bekäme ich jetzt ein Kind, so wäre ich überglücklich, doch für ihn wäre es nichts als eine Ablenkung, wie es das wohl für die meisten Männer ist. Die Stumpfheit ist seit zwei Jahren wie eine innere Krankheit langsam in ihm aufgestiegen. Früher sprach er mit mir über alles — über die Vögel, über seine Arbeit, seinen Ehrgeiz, seine Achtung und Liebe zu mir: er öffnete mir sein Herz. Jetzt ist sein Herz verschlossen und seine Gedanken sind wo anders, weit fort. Ich habe mit ihm darüber gesprochen, aber es nützt nichts.»

Haben Sie sich einmal vorübergehend getrennt und beobachtet, wie das wirkte?

«Ja, einmal bin ich auf sechs Monate zu meiner Familie gezogen, und wir haben uns nur geschrieben, aber die Trennung machte keinen Unterschied. Sie machte es eher schlimmer, wenn man noch von ‹schlimmer› sprechen kann. Er kochte für sich selber, ging sehr wenig aus, hielt sich von seinen Freunden fern und zog sich immer mehr in sich selber zurück. Er ist nie sehr gesellig gewesen. Aber trotz der Trennung gab er danach kein Zeichen von Wiederbelebung.»

Glauben Sie, daß Ihre Stumpfheit eine Art Deckung, eine Pose oder vielleicht die Flucht vor einem unerfüllten, inneren Sehnen sein kann?

«Ich verstehe nicht ganz, was Sie meinen.»

Vielleicht haben Sie eine starke Sehnsucht nach irgendeiner Erfüllung, und da Ihr Verlangen keine Erlösung findet, versuchen Sie, dem Schmerz zu entfliehen, indem Sie sich abstumpfen.

«Es ist mir noch nie eingefallen, an so etwas zu denken. Wie soll ich das untersuchen?»

Warum ist Ihnen noch nie so ein Gedanke gekommen? Haben Sie sich je gefragt, warum Sie abgestumpft sind? Wollen Sie es nicht gern selber herausfinden?

«Seltsamerweise habe ich mich nie gefragt, was für einen Grund meine törichte Stumpfheit haben könnte.»

Wenn Sie sich jetzt die Frage stellen, welche Antwort würden Sie darauf geben?

«Ich glaube, ich weiß keine. Aber ich bin tatsächlich betroffen, wenn ich bedenke, wie erschreckend stumpf ich geworden bin. Ich war noch nie so und bin entsetzt über meinen Zustand.»

Es ist gut, wenn man schließlich erkennt, in welchem Zustand man tasächlich ist. Das ist schon ein Anfang. Bis jetzt haben Sie sich noch nie gefragt, warum Sie stumpf oder betäubt sind, Sie haben es einfach hingenommen und damit weitergelebt, nicht wahr? Wollen Sie nun versuchen herauszufinden, wodurch Sie so geworden sind, oder haben Sie sich in Ihre gegenwärtige Lage ergeben?

«Ich fürchte, er hat es einfach hingenommen, ohne je dagegen anzukämpfen.»

Sie wollen doch sicherlich diesem Zustand ein Ende machen, nicht wahr? Wollen Sie lieber allein, ohne Ihre Frau sprechen?

«O nein, es gibt nichts, was ich nicht vor ihr sagen könnte. Ich weiß, daß weder Mangel noch Übermaß an Geschlechtsbeziehung meinen Zustand herbeigeführt haben kann. Noch gibt es für mich eine andere Frau; ich könnte zu niemand anderem gehen. Ebensowenig das Bedürfnis nach Kindern.»

Malen oder schriftstellern Sie?

«Ich wollte immer schreiben, gemalt habe ich nie. Auf meinen Spaziergängen kamen mir oft Ideen, aber jetzt ist auch das vorbei.»

Warum versuchen Sie nicht, etwas zu Papier zu bringen? Es macht ja nichts, wenn es dumm ausfällt, Sie brauchen es doch niemandem zu zeigen. Warum machen Sie nicht einmal den Versuch?

Um aber auf unser Thema zurückzukommen, wollen Sie die Ursache Ihrer Stumpfheit finden oder so bleiben, wie Sie sind?

«Ich würde gern irgendwohin gehen, wo ich allein sein kann, und alles aufgeben, nur um ein wenig Glück zu finden.»

Ist das wirklich Ihr Wunsch? Warum tun Sie es dann nicht? Zögern Sie wegen Ihrer Frau?

«So wie ich bin, kann ich meiner Frau doch nicht nützen, ich bin nichts als ein Schwächling.»

Glauben Sie, glücklich werden zu können, indem Sie sich von der Welt zurückziehen? Haben Sie sich nicht gerade schon genug abgesondert? Etwas aufzugeben, nur um etwas anderes zu finden, ist im Grunde gar kein Aufgeben — es ist nichts als ein listiger Handel, ein Austausch oder berechneter Schritt, um etwas Neues zu gewinnen. Man gibt eine Sache nur auf, um eine andere zu erlangen. Verzichtet man mit einem bestimmten Ziel, so bedeutet es, sich bloß dem Gewinn zu ergeben. Kann man aber Glück durch Absonderung oder Trennung erreichen? Ist Leben nicht gerade Vereinigung, Fühlungnahme, Gemeinschaft mit anderen? Man kann sich von einer Verbindung zurückziehen, um in einer andern Glück zu finden, aber man kann sich nicht vollständig von aller Berührung mit anderen abwenden. Sogar in völliger Isolierung ist man noch in Fühlung mit seinen Gedanken und mit sich selber. Die vollkommenste Form der Isolierung ist der Selbstmord.

«Natürlich will ich nicht Selbstmord begehen. Ich möchte am Leben bleiben, aber nicht so wie ich jetzt bin.»

Sind Sie ganz sicher, daß Sie nicht so weiterleben wollen, wie Sie sind? Sehen Sie, es ist ziemlich klar, daß irgendetwas Sie abstumpft, und daß Sie dem entfliehen und sich noch mehr absondern wollen. Vor dem, was *ist,* davonzulaufen, heißt sich zu isolieren. Sie wollen sich — vielleicht nur eine Zeitlang — ganz zurückziehen in der Hoffnung, dann glücklich zu werden. Aber Sie haben sich bereits zurückgezogen, und sogar recht gründlich. Wenn Sie sich weiter isolieren — was Sie Aufgeben nennen —, sondern Sie sich nur noch mehr vom Leben ab. Können Sie wirklich durch immer tiefere Isolierung glücklich werden? Das Ich ist gerade seiner Natur nach auf Absonderung bedacht, Ausschließlichkeit ist seine Haupteigenschaft. Sich abzuschließen, bedeutet auf etwas zu verzichten, um etwas anderes zu gewinnen. Je mehr man sich von der Gemeinschaft mit anderen zurückzieht, desto größer werden aber Konflikt und Widerstand. Nichts kann in Isolierung bestehen. Wie schmerzlich eine Beziehung auch sein mag, so soll man doch geduldig versuchen, ihr auf den Grund zu gehen. Konflikt stumpft ab. Jede Anstrengung, etwas werden zu wollen, wirft bewußt oder unbewußt Probleme auf. Man stumpft nicht ohne Grund ab, denn wie Sie selber sagen, waren Sie früher lebendig und interessiert. Sie sind ja nicht immer stumpf gewesen. Woher kam die Veränderung?

«Sie scheinen es zu wissen, wollen Sie es ihm nicht bitte sagen?»

Das könnte ich tun, aber würde es ihm wirklich helfen? Ganz nach Stimmung und Laune würde er meine Worte entweder annehmen oder verwerfen. Ist es nicht wichtiger, daß er es selber herausfindet? Muß er nicht notwendigerweise selber den ganzen Vorgang aufdecken und einsehen, was daran wahr ist? Wahrheit läßt sich keinem andern erklären. Man muß imstande sein, sie zu empfangen, und niemand kann den andern darauf vorbereiten. Es ist durchaus nicht Gleichgültigkeit meinerseits, er muß aber selber offen, frei und unerwartet der Wahrheit begegnen.

Was stumpft Sie so ab? Wollen Sie es denn nicht selbst gern wissen? Konflikt und Widerstand führen zur Stumpfheit. Wir glauben immer, daß wir durch Anstrengung etwas verstehen lernen und durch Wettbewerb gescheiter werden. Anstrengung bringt sicherlich Schärfe mit sich, doch was scharf ist, wird auch bald wieder stumpf, was dauernd gebraucht wird, nutzt sich ab. Wir nehmen Konflikte als unvermeidlich hin und errichten das Gefüge unseres Denkens und Handelns auf dieser Annahme. Sind aber Konflikte unvermeidlich? Kann man nicht auch anders leben? Sicherlich, wenn man den Verlauf und die Bedeutung seiner Konflikte verstehen lernt.

Noch einmal: warum haben Sie sich so abgestumpft?

«Habe ich mich denn selber stumpf gemacht?»

Kann etwas anderes Sie stumpf machen, ohne daß Sie es zulassen? Ihre Bereitwilligkeit dazu kann bewußt oder verborgen sein; warum aber haben Sie sich so abstumpfen lassen? Haben Sie einen tiefgehenden, inneren Konflikt?

«Wenn ich einen habe, bin ich mir seiner vollkommen unbewußt.»

Wollen Sie das nicht untersuchen und zu verstehen trachten?

«Ich fange an zu begreifen, worauf Sie hinauswollen», schaltete sie ein, «aber ich werde meinem Mann kaum den Grund für seine Stumpfheit erklären können, weil ich selber noch nicht ganz sicher bin.»

Vielleicht erkennen Sie, vielleicht auch nicht, auf welche Weise er so abstumpfte, aber würden Sie ihm tatsächlich helfen, wenn Sie es mit Worten auseinandersetzten? Ist es nicht viel wesentlicher, daß er es selber herausfindet? Bitte versuchen Sie einzusehen, wie wichtig das ist, dann werden Sie auch nicht mehr ungeduldig oder besorgt sein. Man kann einem andern wohl helfen, aber er muß die Entdeckungsreise selber machen. Das Leben ist nicht leicht, es ist sehr verwickelt, daher müssen wir einfach an es herangehen. Wir sind selber das Problem — nicht das, was wir Leben nennen. Wir können das Leben — das heißt uns selber — nur dann begreifen, wenn wir wissen, wie wir uns ihm nähern sollen. Der Zugang ist das wichtigste, nicht das Problem.

«Aber was sollen wir jetzt machen?»

Sicherlich haben Sie allem, was hier gesagt worden ist, gut zugehört, und daraus werden Sie erkannt haben, daß nur die Wahrheit frei macht. Bitte ängstigen Sie sich nicht, lassen Sie die Saat Wurzel schlagen.

Nach ein paar Wochen kamen sie beide zurück. In ihren Augen lag Hoffnung und ein Lächeln auf ihren Lippen.

18] Karma

Stille läßt sich nicht ausbilden oder vorsätzlich herbeiführen, man kann sie weder erforschen noch über sie nachdenken oder meditieren. Absichtliches Pflegen von Stille gleicht dem Genuß eines langersehnten Vergnügens. Der Wunsch, unseren Sinn ruhig zu machen, ist nichts anderes als die Jagd nach Sensation, und solche Ruhe ist eine Form von Widerstand, eine Art Isolierung, die zur Zerrüttung führt. Stille, die man erkauft, ist wie etwas, das man zu Markte trägt — voll von geschäftigem Lärm. Ruhe kommt erst bei der Abwesenheit jeglichen Verlangens. Verlangen ist flüchtig und schlau und geht tief. Unser Gedächtnis schneidet immer das Schwingen der Stille ab, und wenn sich der Sinn in Erlebnissen verfängt, kann er nicht mehr ruhig sein. Zeit oder die Bewegung des Gestern ins Heute und Morgen ist nie Stille. Hört diese Bewegung auf, dann herrscht Stille, und erst dann kann das Unaussprechliche ins Dasein treten.

«Ich bin gekommen, um mit Ihnen über Karma zu sprechen. Natürlich habe ich eine bestimmte Ansicht darüber, aber ich würde auch gern die Ihre hören.»

Eine Meinung ist nicht Wahrheit, wir müssen unsere Meinungen beiseitesetzen, wenn wir Wahrheit finden wollen. Es gibt immer unzählige Ansichten, doch Wahrheit gehört in keine einzige Gruppe. Will man Wahrheit erkennen, so müssen alle Ideen, Schlußfolgerungen und Meinungen wie welke Blätter vom Baume fallen. Wahrheit läßt sich weder in Büchern, noch in Wissen oder Erfahrung finden, und wenn Sie auf der Suche nach Meinungen sind, werden Sie sie hier nicht antreffen.

«Können wir nicht über Karma sprechen und seine Bedeutung zu ergründen suchen?»

Natürlich, das ist etwas ganz anderes. Aber Ansichten und Schlüsse müssen aufhören, wenn man etwas verstehen will.

«Warum betonen Sie das so sehr?»

Kann man überhaupt etwas verstehen, wenn man schon im voraus seine Schlußfolgerungen gezogen hat oder die anderer Leute wiederholt? Müssen wir nicht frisch und ohne jedes Vorurteil an eine Frage herangehen, deren Wahrheit wir erforschen wollen? Was ist wichtiger: frei von Vorurteilen und Schlüssen zu sein, oder Betrachtungen über etwas Abstraktes anzustellen? Hat es nicht viel mehr Bedeutung, Wahrheit zu finden, als sich darüber zu streiten, was die Wahrheit sei? Eine Ansicht *über* Wahrheit kann doch niemals die Wahrheit selber sein.

Halten Sie es nicht für wichtig, die Wahrheit über Karma zu erfahren? Das Falsche als falsch zu sehen, ist der Beginn von Verständnis, nicht wahr? Wie sollen wir aber Wahres oder Falsches erkennen, wenn sich unser Denken hinter Worten, Erklärungen und Traditionen verschanzt? Wie kann unser Verstand weit gehen, wenn er so fest an einen Glauben gebunden ist? Will er weit reichen, so muß er frei sein. Freiheit wird nicht erst nach langer Mühe gewonnen, sie muß gleich zu Anfang der Wanderung da sein.

«Ich möchte gern wissen, was Sie unter Karma verstehen.»

Lassen Sie uns zusammen auf die Entdeckungsreise gehen. Es bedeutet nicht viel, die Worte eines andern zu wiederholen; das ist genauso, als ob man eine Grammophonplatte abspielt. Wiederholung oder Nachahmung führt nicht zur Freiheit. Was verstehen Sie unter Karma?

«Es ist ein Sanskrit Wort und bedeutet: tun, sein, handeln und so weiter. Karma ist Handlung, und Handlung ist das Ergebnis der Vergangenheit. Handeln vollzieht sich niemals außerhalb der Bedingtheit unseres Hintergrundes. Aus einer Kette von Erfahrungen, aus Bedingtheit und Wissen baut sich ein Hintergrund der Tradition auf, und zwar nicht nur im gegenwärtigen Leben des Einzelnen oder der Gruppe, sondern im Lauf vieler Inkarnationen. Karma ist die beständige Wirkung und Wechselwirkung zwischen dem Hintergrunde — dem ‹Ich› — und der Gesellschaft, dem Leben. Karma bindet unser Denken, unser ‹Ich›. Was ich in einem vergangenen Leben oder auch nur gestern getan habe, fesselt und formt mich, bringt mir Freude oder Schmerz in der Gegenwart. Ebenso wie das Karma des Einzelnen gibt es Gruppen- oder Kollektivkarma. Sowohl die Gruppe wie der Einzelne sind in der Kette von Ursache und Wirkung gefangen, und je nach dem Verhalten in der Vergangenheit kann man Freude oder Leid, Belohnung oder Strafe erwarten.»

Sie sagen, Handeln sei das Ergebnis der Vergangenheit. Aber solches Handeln ist überhaupt kein Handeln, sondern bloße Rückwirkung, nicht wahr? Mein Hintergrund oder meine Bedingtheit reagiert auf Reize; diese Reaktion kommt als Antwort aus meinem Gedächtnis, aber das ist nicht Handlung sondern Karma. Im Augenblick beschäftigen wir uns nicht damit, was Handeln ist. Karma ist eine Rückwirkung, die aus bestimmten Ursachen entsteht und gewisse Ergebnisse zeitigt, es ist die Kette von Ursache und Wirkung. Der Zeitablauf ist seinem Wesen nach Karma, nicht wahr? Solange noch Vergangenheit besteht, muß es auch Gegenwart und Zukunft geben. Heute und Morgen sind die Früchte des Gestern, und Gestern in Verbindung mit dem Heute schafft das Morgen. Karma wird im allgemeinen als ein Ausgleichsvorgang angesehen.

«Wie Sie sagen, ist Karma ein Zeitablauf und unser Denken ein Ergebnis von Zeit. Nur sehr wenige Glückliche können dem Griff der Zeit entfliehen, wir andern sind der Zeit verhaftet. Unsere Handlungen in der Vergangenheit — böse oder gut — entscheiden über unsere Gegenwart.»

Ist unsere Vergangenheit, unsere Tradition etwas Statisches, oder ist sie beständigem Wechsel unterworfen? Sie sind heute nicht mehr derselbe wie gestern, denn es gehen unaufhörlich körperliche wie seelische Veränderungen in Ihnen vor, nicht wahr?

«Natürlich.»

Unser Denken ist also keineswegs starr. Unsere Gedanken sind flüchtig und wechseln beständig, sie sind Reaktionen aus unserem Hintergrunde. Da ich innerhalb einer bestimmten Gesellschaftsklasse oder Kultur erzogen worden bin, reagiere ich auf alle Reize und Herausforderungen meiner Bedingtheit entsprechend. Bei den meisten Menschen ist die Bedingtheit so tief verwurzelt, daß ihre Reaktionen fast immer schematisch verlaufen. Unser Denken ist demnach nichts anderes als Rückwirkungen aus unserem Hintergrunde. Wir *sind* unser Hintergrund, denn die Bedingtheit ist von uns nicht trennbar oder verschieden. Mit einer Veränderung des Hintergrundes würde sich auch unser Denken ändern.

«Aber der Denker ist doch sicherlich etwas anderes als sein Hintergrund, nicht wahr?»

Wirklich? Ist der Denker nicht das Ergebnis seines Denkens? Setzt er sich nicht aus seinen eigenen Gedanken zusammen? Gibt es ein Wesen, einen Denker, der losgelöst ist oder abseits von seinem Denken steht? Hat das Denken nicht erst den Denker erschaffen und ihm zwischen all den flüchtigen Gedanken Fortdauer verliehen? Der Denker ist zur Zuflucht seines Denkens geworden und stellt sich selber auf verschiedene Ebenen der Fortdauer.

«Ich sehe deutlich, daß es so ist, aber es erschüttert mich tief, mir die Listen zu vergegenwärtigen, mit denen unser Denken sich selbst betrügt.»

Denken ist ein Reagieren aus unserem Hintergrund oder Gedächtnis, und Gedächtnis ist Wissen oder Ergebnis von Erfahrung. Unser Gedächtnis wird infolge neuer Erfahrungen und Rückwirkungen immer zäher, umfangreicher, schärfer und tüchtiger. Eine bestimmte Form von Bedingtheit läßt sich zwar durch eine andere ersetzen, doch bleibt es immer Bedingtheit. Die Rückwirkung aus solcher Bedingtheit ist Karma, nicht wahr? Die Antworten aus unserem Gedächtnis nennen wir Handlungen, während sie doch nichts als Rückwirkungen sind. Derartiges ‹Handeln› erzeugt neue Rückwirkungen, und so entsteht eine Kette sogenannter Ursache und Wirkung. Ist aber die Ursache nicht auch Wirkung? Keine von beiden ist statisch. Das Heute ist ein Ergebnis von gestern und zugleich die Ursache für morgen: was Ursache war, wird zur Wirkung und umgekehrt — sie fließen ineinander. Es gibt keinen Augenblick, da eine Ursache nicht gleichzeitig Wirkung ist. Nur das Spezielle ist in seiner Ursache und damit auch in seiner Wirkung gebunden: die Eichel kann nichts anderes als ein Eichbaum werden. Im Besonderen liegt der Keim des Todes. Der Mensch ist kein spezialisiertes Wesen in diesem Sinne, er kann werden, was er will. Er kann seine Bedingtheit durchbrechen — ja, er muß es tun, wenn er die Wirklichkeit finden will. Man muß aufhören, ein Brahmane zu sein, wenn man Gott erkennen will. Karma ist Zeitablauf: die Vergangenheit bewegt sich durch die Gegenwart in die Zukunft, und in solcher Kettenbewegung verläuft unser Denken. Alles Denken ist ein Ergebnis von Zeit, und nur wenn sein Ablauf zum Stillstand kommt, kann das Unermeßliche, Zeitlose in Erscheinung treten. Stille des Denkens läßt sich weder hervorrufen noch durch Übung oder Schulung herbeiführen. Wird unser Sinn still *gemacht,* dann ist das, was darin auftaucht, nur seine eigene Projektion oder eine Reaktion aus dem Gedächtnis. Doch durch Verständnis für seine Bedingtheit und durch vorurteilsloses Beobachten seiner eigenen Reaktionen als Denken und Fühlen kommt unser Sinn zur Ruhe. Das Durchbrechen der Fessel von Karma ist keine Frage der Zeit, denn Zeitloses kann niemals aus Zeit geboren werden.

Karma muß als Gesamtvorgang verstanden werden und nicht nur als etwas aus der Vergangenheit. Vergangenheit bedeutet Zeit, die wiederum auch Gegenwart und Zukunft ist. Zeit ist Gedächtnis, Wort und Gedanke. Erst wenn Wort, Name, Gedankenverbindung und Erfahrung nicht mehr bestehen, ist unser Denken zur Ruhe gekommen, und zwar nicht nur in den oberflächlichen Schichten, sondern vollkommen und einheitlich.

19] Der Einzelne und das Ideal

«Unser Leben hier in Indien ist mehr oder weniger zerrüttet. Wir möchten es gern wieder aufbauen, wissen aber nicht, wo wir anfangen sollen. Ich erkenne sowohl die Bedeutung wie die Gefahren von Massenaktion, habe auch nach dem Ideal der Gewaltlosigkeit gestrebt; aber es hat soviel Blutvergießen und Elend gegeben. Seit der Trennung von Pakistan klebt Blut an unseren Händen, und jetzt verstärken wir noch unsere Waffenmacht. Wir sprechen von Gewaltlosigkeit, während wir zum Kriege rüsten. Ich bin genauso verwirrt wie unsere politischen Führer. Als ich im Gefängnis saß, habe ich viel gelesen, doch hat es mir nicht geholfen, meinen eigenen Standpunkt zu klären.

«Können wir eins nach dem andern vornehmen und auf jeden Punkt eingehen? Als erstes: Sie legen sehr großen Nachdruck auf den Einzelnen, ist aber nicht zuweilen vereintes Handeln nötig?»

Der Einzelne ist im wesentlichen die Gesamtheit, und die Gesellschaft ist seine Schöpfung. Einzelmensch und Gesellschaft stehen in einer Wechselbeziehung und sind nicht voneinander zu trennen, nicht wahr? Der Einzelne errichtet das Gesellschaftsgefüge, und wird dann von der Gesellschaft oder Umgebung geformt; aber obgleich er durch seine Umgebung bedingt wird, kann er sich noch immer befreien und seine Tradition durchbrechen. Der Einzelne ist also der Schöpfer gerade der Umgebung, deren Sklave er später wird; doch liegt es auch in seiner Macht, sich davon frei zu machen und eine Umgebung zu schaffen, die seinen Geist oder sein Denken nicht abstumpft. Der Einzelne ist nur insofern von Bedeutung, als er die Fähigkeit besitzt, sich von seiner Bedingtheit zu befreien und das Wirkliche zu erkennen. Eine Persönlichkeit, die innerhalb ihrer eigenen Bedingtheit ausgesprochen grausam ist, wird eine Gesellschaft aufbauen, deren Grundlagen Gewalt und Widerstand sind. Jeder Mensch lebt ausschließlich in seinen Beziehungen, er hat kein anderes Dasein, und ein Mangel an Verständnis für seine Beziehungen stiftet Verwirrung und Konflikt. Legt man jemandem, der seine Beziehungen zu anderen Menschen, zu Besitz, Ideen oder Glaubenssätzen nicht versteht, eine Kollektivschablone auf, so vereitelt das den Zweck. Will man das Aufbürden eines neuen Schemas herbeiführen, dann ist sogenannte Massenaktion erforderlich; aber das neue Schema ist die Erfindung einiger weniger Menschen, und die Masse läßt sich durch die letzten Schlagwörter oder das Versprechen einer neuen Utopie leicht hypnotisieren. Es ist dieselbe Masse wie vorher, nur hat sie jetzt neue Herrscher und Priester, neue Phrasen und Lehren. Die Masse besteht aus Ihnen und mir, sie setzt sich aus Einzelwesen zusammen, sie ist erdichtet und nichts als ein bequemer Begriff, ein Spielball für Ausbeuter und Politiker. Die Vielen lassen sich von den Wenigen leicht zum Handeln

oder zum Kriege treiben, während die Wenigen die
Wünsche und Triebe der Vielen vertreten. Es ist die Umwandlung des Einzelnen, die von höchster Bedeutung
wird — aber nicht nach einem Schema. Jede Schablone
schafft neue Bedingtheit und ein bedingter Mensch ist
immer in Konflikt — mit sich selber wie mit der Gesellschaft. Es ist verhältnismäßig leicht, eine alte, bedingende
Schablone durch eine neue zu ersetzen, doch ist es etwas
ganz anderes, sich von seiner gesamten Bedingtheit zu
befreien.

«Über all das muß ich noch im einzelnen gründlich
nachdenken, aber ich glaube, ich fange an zu verstehen.
Sie legen großen Nachdruck auf den Einzelnen, doch
nicht als abgesonderte und feindliche Macht innerhalb
der Gesellschaft.

Jetzt zum zweiten Punkt. Ich habe immer für ein Ideal
gearbeitet und verstehe nicht, warum Sie das so bekämpfen. Würden Sie bitte das Problem näher erörtern?»

Unsere Moral gründet sich heutzutage auf Vergangenheit oder Zukunft — auf das Herkömmliche oder das,
was sein *sollte*. Das, was sein *sollte,* ist das Ideal im Gegensatz zu dem, was war, es ist die Zukunft im Konflikt
mit der Vergangenheit. Gewaltlosigkeit ist ein Ideal, etwas
das sein *sollte,* während tatsächlich Gewalt stattgefunden
hat. Das Gewesene ersinnt das, was sein *sollte;* ein Ideal
ist also selbst verfertigt, weil es von seinem eigenen Gegenteil — dem Tatsächlichen — ersonnen wird. Die Antithese ist nur eine Erweiterung der These, denn jedes
Ding enthält die Bestandteile seines eigenen Gegensatzes.
Da unser Sinn gewalttätig ist, erfindet er das Gegenteil
dazu, nämlich das Ideal der Gewaltlosigkeit. Es wird
behauptet, daß das Ideal dabei helfen könne, sein eigenes Gegenteil zu überwinden — ist das wahr? Ist das
Ideal nicht eher ein Vermeiden oder eine Flucht vor
dem, was war, oder dem, was *ist*? Der Konflikt zwischen
dem Tatsächlichen und dem Ideal ist offenbar ein Mittel,
unser Verständnis für das Tatsächliche aufzuschieben;
auch führt er gleichzeitig ein anderes Problem ein, das
nur dazu dient, unser unmittelbares Problem zu ver-
schleiern. Ein Ideal ist eine wunderbare und ehrenwerte

Flucht vor dem Tatsächlichen. Das Ideal der Gewaltlosigkeit ist genauso erdichtet wie eine kollektive Utopie; das Ideal oder das, was sein *sollte,* trägt nur dazu bei, das, was *ist,* zu bemänteln und zu umgehen. Die Jagd nach dem Ideal ist Streben nach Belohnung. Ein Mensch kann weltlichen Lohn als töricht oder barbarisch vermeiden — was er auch ist — aber seine Jagd nach dem Ideal ist nichts als Streben nach Belohnung auf einer anderen Ebene, was ebenso töricht ist. Das Ideal ist eine Entschädigung, ein unwirklicher Zustand, den unser Denken heraufbeschworen hat; und da unser Sinn gewalttätig ist, sich absondern will und auf seinen eigenen Vorteil bedacht ist, ersinnt er zu seiner Befriedigung einen Ersatz oder eine Dichtung, die er Utopie, Ideal, Zukunftsbild nennt, und wonach er vergeblich strebt. Gerade solches Streben verursacht Konflikt und ist gleichzeitig ein angenehmer Aufschub des Tatsächlichen. Ein Ideal oder das, was sein *sollte,* kann uns niemals beim Verständnis dessen was *ist,* helfen — im Gegenteil, es wird eher zum Hindernis.

«Wollen Sie damit sagen, daß unsere Lehrer und Führer unrecht haben, wenn sie Ideale verteidigen und aufrecht erhalten wollen?»

Was meinen Sie selber dazu?

«Wenn ich Sie recht verstehe, . . .»

Bitte, es handelt sich hier nicht darum, die Worte eines andern zu verstehen, sondern darum, zu erkennen, was wahr ist. Wahrheit ist keine Meinung, Wahrheit ist von keinem Führer oder Lehrer abhängig. Das Abwägen von Meinungen steht nur dem Verständnis der Wahrheit im Wege. Entweder ist das Ideal eine selbst verfertigte Dichtung und enthält als solche ihren eigenen Gegensatz, oder es ist nicht so. Eins von beiden ist wahr und was wahr ist, hängt von keinem Lehrer ab, Sie müssen es selber erkennen.

«Wenn Ideale erdichtet sind, so muß das mein ganzes Denken umwälzen. Wollen Sie wirklich sagen, daß unsere Jagd nach dem Idealen völlig nutzlos ist?

Es ist ein eitler Kampf und gefällige Selbsttäuschung, nicht wahr?

«Das beunruhigt mich tief, aber ich sehe mich gezwungen zuzugeben, daß es so ist. Wir nehmen so vieles als selbstverständlich hin, daß wir uns nie gestatten, das, was wir in der Hand halten, genau zu betrachten. Wir haben uns bitter getäuscht, und was Sie soeben erklärt haben, wirft das Gefüge meines Denkens und Handelns vollkommen über den Haufen. Es muß auch unsere gesamte Erziehung, unsere Lebens- und Arbeitsweise umwälzen. Ich glaube, ich erkenne die stillschweigenden Folgerungen für denjenigen, der frei vom Idealen ist, von dem, was sein *sollte*. Für einen solchen Menschen hat Handeln eine ganz andere Bedeutung als die, die wir ihm sonst geben. Ausgleichendes Handeln ist überhaupt kein Handeln, sondern nur Rückwirkung — und wir rühmen uns noch unserer Handlungen! .... Wie soll man sich aber ohne Ideal mit dem Tatsächlichen oder dem Vergangenen abfinden?»

Verständnis für das Tatsächliche ist erst möglich, wenn das Ideal oder das, was sein *sollte,* in unserem Denken ausgelöscht ist, das heißt, wenn man das Falsche als falsch sieht. Das, was sein *sollte,* ist zugleich auch das, was *nicht* sein sollte. Solange unser Verstand sich dem Tatsächlichen mit der Einstellung positiven oder negativen Ausgleichs nähert, wird er es nie verstehen. Man muß in direkte Berührung mit dem Tatsächlichen kommen, wenn man es begreifen will, und darf die Beziehung nicht durch den Schleier des Idealen, der Vergangenheit, Tradition oder Erfahrung herstellen. Sich von falscher Stellungnahme frei zu machen, ist das einzige Problem, und es bedeutet, seine eigene Bedingtheit oder sein eigenes Denken kennen zu lernen. Unser Verstand ist selber das Problem, und nicht die vielen Fragen, die er aufwirft. Die Lösungen der Probleme, die unser Denken ersinnt, sind nichts als ein In-Einklang-Bringen unserer Eindrücke und führen nur zu größerer Verwirrung und Täuschung.

«Wie kann man aber sein Denken verstehen lernen?»

Der Lauf unseres Denkens ist der Lauf des Lebens — nicht eines idealen, sondern des tatsächlichen Lebens in Kummer und Freude, in Täuschung und Klarheit, in Eitelkeit und demütiger Pose. Sein Denken zu verstehen, bedeutet, sich seiner Wünsche und Ängste bewußt zu werden.

«Bitte, das wird etwas zuviel für mich. Wie soll ich es anfangen, mein Denken verstehen zu lernen?»

Muß man sich nicht zuerst über die Tätigkeit des Denkens klar werden, wenn man es kennen lernen will? Es ist ausschließlich Erfahrung, nicht nur unmittelbare, sondern auch erworbene. Es ist Vergangenes als Antwort auf Gegenwärtiges und schafft damit Künftiges. Man muß den Gesamtvorgang seines Denkens erfassen.

«Wo soll ich anfangen?»

An dem einzigen Ausgangspunkt: Ihren Beziehungen. Beziehung ist Leben; sein heißt, in Beziehung stehen. Nur im Spiegel seiner Beziehungen kann man sein Denken verstehen, und Sie müssen anfangen, sich selbst in diesem Spiegel zu betrachten.

«Meinen Sie damit, in der Beziehung zu meiner Frau, meinen Nachbarn und so weiter? Ist das nicht stark begrenzt?»

Wenn man es richtig anfängt, wird das, was zuerst so begrenzt schien, Unergründliches erschließen. Wie bei einem Trichter öffnet sich das Enge ins Weite. Beobachtet man es in passiver Aufmerksamkeit, so enthüllt das Begrenzte Unbegrenztes. Schließlich ist ein Fluß an seiner Quelle auch nur klein und kaum der Beachtung wert.

«Ich muß also mit mir selber und meinen unmittelbaren Beziehungen beginnen.»

Natürlich. Eine Beziehung ist niemals eng oder klein. Unser Verhältnis zu einem andern oder zu vielen Menschen ist immer kompliziert und unsere Einstellung kann entweder kleinlich oder frei und offen sein. Der Zugang ist, wie gesagt, von unserer Geisteshaltung abhängig. Und wenn man nicht mit sich selber beginnt, wo sonst? Selbst wenn wir eine ferner liegende Tätigkeit zum Ausgangspunkt nehmen, stehen wir auch zu ihr in einer bestimmten Beziehung, denn unser Denken ist ihr Mittelpunkt. Ob man nun nah oder fern beginnt, man ist stets selber da. Ohne Selbsterkenntnis wird alles, was man anfängt, unvermeidlich zu Verwirrung und Leid führen. Der Anfang ist zugleich das Ende.

«Ich bin weit herumgewandert, habe viel gesehen und viel getan, habe gelacht und gelitten wie alle andern, und doch mußte ich zu mir selber zurückkommen, wie der *Sannyasi*, der auf die Suche nach Wahrheit ging. Viele Jahre lang zog er von einem Lehrer zum andern, aber jeder zeigte ihm einen anderen Weg. Schließlich kam er erschöpft wieder nach Hause zurück und siehe da: in seinem eigenen Hause war das Kleinod! Jetzt sehe ich, wie töricht wir sind, im Weltall nach dem Glück zu suchen, das nur in unserem eigenen Herzen zu finden ist, wenn unser Denken von seiner Tätigkeit geläutert wird. Sie haben vollkommen recht. Ich werde mit dem beginnen, wovon ich ausging: mit dem, was ich bin.»

20] Verwundbar sein bedeutet Leben, sich zurückziehen den Tod

Ein Orkan hatte die Ernte vernichtet, und Meerwasser bedeckte das Land. Unser Zug kroch langsam dahin; zu beiden Seiten der Gleise lagen gefällte Bäume, Häuser hatten ihre Dächer eingebüßt, und die Felder waren verödet. Der Sturm hatte unendlichen Schaden in einem Umkreis von Meilen angerichtet, so viel Lebendiges war zerstört worden, und die nackte Erde lag ungeschützt unter dem Himmel.

Wir sind niemals allein, immer von anderen Menschen und unseren eigenen Gedanken umgeben. Auch wenn niemand bei uns ist, sehen wir alles noch durch den Schleier unseres Denkens. Es gibt kaum einen Augenblick, oder nur sehr selten, wenn kein Denken stattfindet. Wir wissen nicht, was es heißt, allein zu sein oder frei von aller Verbundenheit, von Fortdauer, Wort und Bild zu sein. Wir sind einsam, aber wir kennen kein Alleinsein. Wenn der Schmerz der Einsamkeit unser Herz erfüllt, breitet unser Denken den Mantel der Furcht darüber. Einsamkeit, tiefste Abgesondertheit ist der dunkle Schatten in unserm Leben. Wir tun alles, was wir können, um ihr zu entfliehen, wir stürzen uns auf jeden

Ausweg, den wir kennen, aber sie verfolgt uns, und wir sind nie frei von ihr. Absonderung liegt in unserer Lebensart, nur selten verschmelzen wir mit einem andern, denn wir sind innerlich gebrochen, zerrissen und wund. Die Verschmelzung mit einem andern wird erst bei innerer Zusammengeschlossenheit möglich, doch wir sind nie innerlich heil und vollständig. Wir fürchten uns vor dem Alleinsein, denn es öffnet das Tor zur Unzulänglichkeit und Armut unseres Wesens; aber nur Alleinsein kann die tiefgehende Wunde unserer Einsamkeit heilen. Allein zu wandern und sich weder durch Denken noch den ausgetretenen Pfad seiner Wünsche hindern zu lassen, bedeutet, über den Bereich seines Verstandes hinauszugehen; denn er ist es, der alle Absonderung und Trennung vollzieht und jede Verbindung abschneidet. Unser Verstand kann nicht geheilt werden, er kann sich selber nicht vollständig machen, denn seine Anstrengung in dieser Richtung ist wiederum ein Absonderungsvorgang und damit Teil der Einsamkeit, die sich niemals zudecken läßt. Unser Denken ist das Ergebnis von vielem, und was zusammengesetzt ist, kann nie allein sein. Alleinsein ist kein Resultat des Denkens. Erst wenn unser Denken völlig still geworden ist, schwingt sich ein Allein zum andern auf.

Das Haus lag ziemlich weit ab von der Straße, und im Garten blühte eine Fülle von Blumen. Der Morgen war kühl, der Himmel klar blau, und die Morgensonne wärmte angenehm. In dem tiefliegenden, schattigen Garten schien der Lärm des Verkehrs, das Pferdegetrappel und das Rufen der Verkäufer auf der Straße sehr weit entfernt. Eine Ziege war in den Garten gekommen, sie fing an, die Blumen abzureißen, während ihr kurzer Schwanz hin und her wedelte — bis der Gärtner kam und sie fortjagte.

Sie sagte, sie fühle sich sehr verstört, wolle aber nicht beunruhigt werden, und bemühe sich, den schmerzlichen Zustand der Unsicherheit zu vermeiden. Warum sei sie so empfindsam gegen Störung?

Was verstehen Sie unter Störung? Und woher die Empfindsamkeit?

«Ich möchte gern still sein und in Ruhe gelassen werden. Aber selbst in Ihrer Gegenwart bin ich verstört. Obgleich ich Sie nur zwei- oder dreimal gesehen habe, überfällt mich schon die Angst, von Ihnen beunruhigt werden zu können. Ich muß herausfinden, warum ich mich so sehr vor innerer Unsicherheit fürchte. Ich möchte gern ruhig und in Frieden mit mir selber leben, doch fortwährend beunruhigt mich etwas. Bis vor kurzem war es mir geglückt, mehr oder weniger in Eintracht mit mir selber zu sein, da nahm mich ein Freund zu einem Ihrer Vorträge mit, und jetzt bin ich merkwürdig verstört. Ich hatte erwartet, Sie würden mich in meinem inneren Frieden bestärken, statt dessen haben Sie ihn fast zerstört. Ich wollte eigentlich nicht herkommen, denn ich wußte, ich würde mich lächerlich machen, dennoch bin ich gekommen.»

Warum betonen Sie so sehr, daß Sie Frieden haben müssen? Weshalb machen Sie es zu einem Problem? Eine solche Forderung ist an sich schon ein Konflikt, nicht wahr? Wenn ich fragen darf: wonach streben Sie? Wenn Sie wirklich ungestört, in Ruhe und Frieden leben wollen, warum lassen Sie sich dann aufrütteln? Es ist durchaus möglich, alle Fenster und Türen seines Wesens zu schließen, sich abzusondern und zurückgezogen zu leben. Das wünschen sich die meisten. Manche Menschen pflegen ihre Absonderung ganz bewußt, andere versuchen, sich durch ihre verborgenen oder offenen Wünsche und Betätigungen abzuschließen. Die Aufrichtigen mit ihren Idealen und Tugenden, die nur zur Verteidigung dienen, werden selbstgerecht; während die Gedankenlosen durch wirtschaftlichen Druck und gesellschaftliche Einflüsse zur Isolierung getrieben werden. Die meisten Menschen trachten danach, Mauern um sich zu errichten, um unverwundbar zu sein, aber unglücklicherweise gibt es immer wieder eine Öffnung, durch die sich das Leben einschleicht.

«Im allgemeinen ist es mir gelungen, Störungen abzuwehren, doch in den letzten ein bis zwei Wochen bin ich durch Sie mehr denn je beunruhigt worden. Können Sie mir bitte erklären, warum? Welche Ursache hat es?»

Wieso fragen Sie nach der Ursache? Offenbar hoffen Sie, die Wirkung durch Kenntnis der Ursache zu beseitigen. Sie wollen im Grunde gar nicht wissen, weshalb Sie beunruhigt sind, sondern nur Störungen vermeiden, nicht wahr?

«Ich will nichts anderes als ungestört bleiben und in Ruhe gelassen werden. Warum lasse ich mich immer wieder so beunruhigen?»

Sie haben sich wahrscheinlich Ihr ganzes Leben lang verteidigt, nicht wahr? Und jetzt sind Sie tatsächlich nur noch darauf bedacht, alle Öffnungen zu verstopfen, und interessieren sich nicht mehr dafür, wie man ohne Furcht und Abhängigkeit leben könne. Aus allem, was Sie gesagt haben und ungesagt ließen, geht deutlich hervor, daß Sie Ihr Leben gegen innere Störungen schützen wollen, denn Sie ziehen sich von allen Beziehungen, die schmerzhaft werden könnten, zurück. Sie haben es auch recht gut zuwege gebracht, sich vor Erschütterungen zu sichern und hinter geschlossenen Türen und Fenstern zu leben. Es gibt Menschen, die so etwas mit Erfolg tun, und wenn sie es weit genug treiben, enden sie im Irrenhaus; anderen mißlingt es, dann werden sie zynisch oder bitter, und wieder andere schaffen sich einen Reichtum an Dingen oder Wissen zu ihrer Sicherung. Die meisten Menschen, einschließlich der sogenannt religiösen, verlangen nach ewigem Frieden, das heißt nach einem Zustand, in dem alle Konflikte überwunden sind. Im Gegensatz hierzu gibt es Menschen, die Konflikte als den einzig wahren Ausdruck des Lebens preisen und sie zu ihrer Deckung gegen das Leben machen.

Kann man je Frieden haben, wenn man hinter der Schutzwehr seiner Ängste und Hoffnungen Sicherheit sucht? Sie haben sich ihr Leben lang zurückgezogen, weil Sie sich innerhalb der Mauern einer begrenzten Beziehung, die Sie beherrschen können, schützen wollten. Ist das nicht Ihr Problem? Da Sie nun einmal abhängig sind, wollen Sie das, wovon Sie abhängen, auch besitzen. Sie fürchten sich vor jeder Beziehung, deren Sie nicht

Herr werden können, und gehen ihr daher aus dem Wege. Ist es nicht so?

«Das ist eine recht brutale Art, es auszudrücken, aber vielleicht wahr.»

Könnten Sie die Ursache Ihrer augenblicklichen Unruhe beherrschen, so wären Sie damit versöhnt, so aber sind Sie sehr beunruhigt. Wir alle wollen herrschen, wo wir nicht verstehen, wollen besitzen oder besessen werden, sobald wir Furcht um uns selber haben. Unsicherheit in bezug auf uns selber erzeugt das Gefühl von Überlegenheit, von Ausgeschlossen-Sein und Isolierung.

Wenn ich fragen darf: wovor fürchten Sie sich? Vor dem Allein-Sein, dem Ausgeschlossen-Werden, der Unsicherheit?

«Sehen Sie, ich habe mein ganzes Leben lang für andere gelebt, oder bildete es mir wenigstens ein. Ich bin meinem Ideal gefolgt und für meine Tüchtigkeit bei der Arbeit, die ich tat und die allgemein anerkannt wurde, gelobt worden. Ich habe ein Leben der Selbstverleugnung geführt, ohne Sicherheit, ohne Heim und Kinder. Meine Schwestern sind alle gut verheiratet, gesellschaftlich angesehen, und meine älteren Brüder sind hohe Regierungsbeamten. Wenn ich bei ihnen zu Besuch bin, bekomme ich das Gefühl, daß ich mein Leben vergeudet habe. So bin ich bitter geworden und bereue jetzt alles, was mir entgangen ist. Ich habe einen Widerwillen gegen meine Arbeit, sie beglückt mich nicht mehr, ich habe sie andern überlassen und allem den Rücken gekehrt. Wie Sie sagen, bin ich in meiner Selbstverteidigung hart geworden. Ich habe mich nun in einem jüngeren Bruder verankert, der nicht wohlhabend ist und sich für einen Gottsucher hält, und habe versucht, dadurch innere Sicherheit zu gewinnen, aber es ist ein langer, schmerzlicher Kampf geworden. Mein jüngerer Bruder war es, der mich zu einem Ihrer Vorträge mitnahm, und da begann das Gebäude, das ich so vorsichtig aufgebaut hatte, einzustürzen. Wollte Gott, ich wäre nie gekommen, Sie anzuhören, aber ich kann nicht noch einmal aufbauen, ich kann nicht noch einmal durch all die Leiden und Ängste gehen. Sie haben keine Ahnung, was es für mich bedeutet hat, meine Brüder und Schwestern in Rang, Ansehen und Wohlstand zu sehen. Aber ich will all das nicht wieder heraufbeschwören. Ich habe die Verbindung mit ihnen abgebrochen und sehe sie kaum noch. Wie Sie richtig sagten, habe ich allmählich das Tor zu allen Beziehungen außer zu einer oder zweien geschlossen. Zum Unglück sind Sie nun in die Stadt gekommen; jetzt steht alles weit offen, meine alten Wunden sind wieder aufgebrochen, und ich bin tief verzweifelt. Was soll ich tun?»

Je mehr wir uns verteidigen, desto mehr werden wir angegriffen, je mehr Sicherheit wir suchen, desto weniger gibt es, je mehr wir nach Frieden streben, desto größer werden unsere Konflikte, je mehr wir uns wünschen, desto weniger besitzen wir. Sie haben versucht, sich unverwundbar oder immun gegen Erschütterungen zu machen, sind für alle außer einen oder zwei innerlich unnahbar geworden, und haben alle Tore gegen das Leben geschlossen. Das ist langsamer Selbstmord. Warum haben Sie das getan? Haben Sie sich je die Frage vorgelegt? Wollen Sie nicht selber die Antwort wissen? Entweder sind Sie nun gekommen, um nach einem Weg zu suchen, alle Ihre Tore zu schließen, oder aber um herauszufinden, wie Sie dem Leben gegenüber offen und verwundbar bleiben können. Welchen Weg wollen Sie gehen — aber es gibt keine Wahl, nur natürliche, spontane Reaktion.

«Selbstverständlich sehe ich jetzt, daß es ganz unmöglich ist, alle Tore zu schließen, denn es muß immer wieder eine Öffnung entstehen. Ich erkenne, was geschehen ist: meine Furcht vor Unsicherheit hat nichts als Abhängigkeit und Herrschsucht gezeitigt. Wie sehr ich mich auch bemüht habe, war ich offenbar doch nicht imstande, alle Umstände zu meistern und habe deshalb meine Beziehungen auf eine oder zwei beschränkt, die ich beherrschen und halten konnte. All das verstehe ich. Wie aber soll ich wieder offen und frei werden und die Furcht vor innerer Unsicherheit fahren lassen?»

Erkennen Sie nun, wie notwendig es für Sie ist, offen und verwundbar zu sein? Wenn Sie nicht einsehen, wie wahr das ist, werden Sie heimlich immer wieder Mauern um sich errichten. Es ist ein Zeichen von beginnender

Weisheit, wenn man die Wahrheit im Falschen entdeckt; und das Falsche als falsch zu erkennen, bedeutet tiefstes Verständnis. Wenn Sie begreifen, daß alles, was Sie jahrelang getan haben, nur zu neuem Kampf und Leid führen muß, wenn Sie wirklich verstehen, daß das wahr ist — und die Worte nicht nur äußerlich hinnehmen —, dann wird Ihre Erkenntnis all dem ein Ende machen. Sie können sich nicht willkürlich öffnen, keine Willenshandlung kann Sie verwundbar machen, denn das bloße Verlangen danach schafft bereits Widerstand. Nur wenn man das Falsche als falsch sieht, kann man davon frei werden. Beobachten Sie passiv Ihre gewöhnlichen Reaktionen, werden Sie sich ihrer bewußt, ohne Widerstand zu leisten. Betrachten Sie sie, wie Sie ein Kind beobachten würden — ohne sich in Freude oder Abneigung mit ihm zu identifizieren. Passive Aufmerksamkeit ist an sich schon Freiheit von Verteidigung oder Torschluß. Verwundbar zu sein, bedeutet Leben, sich zurückziehen den Tod.

21] Verzweiflung und Hoffnung

Die kleine Trommel begann, einen fröhlichen Rhythmus zu schlagen, und bald darauf stimmte eine Rohrflöte mit ein, dann erfüllten beide zusammen die Luft. Die Trommel herrschte vor, aber sie folgte der Flöte. Wenn die Flöte einhielt, schlug die kleine Trommel weiter, scharf und klar, bis sich ihr das Lied der Flöte wieder zugesellte. Die Morgendämmerung war noch weit entfernt, die Vögel waren ruhig, aber der Klang der Musik erfüllte die Stille. In dem kleinen Dorfe fand eine Hochzeit statt. Am Abend vorher war es lustig zugegangen, Singen und Lachen waren bis spät in die Nacht hörbar gewesen, und jetzt wurden die Gäste mit Musik geweckt. Bald darauf zeichneten sich die nackten Äste der Bäume gegen den blassen Himmel ab, die Sterne verschwanden einer nach dem andern, und die Musik hörte auf. Kinder fingen an zu rufen und zu schreien, und lautes Zanken ertönte um den einzigen Brunnen des Ortes. Die Sonne war noch unter dem Horizont, doch der Tag hatte schon begonnen.

Lieben heißt, alles zu erleben; doch Erlebnisse ohne Liebe zu haben, bedeutet, vergeblich gelebt zu haben. Liebe ist verwundbar, aber ein Erleben ohne Verwundbarkeit bestärkt nur das Verlangen. Verlangen ist nicht Liebe und kann die Liebe nicht halten. Verlangen ist schnell verschwendet und in seinem Verschwenden liegt Kummer. Verlangen läßt sich nicht aufhalten; das Beenden des Verlangens durch Willenskraft oder irgendein anderes Mittel, das der Verstand ersinnt, führt nur zu Verfall und Elend. Liebe allein kann unser Verlangen zähmen, und Liebe gehört nicht zum Denken. Das Denken als Beobachter muß aufhören, wenn Liebe herrschen soll. Liebe unterliegt keinem Plan und keiner Entwicklung, sie läßt sich weder durch Opfer noch durch Verehrung erkaufen. Es gibt kein Mittel zum Lieben. Soll Liebe entstehen, so muß alles Suchen nach einem Mittel aufhören. Wer seiner Eingebung folgt, wird die Schönheit der Liebe kennen lernen, doch Freiheit endet, wenn man ihr nachjagt. Nur für den Freien gibt es Liebe, aber Freiheit wird niemals lenken oder festhalten. Liebe ist ihre eigene Ewigkeit.

Das Sprechen fiel ihr leicht, Worte kamen ihr wie von selber, aber obgleich sie noch jung war, lag schon eine gewisse Trauer über ihrem Wesen. Sie lächelte gespannt, als ob sie sich entfernt an etwas erinnere und begann. Sie sei verheiratet gewesen aber kinderlos, und ihr Mann sei kürzlich gestorben. Sie hätten ihre Ehe weder geplant, noch aus gegenseitigem Verlangen geschlossen. Sie wolle das Wort ‹Liebe› nicht gern gebrauchen, denn es stehe in jedem Buche und sei auf jedermanns Zunge; aber ihr Verhältnis zueinander sei etwas Außergewöhnliches gewesen. Vom Tage ihrer Heirat an bis zu seinem Tode habe es nie auch nur ein ärgerliches Wort oder eine ungeduldige Geste gegeben, auch hätten sie sich nie getrennt, nicht einmal für einen einzigen Tag. Eine Verschmelzung habe zwischen ihnen stattgefunden, und alles andere — wie Kinder, Geld, Arbeit oder Gesellschaft —

sei in den Hintergrund getreten. Das innige Verhältnis zwischen ihnen sei weder romantische Sentimentalität noch bloße Einbildung nach seinem Tode gewesen, sondern von Anfang an Wirklichkeit. Ihr Glück habe sich nicht auf Verlangen gegründet, es sei weit über das Körperliche hinausgegangen. Dann, ganz plötzlich wurde er vor zwei Monaten bei einem Unfall getötet. Der Autobus fuhr zu schnell in der Kurve — und das war das Ende.

«Jetzt bin ich verzweifelt. Ich habe versucht, Selbstmord zu begehen, kann es aber nicht. Um zu vergessen und mich zu betäuben, habe ich alles getan, außer mich in den Fluß zu stürzen, und seit zwei Monaten habe ich kaum mehr geschlafen. Ich tappe vollkommen im Dunkel; die Krise geht über meine Kraft und ist mir unverständlich, ich bin wie verloren.»

Sie bedeckte ihr Gesicht mit den Händen. Kurz darauf fuhr sie fort.

«Meine Verzweiflung ist nicht derart, daß sie geheilt oder ausgelöscht werden kann. Mit seinem Tode ist alle Hoffnung von mir gegangen. Man hat mir gesagt, ich werde vergessen, vielleicht wieder heiraten oder etwas anderes anfangen. Aber selbst wenn ich vergessen könnte, ist doch die Flamme in mir ausgebrannt, sie läßt sich nicht mehr anfachen, und ich suche auch nicht nach Ersatz. Wir leben und sterben mit unserer Hoffnung, und ich habe keine mehr. Ich bin ohne jede Hoffnung, aber darum noch nicht bitter; ich lebe in Verzweiflung und Finsternis und strebe nicht nach Licht. Mein Dasein ist ein lebendiger Tod, ich brauche weder Mitleid, noch Teilnahme oder Liebe. Ich will nichts anderes mehr als ohne Empfindung und Erinnerung in meinem Dunkel verharren.»

Sind Sie also nur hierhergekommen, um sich noch mehr zu betäuben und in Ihrer Verzweiflung bestärken zu lassen? Wollen Sie das im Ernst? Wenn ja, dann wird sich Ihr Wunsch erfüllen. Das Verlangen ist ebenso geschmeidig und schlagfertig wie der Verstand: es kann sich allem anpassen, allen Umständen fügen und Mauern errichten, die alles Licht ausschließen. Es hat geradezu seine Freude an der Verzweiflung und schafft sich ein Abbild zum Anbeten. Wenn Sie sich danach sehnen, im Dunkel zu leben, so werden Sie es erreichen. Sind Sie wirklich gekommen, um in Ihrem eigenen Verlangen bestärkt zu werden?

«Einer meiner Freunde erzählte mir von Ihnen, und ich folgte einem Antrieb und kam hierher. Hätte ich länger darüber nachgedacht, so wäre ich wohl kaum gekommen. Ich habe immer ziemlich triebhaft gehandelt und bin dabei noch nie zu Schaden gekommen. Wenn Sie mich fragen, warum ich herkam, kann ich nur antworten, ich weiß es nicht. Ich glaube, wir brauchen alle irgendeine Hoffnung, man kann nicht ewig im Dunkel leben.»

Was einmal verschmolzen ist, läßt sich nicht auseinanderreißen, und was sich zu einem Ganzen zusammenschließt, kann nicht zerstört werden. Eine Verschmelzung kann auch der Tod nicht trennen. Zusammenschluß geschieht nicht mit einem anderen, sondern mit und in sich selber. Das Verschmelzen der verschiedenen Wesenheiten im eigenen Innern führt zur Erfüllung mit einem andern, aber bloße Erfüllung mit einem andern ist Unvollständigkeit im eigenen Innern, das Verschmelzen mit einem andern ist immer noch Unvollkommenheit. Ein einheitliches Wesen wird nie durch ein anderes zusammengeschlossen; infolge seiner eigenen Vollkommenheit ist es vollkommen in allen seinen Beziehungen. Etwas Unvollkommenes läßt sich nicht durch Beziehungen vervollkommnen. Es ist eine Illusion anzunehmen, daß ein anderer uns vollkommen machen könnte.

«Er hat mich vollkommen gemacht, ich habe die Schönheit und Freude daran erfahren.»

Aber es hat ein Ende genommen! Unvollkommenheit geht immer zu Ende, das Eins-Werden mit einem andern ist immer zerbrechlich und kann aufhören. Erst wenn man mit dem Zusammenschluß bei sich selber beginnt, wird Verschmelzung unzerstörbar. Das Einheitlich-Werden geschieht auf dem Wege negativen Denkens, und das ist die höchste Form von Verständnis. Suchen Sie nach Einheitlichkeit?

«Ich weiß nicht, wonach ich suche, aber ich möchte gern verstehen, was Hoffnung ist, denn Hoffnung scheint eine bedeutende Rolle in unserm Leben zu spielen. Als er noch lebte, dachte ich nie an die Zukunft oder an Hoffnung und Glück, für mich gab es kein Morgen. Ich lebte nur — ohne jede Sorge.»

Weil Sie glücklich waren. Jetzt aber entsteht durch Ihr Unglück und Ihre Unbefriedigung für Sie Zukunft und Hoffnung, oder deren Gegenteil: Verzweiflung und Hoffnungslosigkeit. Seltsam, nicht wahr? Wenn man glücklich ist, gibt es keine Zeit, kein Gestern oder Morgen, man denkt weder an die Vergangenheit noch an die Zukunft. Doch Unglück führt zu Hoffnung und Verzweiflung.

«Wir werden mit Hoffnung geboren und tragen sie mit uns ins Grab.»

Ja, das ist wahr; oder besser gesagt: wir werden im Elend geboren, und Hoffnung begleitet uns bis zum Tode. Was verstehen Sie unter Hoffnung?

«Hoffnung verkörpert das Morgen, die Zukunft, das Sehnen nach Glück, nach Verbesserung in der Ggegenwart und nach Veredlung des Ich. Hoffnung ist das Verlangen nach einem schöneren Heim, einem besseren Klavier oder Radio, sie ist der Traum von sozialem Fortschritt, von einer glücklicheren Welt und so weiter.»

Bezieht sich Hoffnung ausschließlich auf die Zukunft? Liegt sie nicht auch in dem, was war, im Griff der Vergangenheit? Hoffnung ist ebenso in der vorwärts- wie in der rückwärtsgerichteten Bewegung unseres Denkens. Hoffnung ist ein Zeitablauf, nicht wahr? Sie ist das Verlangen nach Fortdauer all dessen, was erfreulich war und sich verbessern läßt; ihr Gegenteil ist Hoffnungslosigkeit und Verzweiflung. Wir schwingen immer zwischen Hoffnung und Trostlosigkeit. Wir sagen, wir leben, weil wir hoffen, und unsere Hoffnung liegt in der Vergangenheit oder öfter noch in der Zukunft. Die Zukunft ist die Hoffnung jedes Politikers, Reformators und Revolutionärs, jedes Menschen, der nach Tugend strebt oder das sucht, was wir Gott nennen. Wir sagen, wir leben von der Hoffnung — stimmt das? Kann man es leben nennen, wenn Zukunft oder Vergangenheit uns beherrschen? Ist Leben nur eine Bewegung von der Vergangenheit in die Zukunft? Lebt man wirklich, wenn man sich um das

Morgen sorgt? Nur weil das Morgen so wichtig geworden ist, sind Hoffnungslosigkeit und Verzweiflung entstanden. Sobald die Zukunft so ungeheure Bedeutung gewinnt, daß man für sie und von ihr lebt, gibt die Vergangenheit Anlaß zur Verzweiflung. Man opfert das Heute der Hoffnung auf morgen, während doch Glück stets im Jetzt liegt. Nur die Unglücklichen füllen ihr Leben mit der Sorge um morgen und nennen es Hoffen. Glücklich zu leben heißt, ohne Hoffnung zu leben. Ein Mensch voller Hoffnung ist nicht glücklich, denn er kennt auch Verzweiflung. Im Zustand der Hoffnungslosigkeit kann man Hoffnung oder Groll, Verzweiflung oder eine lichte Zukunft erfinden.

«Wollen Sie damit sagen, man solle ohne Hoffnung leben?»

Gibt es nicht einen Zustand in dem weder Hoffnung noch Hoffnungslosigkeit herrschen — den Zustand äußersten Glücks? Als Sie sich damals so glücklich fühlten, hatten Sie doch keine Hoffnung, nicht wahr?

«Ich verstehe, was Sie meinen. Ich brauchte keine Hoffnung, weil er bei mir war, und ich lebte glücklich von einem Tag zum andern. Jetzt aber ist er tot, und .... Wir sind also nur frei von Hoffnung, solange wir glücklich sind. Erst mit Unglück, Krankheit, Bedrückung oder Ausbeutung wird das Morgen für uns wichtig, und wenn kein Morgen mehr möglich erscheint, sind wir in vollkommener Finsternis und Verzweiflung. Wie kann man aber in glücklicher Verfassung bleiben?»

Zuerst müssen Sie die Wahrheit über Hoffnung und Hoffnungslosigkeit erkennen und begreifen, daß Sie sich vom Falschen haben fesseln lassen: von Illusionen der Hoffnung und dann von Verzweiflung. Beobachten Sie diesen Ablauf passiv — das ist nicht so einfach, wie es scheint. Sie fragen, wie Sie in glücklicher Verfassung bleiben könnten. Gründet sich Ihre Frage im wesentlichen nicht schon wieder auf Hoffnung? Sie wollen das, was Sie verloren haben, wiedergewinnen oder es durch irgendein Mittel aufs neue in Ihren Besitz bringen. Ihre Frage deutet auf das Verlangen nach Besitz, nach Werden oder einem Ziel, nicht wahr? Wenn Sie einen Zweck oder ein Ziel haben, entsteht Hoffnung, und Sie verfangen sich wiederum in Ihrem eigenen Unglück. Der Pfad der Hoffnung führt in die Zukunft, während Glück nichts mit Zeit zu tun hat. Solange Sie glücklich waren, haben Sie nie gefragt, wie Sie es bleiben könnten; hätten Sie damals gefragt, so hätten Sie schon Ihr Unglück gekostet.

«Sie wollen also sagen, das ganze Problem tauche erst auf, sobald man Unglück oder Konflikte habe. Wenn man sich aber so elend fühlt, möchte man darüber hinwegkommen, das ist doch nur natürlich.»

Der Wunsch nach einem Ausweg bringt seinerseits andere Probleme mit sich. Durch Ihren Mangel an Verständnis für das ursprüngliche Problem führen Sie viele neue ein. Das Hauptproblem ist Ihr Unglück, und um es verstehen zu können, müssen Sie sich von allem anderen freimachen. Ihr Unglück ist Ihr einziges Problem, stiften Sie keine Verwirrung, indem Sie ein neues Problem einführen, nämlich wie Sie ihm entfliehen können. Ihr Verstand sucht nach einer Hoffnung, einer Antwort, einem Ausweg. Sie müssen zuerst erkennen, wie falsch solche Ausflüchte sind, dann können Sie dem Problem direkt entgegentreten. Eine unmittelbare Beziehung zu dem Problem führt zu der Krise, die wir die ganze Zeit zu vermeiden suchen; und nur in der Fülle und Tiefe einer Krise kann ein Problem beendet werden.

«Seit dem verhängnisvollen Unglücksfall habe ich immer gedacht, ich müsse meine Hoffnungslosigkeit nähren und mich in meine Verzweiflung vergraben; aber es ist etwas zuviel für mich gewesen. Jetzt erkenne ich, daß ich allem furchtlos und ohne das Gefühl der Untreue gegen ihn begegnen muß. Sehen Sie, ich habe tief im Innern immer geglaubt, daß ich ihm untreu würde, wenn ich weiterhin glücklich sei; aber nun beginnt sich meine Bürde schon zu heben, und ich fange an, ein Glück zu spüren, das jenseits von Zeit ist.»

22] Der Verstand und das Bekannte

Die Schablone des täglichen Lebens wiederholte sich auch heute um den einzigen Brunnen des Dorfes. Das Wasser lief langsam, und die Frauen warteten in einer Gruppe, bis sie an die Reihe kamen. Drei Frauen zankten sich laut und bitter, sie waren von ihrem Ärger so völlig in Anspruch genommen, daß sie auf nichts anderes achteten, noch von den andern beachtet wurden. Es mußte bei ihnen wohl ein täglicher Ritus sein, und wie alle Riten wirkte er anregend, so daß die Frauen ihre Freude daran hatten. Eine alte Frau half einer jüngeren, ihren großen, blanken Messingtopf auf den Kopf zu heben. Sie hatte ein kleines Tuchkissen, um das Gewicht des Topfes besser ertragen zu können, und hielt ihn nur leicht mit einer Hand fest. Ihr Gang war herrlich und würdevoll. Ein kleines Mädchen kam still heran, hielt ihr Gefäß unter den Hahn und trug es wieder fort, ohne ein Wort zu sagen. Andere Frauen kamen und gingen, aber der Zank ging immer weiter, und es schien, als wolle er nie ein Ende nehmen. Plötzlich hörten die Drei auf, füllten ihre Gefäße mit Wasser und gingen davon, als ob nichts geschehen sei. Inzwischen war die Sonne wärmer geworden, und über den Strohdächern des Dorfes stieg Rauch auf. Die erste Mahlzeit des Tages wurde zubereitet. Wie friedlich war es mit einem Mal! Außer ein paar Krähen war beinahe alles ruhig. Nachdem das laute Zanken verstummt war, konnte man nun das Brausen des Meeres jenseits der Häuser, Gärten und Palmenhaine hören.

Mit unserer langweiligen, täglichen Routine führen wir ein Leben wie Maschinen. Wie willig nimmt unser Verstand eine Lebensschablone auf sich, und wie zäh hält er daran fest! Unser Denken wird durch Ideen wie mit Nägeln zusammengehalten, es lebt und strebt um seine Ideen herum. Niemals ist es frei und biegsam, denn stets liegt es vor Anker und bewegt sich innerhalb des engen oder weiten Radius um seinen eigenen Mittelpunkt. Es wagt sich nicht von seinem Mittelpunkt zu entfernen; geschieht es doch einmal, so verliert es sich in Furcht. Furcht bezieht sich nie auf das Unbekannte, sondern immer nur auf den Verlust des Bekannten. Nicht das Unbekannte, sondern Abhängigkeit vom Bekannten ist die Triebfeder der Furcht. Furcht tritt stets im Zusammenhang mit einem Verlangen, dem Wunsch nach mehr oder weniger, auf. Das unaufhörliche Weben von Mustern macht unser Denken zum Schöpfer von Zeit, und mit der Zeit entsteht Furcht, Hoffnung und Tod. Hoffnung führt zum Tode.

Er sagte, er sei Revolutionär und wolle alle Gesellschaftsgefüge sprengen, um ganz von vorn wieder anzufangen. Er habe begeistert für die äußerste Linke, das heißt für die proletarische Revolution gearbeitet, aber alles sei fehlgeschlagen. Was sei nicht in dem Lande geschehen, wo die Revolution so glorreich durchgeführt worden war! Unvermeidlich habe die Diktatur mit ihrer Armee und Polizei innerhalb von ein paar Jahren wieder neue Klassenunterschiede gezüchtet, und ein herrliches Versprechen sei in Nichts zerronnen. Er wolle aufs neue eine tiefere und weitgreifendere Revolution beginnen, wolle aber darauf achten, daß alle Fallstricke früherer Revolutionen vermieden würden.

Was verstehen Sie unter Revolution?

«Eine völlige Umwandlung des heutigen Gesellschaftsgefüges nach einem scharf umrissenen Plan, mit oder ohne Blutvergießen. Um wirksam zu sein, muß der Plan gut durchdacht, bis ins Letzte organisiert sein und peinlich genau ausgeführt werden. Eine solche Revolution ist die einzige Hoffnung, es gibt keinen anderen Ausweg aus dem Chaos.»

Werden Sie nicht wieder dieselben Ergebnisse bekommen: Zwang und die dazugehörigen Beamten?

«Im Anfang wird es vielleicht darauf hinauslaufen, aber das können wir überwinden. Wir werden eine besondere, vereinigte Gruppe bilden, die außerhalb der Regierung steht, aber sie beobachten und leiten soll.»

Sie wollen also Ihre Revolution nach einem Schema

machen, setzen Ihre Hoffnung auf morgen und sind willens, sich und andere ihr zu opfern. Kann aber eine Revolution grundlegend sein, wenn sie sich auf Ideen stützt? Ideen nähren immer neue Ideen und damit Unterdrückung und Widerstand. Glaube ruft Gegnerschaft hervor, *ein* Glaube erzeugt viele andere, und dann folgen Konflikt und Feindschaft. Übereinstimmung im Glauben ist noch nicht Frieden. Eine Idee oder Meinung schafft zwangsläufig Widerstand, den die Machthaber immer wieder unterdrücken müssen. Eine Revolution, die sich auf Ideen stützt, bringt nur ihre eigene Gegenrevolution hervor, und der Revolutionär muß sein Leben lang andere Revolutionäre bekämpfen, wobei die besser Organisierten die Schwächeren beseitigen. Sie würden auch nur dasselbe Schema wiederholen, nicht wahr? Könnten wir vielleicht die tiefere Bedeutung einer Revolution hier erörtern?

«Das hätte wohl nur Wert, wenn es zu einem bestimmten Ziel führen würde. Eine neue Gesellschaftsordnung muß aufgebaut werden, und die einzige Art, das zu erreichen, ist planmäßige Revolution. Ich glaube nicht, daß ich meine Ansicht darüber ändern werde, aber lassen Sie einmal hören, was Sie zu sagen haben. Was Sie vorbringen werden, ist höchstwahrscheinlich schon von Buddha, Jesus und anderen religiösen Lehrern gesagt worden — wohin hat es aber geführt? 2000 Jahre lang hat man uns gepredigt, gut zu sein, und sehen Sie nur die Verwirrung, die die Kapitalisten gestiftet haben!»

Wenn eine Gesellschaftsform auf Ideen gegründet und nach einem bestimmten Schema gebildet wird, erzeugt sie Gewalttätigkeit und befindet sich in einem fortlaufenden Zustand der Zerrüttung. Eine schematische Gesellschaftsordnung ist nur innerhalb des Rahmens ihres selbst-ersonnenen Glaubens wirksam. Eine Gesellschaft oder Gruppe kann niemals in revolutionärer Verfassung sein, nur der einzelne Mensch. Ist er indessen einem Plan oder einer verbürgten Überzeugung gemäß revolutionär, so paßt er sich nur einem selbst-erfundenen Ideal oder einer Hoffnung an und führt seine eigenen, bedingten Reaktionen aus — vielleicht abgeändert, aber immer noch begrenzt. Eine begrenzte Revolution ist überhaupt keine Revolution; sie bedeutet Rückschritt, genau wie alle Reform. Eine Revolution, die sich auf Ideen, auf Überzeugungen und Beweise stützt, ist nichts als eine abgeänderte Fortsetzung des alten Schemas. Um eine grundsätzliche und bleibende Revolution herbeizuführen, muß man sein Denken und seine Ideen verstehen lernen.

«Was verstehen Sie unter Idee? Meinen Sie damit Wissen?»

Eine Idee ist die Projektion unseres Verstandes, sie ist das Ergebnis von Erfahrung, und Erfahrung ist Wissen. Alle Erfahrung wird unserer bewußten oder unbewußten Bedingtheit gemäß ausgelegt. Unser Verstand *ist* Erfahrung und Idee und ist nicht von der Eigenschaft des Denkens zu trennen. Angesammeltes und ansammelndes Wissen bildet den Ablauf unseres Denkens: es setzt sich aus Erfahrungen, Erinnerungen und Ideen zusammen, kurz, aus dem gesamten Verlauf unserer Reaktionen; und ehe wir nicht die Wirksamkeit unseres Denkens oder Bewußtseins begreifen, kann keine grundlegende Wandlung des Menschen und seiner Beziehungen — d. h. der Gesellschaft — stattfinden.

«Wollen Sie mir zu verstehen geben, daß unser Verstand — oder unser Wissen — der wahre Feind aller Revolution ist, und daß er nie einen neuen Plan oder einen neuen Staat hervorbringen kann? Glauben Sie, daß der Verstand nichts Neues erfassen kann, weil er immer mit der Vergangenheit verbunden ist, und daß alles, was er ersinnt oder schafft, nur eine Folge des Alten ist? Wie kann dann je ein Wandel stattfinden?»

Lassen Sie es uns betrachten. Unser Denken vollzieht sich in einem bestimmten Schema. Der Rahmen, innerhalb dessen es wirkt und sich bewegt, bildet sein eigentliches Wesen. Sein Schema besteht aus Vergangenheit und Zukunft, Verzweiflung und Hoffnung, Verwirrung und Utopie, dem, was war, und dem, was sein sollte. Damit sind wir alle vertraut. Sie wollen nun das alte Schema zerbrechen und ein ‹neues› dafür einsetzen — aber das neue ist nichts als eine Abänderung des alten. Für Ihre eigenen Zwecke und Kunstgriffe nennen Sie es neu, während es immer noch das alte ist. Das sogenannte Neue hat seine Wurzeln im Alten: in Gier, Neid, Gewalt, Haß, Machtstreben und Ausschluß. Sie wollen nun eine neue Welt in all das eingebettet schaffen. Das ist unmöglich. Vielleicht können Sie sich selber und andere darüber täuschen, solange aber das alte Schema nicht vollkommen zerbrochen ist, kann keine radikale Umwandlung entstehen. Mögen Sie auch noch so viel damit herumspielen, so werden Sie doch niemals zur Hoffnung für die Welt werden. Das Zerbrechen des alten wie des sogenannt neuen Schemas ist von höchster Bedeutung, wenn aus dem Chaos je Ordnung entstehen soll. Aus diesem Grunde ist es so wichtig, die Regungen seines eigenen Denkens zu begreifen. Unser Verstand ist ausschließlich im Bereich des Bekannten oder der Erfahrungen tätig — der bewußten oder unbewußten, der kollektiven oder oberflächlichen. Kann man aber auch ohne Schema handeln? Bis jetzt haben wir nur Handlungen in bezug auf ein Schema kennen gelernt, und solches Handeln bedeutet die Annäherung an das, was *war,* oder das, was sein *sollte.* Alles Handeln hat sich soweit immer an Hoffnung und Furcht, an Vergangenheit oder Zukunft angepaßt.

«Wenn aber das Handeln keine Bewegung aus der Vergangenheit in die Zukunft oder zwischen Vergangenem und Künftigem ist, was ist es dann? Sie wollen uns doch nicht etwa zur Untätigkeit anhalten, oder doch?»

Die Welt sähe besser aus, wenn wir alle mit wahrer Untätigkeit vertraut wären — womit durchaus nicht das Gegenteil von Handeln gemeint ist. Das ist aber ein anderes Thema. Kann unser Denken ohne Schema, frei von dem Vorwärts- und Rückwärtsschwingen des Verlangens bleiben? Das ist sehr wohl möglich. Solches Handeln bedeutet, in der Gegenwart zu leben. Es heißt, nicht zu hoffen, sich nicht um morgen zu sorgen; doch auch nicht hoffnungslos oder gleichgültig zu werden. Wir *leben* nie, wir jagen beständig Leblosem nach — der Vergangenheit oder der Zukunft. Leben ist die größte Revolution und hat kein Schema; doch das Leblose hat es: Vergangenheit und Zukunft, Gewesenes und Utopie. Wenn man für eine Utopie lebt, fordert man Tod und nicht Leben heraus.

«All das ist gut und schön, aber es bringt uns nicht weiter. Wo ist Ihre Revolution? Wo ist da Handlung? Wo ist die neue Lebensweise?»

Nicht im Leblosen, sondern im Leben. Sie verfolgen Ihr Ideal, Ihre Hoffnungen und nennen das Handeln oder Revolution. Ideal und Hoffnung sind Projektionen Ihres Geistes weitab von dem, was *ist*. Ihr Verstand — das Ergebnis der Vergangenheit — macht sich ein Schema für etwas Neues zurecht, was Sie Revolution nennen. Ihr neues Leben ist aber das alte in anderer Einkleidung. Vergangenheit und Zukunft enthalten niemals Leben, sie sind voller Erinnerung an Leben und Hoffnung auf Leben, aber selber nicht lebendig. Die Betätigung unseres Denkens ist nicht Leben. Unser Verstand kann nur im Rahmen des Leblosen wirken, und eine Revolution, die sich auf Lebloses gründet, erzeugt nur tiefere Dunkelheit, mehr Zerstörung und größeres Leid.

«Sie lassen mich vollkommen leer, fast entblößt zurück. Es mag geistig sehr gut für mich sein, ich fühle Sinn und Herz erleichtert, aber es ist nicht sehr hilfreich in bezug auf kollektive, revolutionäre Handlungsweise.»

23] Anpassung und Freiheit

Das Gewitter hatte am frühen Morgen mit Donner und Blitz begonnen; jetzt regnete es nur noch ganz gleichmäßig. Der Regen hörte den ganzen Tag nicht auf, und die rote Erde saugte ihn gierig ein. Das Vieh suchte unter einem großen Baume Schutz, wo auch ein kleiner, weißer Tempel stand. Der Fuß des Baumes war ungeheuer groß und das Feld, das ihn umgab, leuchtend grün. Jenseits des Feldes lief eine Eisenbahnlinie entlang; die Züge arbeiteten sich mühsam den kleinen Abhang hinauf und stießen auf der Höhe einen triumphierenden Pfiff aus. Wenn man an der Bahnlinie entlangging, konnte man gelegentlich auf eine große Kobra mit prachtvoller Zeichnung stoßen, die kurz vorher von einem Zug entzweigeschnitten war. Die Vögel pflegten sich dann bald über die leblosen Stücke herzumachen, und in kurzer Zeit war nichts mehr von der Schlange übrig.

Allein zu leben, erfordert hohe Intelligenz; es ist schwer, allein zu leben und dabei biegsam zu bleiben. Allein zu leben und keine Mauern selbst-einschließender Befriedigung um sich zu errichten, erheischt äußerste Wachsamkeit, denn ein einsames Leben unterstützt Trägheit und behagliche Gewohnheiten, die schwer wieder abzulegen sind. Alleinleben fördert Absonderung, und nur ein weiser Mensch kann allein leben, ohne sich und anderen Schaden zuzufügen. Im Alleinsein liegt Weisheit, doch ein einsamer Pfad führt nicht immer zur Weisheit. Absonderung bedeutet Sterben, und in der bloßen Zurückgezogenheit findet man noch keine Weisheit. Es gibt keinen Pfad zur Weisheit, denn Pfade trennen und schließen aus. Alle Pfade führen gerade ihrer Natur nach zur Absonderung, trotzdem die verschiedenen Formen der Absonderung Einheit, Ganzes, Eines und so weiter benannt werden. Ein Pfad ist etwas Ausschließliches; und mit ausschließlichen Mitteln gelangt man zu einem Ziel, das den Mitteln gleicht, denn die Mittel sind nicht vom Ziel, von dem, was sein *sollte*, zu trennen. Weisheit entsteht, wenn man seine Beziehung zu einem Felde, einem Vorübergehenden oder einem flüchtigen Gedanken verstehen lernt. Zieht man sich zurück, sondert man sich ab, um etwas zu finden, so setzt man allem Entdecken ein Ende. Beziehungen dagegen führen zu einem Alleinsein, das nicht Isolierung ist. Alleinsein muß entstehen — doch nicht aus einschließendem Denken sondern aus Freiheit. Das Vollkommene ist allein, während Unvollkommenheit nach Wegen der Absonderung sucht.

Sie war Schriftstellerin, und ihre Bücher hatten weite Verbreitung gefunden. Sie sagte, sie habe es erst nach vielen Jahren ermöglichen können, nach Indien zu reisen, und als sie zuerst auszog, habe sie keine Ahnung gehabt, wo sie landen würde; jetzt aber, nach langer Zeit sei ihr endlich das Ziel klar geworden. Ihr Mann sowie ihre ganze Familie interessierten sich nicht nur oberflächlich, sondern sehr ernst für religiöse Angelegenheiten; trotzdem habe sie sich entschlossen, sie alle zu verlassen, und sei ausgezogen in der Hoffnung, Frieden zu finden. Als sie herkam, habe sie keinen Menschen in diesem Lande gekannt, und das erste Jahr sei sehr schwer für sie gewesen. Zuerst sei sie zu einem *Ashram* oder heiligen Asyl gegangen, von dem sie gelesen hatte. Der *Guru* oder Lehrer dort war ein freundlicher, alter Mann, der einmal in seinem Leben gewisse religiöse Erlebnisse gehabt hatte, von denen er noch zehrte, und der jetzt beständig Sanskrit Aussprüche zitierte, die nur seine Schüler verstanden. Sie wurde willkommen geheißen und habe es nicht schwer gefunden, sich den Regeln anzupassen. Doch als sie nach einem Aufenthalt von mehreren Monaten keinen inneren Frieden gefunden hatte, habe sie eines Tages erklärt, sie wolle abreisen. Die Schüler seien völlig entsetzt gewesen bei dem bloßen Gedanken, sie könne einen solchen Meister der Weisheit verlassen wollen, aber sie sei doch gegangen. Danach habe sie ein *Ashram* in den Bergen aufgesucht und sei zuerst sehr glücklich gewesen, denn es war dort herrlich mit vielen Bäumen, Wasserläufen und Naturschönheiten. Die Disziplin sei ziemlich streng gewesen, das habe sie indessen nicht gestört, aber auch hier waren alle Lebenden leblos. Die Schüler verehrten lebloses Wissen, leblose Überlieferung und einen leblosen Lehrer. Als sie fortging, seien alle wiederum sehr empört gewesen und hätten sie mit geistiger Finsternis bedroht. Dann habe sie sich zu einem sehr bekannten Asyl begeben. Dort wurden unaufhörlich religiöse Lehren wiederholt und ganz regelmäßig vorgeschriebene Meditationen verrrichtet; aber sie habe allmählich entdeckt, daß sie im Begriff sei, in eine Falle gelockt und langsam zerstört zu werden. Weder Lehrer noch Schüler hätten Freiheit gewollt, obwohl sie stets davon sprachen. Sie hätten für nichts anderes Interesse gehabt, als das Zentrum für ihren Lehrer weiterzuführen und die Schüler in seinem Namen dort festzuhalten.

Wiederum habe sie sich losgemacht und sei woanders hingegangen — wiederum dasselbe Bild in etwas anderer Weise.

«Ich versichere Ihnen, nachdem ich in den meisten der ernsthaften *Ashrams* gewesen bin, daß sie einen dort halten und abschleifen wollen, bis man in ihr Denkschema paßt, das sie Wahrheit nennen. Warum sind sie alle so darauf bedacht, jeden ihrer besonderen Lehre oder der Lebensweise, die ihr Lehrer vorschreibt, anzupassen? Woher kommt es, daß sie innere Freiheit versprechen, aber sie nie vermitteln?»

Anpassung gibt Befriedigung, sie gewährt dem Schüler Sicherheit und verleiht ihm wie auch seinem Lehrer Macht. Mit der Anpassung geht die Bekräftigung weltlicher und religiöser Autorität Hand in Hand. Anpassung hat außerdem eine gewisse Abstumpfung zur Folge, die oft Frieden genannt wird. Wenn man aber seinem Leid ausweichen will, indem man ihm Widerstand leistet, warum verfolgt man dann den Pfad nicht bis zu Ende, obwohl man auch da ein bestimmtes Maß an Schmerz mit in Kauf nehmen muß? Anpassung stumpft den Verstand gegen Konflikt ab. Wir wollen aber gern stumpf und unempfindlich werden und versuchen, alles Häßliche auszuschließen, wobei wir gleichzeitig unser Gefühl für das Schöne einbüßen. Anpassung an die Autorität der Toten oder der Lebenden verleiht große Befriedigung. Der Lehrer besitzt Wissen, ich aber nicht. Es wäre geradezu töricht, etwas selber herausfinden zu wollen, wenn der gütige Lehrer es schon weiß. So wird man zum Sklaven des Lehrers, aber Sklaverei ist besser als Verwirrung. Lehrer und Schüler gedeihen auf Grund von gegenseitiger Ausbeutung. In Wirklichkeit geht man doch nicht in ein *Ashram,* um frei zu werden, nicht wahr? Sondern um Trost zu finden, um sein Leben in Disziplin und Glauben einzuschließen, um zu verehren und verehrt zu werden — und all das wird die Suche nach Wahrheit genannt! Man kann dort keine Freiheit bieten, denn das würde ihr eigenes Ende bedeuten. Freiheit läßt sich in keinem Zufluchtsort, in keinem System oder Glauben finden, auch nicht durch Anpassung oder Furcht, die man Disziplin nennt. Disziplin mag zwar Freiheit versprechen, kann sie jedoch nicht bringen, denn Hoffnung ist noch nicht Freiheit. Nachahmung als Mittel zur Freiheit verleugnet geradezu die Freiheit, denn das Mittel ist zugleich Ziel, und Nachahmung führt nur zu weiterer Nachahmung, nicht zur Freiheit. Doch wir lassen uns so gern täuschen, und daher kommen all die verschiedenen und abgestuften Formen von Zwang oder Versprechen auf Belohnung. Hoffnung ist die Verleugnung des Lebens.

«Jetzt vermeide ich alle *Ashrams* wie die Pest. Ich suchte sie auf, um Frieden zu finden, und erhielt Zwang, autoritäre Lehren und eitle Versprechungen. Wie eifrig nehmen wir immer das Versprechen eines *Gurus* an! Wie blind sind wir doch! Nach so vielen Jahren bin ich nun endlich frei von jeglichem Wunsch, den versprochenen Belohnungen nachzugehen. Ich bin körperlich erschöpft, wie Sie sehen können, denn törichterweise habe ich tatsächlich alle Rezepte ausprobiert. Als ich an einer dieser Stätten, wo der Lehrer gerade im Aufstieg begriffen und sehr beliebt ist, erklärte, ich wolle zu Ihnen gehen, schlugen sie die Hände über dem Kopf zusammen, und ein paar hatten sogar Tränen in den Augen. Das war zuviel für sie! Ich bin hergekommen, weil ich etwas, das mir das Herz bedrückt, besprechen möchte. Zu einem der Lehrer machte ich eine Andeutung darüber, und seine Antwort lautete, ich müsse meine Gedanken unter Kontrolle bringen. Es ist folgendes: der Schmerz der Einsamkeit nagt heftiger in mir, als ich zu ertragen vermag — nicht die physische Einsamkeit, die mir willkommen ist, sondern das tiefe, innere Leid des Alleinseins. Was soll ich tun? Wie soll ich zu dieser Leere Stellung nehmen?»

Wenn Sie nach einem Wege fragen, werden Sie zum Nachfolger. Sie suchen Hilfe, weil die Einsamkeit Sie schmerzt, aber gerade Ihre Bitte um Leitung öffnet das Tor für Nachahmung, Furcht und Zwang. Das ‹Wie› ist nicht wichtig, lassen Sie uns lieber die Natur Ihres Schmerzes betrachten und nicht versuchen, ihn vermeiden, überwinden oder über ihn hinausgehen zu wollen. Solange wir den Schmerz der Einsamkeit nicht vollkommen verstehen, werden wir weder Ruhe noch Frieden finden, nur in beständigem Kampf sein, und die meisten Menschen suchen — ob sie es nun wissen oder nicht — mit Gewalt oder Scharfsinn, dieser Furcht zu entfliehen. Der Schmerz richtet sich immer nur auf die Vergangenheit, nie auf das, was *ist*. Man muß das, was *ist*, entdecken, nicht nur theoretisch, dem Wortlaut nach, sondern im eigenen Erleben. Wie soll man aber das, was tatsächlich *ist*, ausfindig machen, wenn man sich ihm mit dem Gefühl von Angst und Schmerz nähert? Will man es verstehen, so muß man frei und aller Vergangenheit entblößt darauf zugehen — mit frischem Sinn, unbeschattet von Erinnerungen und altgewohnten Reaktionen. Fragen Sie aber bitte nicht, wie unser Sinn frei werden kann, um das Neue zu entdecken, sondern hören Sie auf die Wahrheit in den Worten. Nur die Wahrheit kann befreien, nicht aber der Wunsch nach Freiheit. Wunsch und Anstrengung, frei zu werden, sind gerade unsere Hindernisse.

Muß unser Verstand mit all seinen Schlußfolgerungen und Sicherheitsmaßregeln nicht seine Tätigkeit einstellen, wenn er das Neue begreifen will? Muß er sich nicht ruhig verhalten, ohne der Einsamkeit entfliehen oder ein Heilmittel für sie suchen zu wollen? Muß man nicht den Schmerz der Einsamkeit mit seinen Regungen der Verzweiflung und Hoffnung beobachten? Haben nicht gerade diese Regungen unsere Einsamkeit mit der ihr eigenen Furcht zur Folge, und ist nicht alle Tätigkeit unseres Denkens eine Form von Isolierung oder Widerstand? Ist nicht jede einzelne Beziehung unseres Denkens eine Art Trennung, ein Sich-Abschließen, und alle Erfahrung an sich ein Vorgang der Isolierung? Das Problem ist also nicht unser Schmerz über die Einsamkeit, sondern unser Verstand, der das Problem aufwirft. Verständnis für unsere Denkweise ist der Anfang aller Freiheit, und Freiheit liegt nicht irgendwo in der Zukunft, sondern hier im allerersten Schritt. Man kann die Tätigkeit des Verstandes nur durch seine Reaktionen auf alle möglichen Reize verstehen lernen. Reiz und Reaktion bilden Beziehungen auf allen Ebenen. Jede Form von

Ansammlung, sei es Wissen, Erfahrung oder Glauben, steht der Freiheit im Wege, aber nur in Freiheit kann die Wahrheit zutage treten.

«Ist nicht auch Anstrengung nötig, die Anstrengung, etwas verstehen zu wollen?»

Erlangt man je Verständnis durch Kampf oder Konflikt? Kommt Verständnis nicht erst, wenn unser Sinn vollkommen ruhig ist und alle tätige Anstrengung aufhört? Wird unser Sinn zur Ruhe *gebracht,* so ist er nicht still, sondern unempfindlich und leblos. Wenn Verlangen da ist, ist die Schönheit der Stille nicht da.

24] Zeit und Fortdauer

Das Abendlicht spielte auf dem Wasser, und die Bäume hoben sich dunkel gegen die untergehende Sonne ab. Ein voller Autobus kam vorbei und hinter ihm ein großes Auto mit eleganten Leuten. Ein Kind rollte seinen Reifen die Straße entlang, und eine Frau mit einer schweren Last blieb stehen, um sie zurecht zu rücken, dann ging sie auf ihrem beschwerlichen Wege weiter. Ein Junge auf seinem Fahrrad grüßte einen anderen und beeilte sich, schnell nach Hause zu kommen. Mehrere Frauen gingen vorüber. Ein Mann blieb stehen, steckte sich eine Zigarette an, warf das Streichholz ins Wasser, sah sich um und ging weiter. Niemand schien das Farbenspiel auf dem Wasser und die Silhouette der dunklen Bäume gegen den Himmel zu bemerken. Ein Mädchen kam vorbei mit einem kleinen Kind auf dem Arm, sie sprach zu ihm und deutete dabei auf das dunkle Wasser, wie um das Kind zu belustigen und abzulenken. Jetzt wurden Lichter in den Häusern sichtbar, und der Abendstern begann seine himmlische Bahn zu ziehen.

Es gibt eine Trauer, die wir sehr wenig beachten. Wir kennen Schmerz und Sorge in unseren eigenen Kämpfen und Verwirrungen, wir kennen das elende Gefühl der Wertlosigkeit und Enttäuschung, wir kennen eine Erfüllung durch Freude und ihre Vergänglichkeit. Wir kennen unseren eigenen Kummer, nehmen aber nicht die Trauer unseres Nächsten wahr. Wie können wir auch, wenn wir so ganz in unsere eigenen Mißgeschicke und Prüfungen versponnen sind? Wie können wir die Ermattung eines anderen empfinden, wenn unser eigenes Herz so müde und stumpf ist? Trauer schließt ab, sie isoliert und zerstört. Wie schnell stirbt ein Lächeln! Alles scheint in Trauer, in äußerster Abgeschiedenheit zu enden.

Sie war sehr belesen, fähig und geradezu. Sie hatte Naturwissenschaft und Religion studiert und die moderne Psychologie aufmerksam verfolgt. Obgleich noch sehr jung, war sie schon verheiratet gewesen — mit den üblichen Nöten einer Ehe, fügte sie hinzu. Jetzt war sie frei, hatte sich vorgenommen, etwas anderes als die gewöhnliche Bedingtheit zu suchen, und war bereit, sich über die Grenzen des Verstandes hinaus vorzutasten. Das Studium hatte ihren Geist für Möglichkeiten jenseits des Bewußten und der Ansammlungen aus der Vergangenheit empfänglich gemacht. Sie erklärte, sie habe mehreren Vorträgen und Diskussionen beigewohnt und gefühlt, daß hier ein allen großen Lehrern gemeinsamer Quell wirksam sei. Sie habe aufmerksam zugehört und vieles verstanden; jetzt sei sie gekommen, um das Unerschöpfliche und das Problem der Zeit zu besprechen.

«Welche Quelle liegt jenseits von Zeit, welcher Seinszustand außerhalb des Urteilsbereichs unseres Geistes? Was ist das Zeitlose, das Schöpferische, von dem Sie gesprochen haben?»

Kann man das Zeitlose wahrnehmen? Hat man einen Prüfstein für seine Erfahrung oder Beobachtung? Wie würden Sie es erkennen und wonach messen?

«Wir können es nur nach seiner Wirkung beurteilen.»

Urteilen gehört aber in die Zeit; soll man die Wirkungen des Zeitlosen nach dem Maß der Zeit beurteilen? Bei einer Untersuchung dessen, was man unter Zeit versteht, wäre es vielleicht denkbar, daß das Zeitlose in Erscheinung tritt. Kann man aber das Zeitlose erörtern? Selbst wenn wir beide uns dessen bewußt wären, könnten wir dann zusammen darüber sprechen? Vielleicht ja, aber unsere Erfahrung würde trotzdem noch nicht die des Zeitlosen sein. Man kann eben nicht anders als mit Hilfe der Zeit darüber sprechen oder sich mitzuteilen versuchen; doch Worte sind keine Begriffe, und ganz offenbar läßt sich das Zeitlose nicht durch Zeit verständlich machen. Zeitlosigkeit ist ein Zustand, der nur eintritt, wenn Zeit nicht mehr besteht. Lassen Sie uns also lieber erörtern, was wir unter Zeit verstehen.

«Es gibt verschiedene Formen von Zeit: Zeit als Wachstum, als Entfernung und als Bewegung.»

Zeit ist sowohl chronologisch wie psychologisch. Zeit als Wachstum bedeutet: das Kleine wird groß, der Ochsenwagen entwickelt sich zum Flugzeug, das Kind wird zum Mann. Himmel und Erde sind vom Wachstum erfüllt. Das ist eine offenkundige Tatsache, und es wäre töricht, sie zu leugnen. Zeit als Entfernung ist schon komplizierter.

«Ja, es ist bekannt, daß ein Mensch zur selben Zeit an zwei verschiedenen Orten sein kann — zum Beispiel ein paar Stunden an einem Ort und gleichzeitig ein paar Minuten an einem andern.»

Unser Denken kann sehr weit in die Ferne schweifen, und tut es auch, während der Denker an demselben Orte bleibt.

«Meine Worte bezogen sich nicht auf dieses Phänomen. Man weiß, daß ein Mensch, ein körperliches Wesen zugleich an zwei weit voneinander entfernten Orten sein kann. Doch unser Problem hier ist die Zeit.»

Das Gestern benutzt das Heute als Durchgang zum Morgen, Vergangenheit fließt durch die Gegenwart in die Zukunft — all das ist eine einzige Bewegung der Zeit und nicht drei verschiedene Bewegungen. Wir kennen Zeit als chronologisch und psychologisch, als Wachstum und Werden. Es gibt das Wachstum der Saat zum Baume und den Vorgang psychologischen Werdens. Wachstum ist uns deutlich, darum wollen wir es für den Augenblick beiseitelassen. Psychologisches Werden umfaßt Zeit. Ich will etwas anderes werden, als ich bin, wozu ich Zeit als Übergang oder Mittel brauche: das Gewesene soll zum Künftigen werden. Dieser Vorgang ist uns nur allzugut bekannt. Denken ist also Zeit — vergangenes und künftiges Denken, das, was *ist,* und das Ideal. Denken ist das Ergebnis von Zeit, und ohne den Denkvorgang gibt es keine Zeit. Unser Verstand ist der Schöpfer von Zeit, er *ist* Zeit.

«Das ist unverkennbar wahr. Unser Denken schafft Zeit und wendet sie an, und ohne unsern Denkvorgang gäbe es keine Zeit. Ist es aber möglich, über unsern Verstand hinauszugehen? Gibt es einen Seinszustand, der nicht zum Denken gehört?»

Lassen Sie uns zusammen untersuchen, ob es einen solchen Zustand gibt oder nicht. Ist Liebe Denken? Mitunter denken wir an jemanden, den wir lieben, zum Beispiel wenn er abwesend ist, und wir haben vielleicht ein Bild oder eine Aufnahme von ihm. Trennung hat Denken zur Folge.

«Wollen Sie damit sagen: wenn Einheit herrscht, hört alles Denken auf und es besteht nur noch Liebe?»

Einheit schließt auch Zweiheit ein, doch das steht hier nicht zur Frage. Ist Liebe ein Denkvorgang? Denken gehört in die Zeit, und ist Liebe zeitgebunden? Alles Denken ist an Zeit gebunden. Sie fragen nun, ob es möglich sei, von der bindenden Eigenschaft der Zeit frei zu werden.

«Es muß möglich sein, denn sonst würde es nichts Schöpferisches geben. Schöpfung kann nur stattfinden, wenn Fortdauer aufhört. Das Schöpferische ist das Neue, eine neue Vision, eine neue Erfindung, Entdeckung oder Formulierung, doch nie die Fortsetzung des Alten.»

Fortdauer ist der Tod des Schöpferischen.

«Wie kann aber Fortdauer aufhören?»

Was verstehen wir unter Fortdauer? Wie wird sie herbeigeführt? Was reiht einen Augenblick an den nächsten, wie der Faden die Perlen eines Halsbands aneinander reiht? Jeder Augenblick ist neu, aber das Neue wird beständig vom Alten aufgesogen, und so bildet sich eine Kette der Fortdauer. Gibt es je etwas Neues, oder versucht das Alte immer nur, das Neue wiederzuerkennen? Und wenn das Alte alles Neue wiedererkennt, ist es dann etwas Neues? Das Alte kann nur seine eigene Erfindung erkennen, kann sie neu nennen, das ist aber nicht neu. Etwas Neues läßt sich nicht wiedererkennen, das Neue ist ein Zustand des Nicht-Erkennens und Nicht-Verbundenseins. Da sich das Alte durch seine Erfindungen selber Fortdauer verleiht, kann es niemals etwas Neues erleben. Neues läßt sich zwar ins Alte übertragen, doch kann es nicht mit dem Alten zusammen bestehen. Das Erleben von etwas Neuem schließt alles Alte aus. Das Erlebnis und sein Ausdruck ist Denken, Ideen, und das Denken überträgt alles Neue in alte Ausdrücke. Nur das Alte kann Fortdauer verleihen, denn es ist Gedächtnis, Wort und daher Zeit.

«Wie kann man aber seinem Gedächtnis ein Ende machen?»

Ist das überhaupt möglich? Das Wesen, das seinem Gedächtnis ein Ende machen will, ist ja selber Schmied des Gedächtnisses und nicht von ihm zu trennen. Ist das nicht wahr?

«Ja, der Schöpfer aller Anstrengung wird im Gedächtnis, im Denken geboren, und alles Denken ist bewußt oder unbewußt Ergebnis der Vergangenheit. Was soll man also tun?»

Bitte hören Sie zu, dann werden Sie schon auf natürliche Weise und ohne Anstrengung tun, was erforderlich ist. Verlangen und Denken ist dasselbe, es schmiedet die Kette unserer Erinnerungen. Verlangen ist Anstrengung oder eine Betätigung unseres Willens. Es hat die Eigentümlichkeit anzusammeln, und Ansammlung bedeutet Fortdauer. Das Sammeln von Dingen oder Erfahrungen, von Wissen und Macht erzeugt Fortdauer, und das Aufgeben von all diesem bedeutet immer noch negative Fortdauer. Positive und negative Fortdauer sind einander gleich. Das Zentrum, das ansammelt, ist unser Verlangen, unser Wunsch nach Mehr oder Weniger, es ist unser Ich, das je nach unserer Bedingtheit auf verschiedene Ebenen gestellt wird. Alle Betätigung dieses Zentrums führt nur zu seiner eigenen weiteren Fortdauer.

Jede Regung unseres Verstandes ist zeitgebunden und steht dem Schöpferischen im Wege. Das Zeitlose liegt nicht in der zeitgebundenen Eigenschaft unseres Gedächtnisses. Grenzenloses läßt sich nicht mit Gedächtnis oder Erfahrung messen. Erst wenn Erfahrung und Wissen vollkommen aufhören, entsteht das Unnennbare. Nichts als die Wahrheit kann unseren Sinn von seiner eigenen Knechtschaft befreien.

25] Die Familie und das Verlangen nach Sicherheit

Wie häßlich ist Befriedigung! Zufriedenheit ist etwas an sich, aber Befriedigung ist etwas ganz anderes. Befriedigung stumpft den Sinn ab und ermattet das Herz, sie führt zu Aberglauben und Trägheit, und die feinere Empfindsamkeit geht uns verloren. Menschen, die Befriedigung suchen oder sie besitzen, stiften Verwirrung und Leid. Sie werden zu Urhebern übelriechender Dörfer und geräuschvoller Städte. Sie bauen Tempel für geschnitzte Heiligenbilder und vollziehen Riten zur allgemeinen Befriedigung. Sie nähren Klassenhaß und Krieg; unentwegt streben sie, die Mittel der Befriedigung zu vervielfältigen: Geld, Politik, Macht und religiöse Organisationen sind ihre Werkzeuge. Sie bedrücken die Welt mit ihrer Achtbarkeit und ihren ewigen Klagen.

Zufriedenheit oder Genügsamkeit ist etwas anderes. Es ist sehr schwer, genügsam zu sein. Man kann nicht an geheimen Stätten nach Zufriedenheit suchen, kann sie nicht erjagen wie Vergnügen, noch erwerben oder um den Preis eines Verzichts erkaufen – sie hat keinen Preis. Man kann sie durch keinerlei Mittel erreichen, kann nicht über sie meditieren, noch sie ansammeln. Die Jagd nach Zufriedenheit ist nichts als das Streben nach größerer Befriedigung. Genügsamkeit bedeutet vollkommenes Verständnis für das, was *ist,* von einem Augenblick zum andern, es ist die höchste Form negativen Verstehens. Bei

Befriedigung entsteht Enttäuschung und Erfolg, aber Genügsamkeit kennt keine Gegensätze mit ihren leeren Konflikten. Genügsamkeit liegt jenseits aller Gegensätze und ist keine Synthese, denn sie steht in keinerlei Beziehung zum Konflikt. Ein Konflikt kann nur weitere Konflikte hervorrufen und erzeugt Illusionen und Leid. Aus Genügsamkeit folgt ein Handeln, das nie widerspruchsvoll ist. Ein zufriedenes Herz befreit das Denken von aller Betätigung voller Wirrsal und Ablenkung. Zufriedenheit ist eine Regung außerhalb der Zeit.

Sie erklärte, sie habe in Naturwissenschaft mit Auszeichnung promoviert, habe unterrichtet und auch sozial gearbeitet. In der kurzen Zeit seit dem Abschluß ihres Studiums sei sie im Lande herumgereist und habe verschiedenes getan: hier Mathematik unterrichtet, da sozial gearbeitet, ihrer Mutter beigestanden und einer Gesellschaft, der sie angehöre, bei der Organisation geholfen. Sie wolle nichts mit Politik zu tun haben, denn sie halte das für nichts anderes als ein Streben des persönlichen Ehrgeizes und für dumme Zeitverschwendung. All das habe sie durchschaut. Jetzt stehe sie vor der Heirat.

Haben Sie selber entschieden, wen Sie heiraten wollen, oder haben Ihre Eltern ihn ausgesucht?

«Wahrscheinlich meine Eltern. Vielleicht ist es so besser.»

Warum, wenn ich fragen darf?

«In anderen Ländern verlieben sich die jungen Leute in einander und heiraten, und das mag zu Anfang gut sein, aber bald genug gibt es Streit und Unglück, Zank und Versöhnung, Langeweile beim Vergnügen und dann die Routine des täglichen Lebens. In unserem Lande nehmen die Ehen, die nach Übereinkunft geschlossen werden, denselben Verlauf, auch hier geht der Spaß zu Ende, darum bleibt es sich gleich, welches System man wählt. Beides ist entsetzlich, aber was soll man machen? Schließlich muß man ja heiraten, man kann doch nicht sein Leben lang allein bleiben. Es ist recht traurig, aber ein Mann bietet wenigstens eine gewisse Sicherheit, und

Kinder sind eine Freude, man kann das Eine nicht ohne das Andere haben.»

Aber all die Jahre, die Sie studiert haben, und Ihre Examen?

«Ich denke mir, man kann immer noch damit spielen; aber Kinder und Haushalt werden zuerst die meiste Zeit beanspruchen.»

Was nützt Ihnen dann Ihre sogenannte Erziehung? Haben Sie soviel Zeit, Geld und Anstrengung nur verausgabt, um in der Küche zu landen? Haben Sie nicht den Wunsch, auch nach Ihrer Heirat noch zu unterrichten oder sozial zu arbeiten?

«Nur wenn meine Zeit es erlaubt. Es ist nämlich unmöglich, Dienstboten zu halten, wenn man nicht sehr wohlhabend ist. Ich fürchte, das wird nun vorbei sein, wenn ich heirate — und ich möchte gern heiraten. Sind Sie gegen die Ehe?»

Betrachten Sie die Ehe nur als eine Einrichtung zur Gründung einer Familie? Ist die Familie nicht vielmehr eine Einheit im Gegensatz zur Gesellschaft oder ein Zentrum, von dem alle Tätigkeit ausstrahlt, eine sehr ausschließliche Beziehung, die alle anderen Beziehungen beherrscht? Ist sie nicht voller selbst-einschließender Betätigung, die einteilt und trennt, die zum Hohen und Niedrigen, zum Mächtigen und Schwachen führt? Die Familie als System scheint im Widerspruch zum Ganzen zu stehen: jede Familie stellt sich gegen andere Familien oder Gruppen. Bildet die Familie mit all ihrem Besitz im Grunde nicht einen Anlaß zum Kriege?

«Wenn Sie so sehr gegen die Familie sind, dann sind Sie sicherlich für das Kollektivleben von Männern und Frauen, wobei die Kinder dem Staate gehören.»

Bitte ziehen Sie keine voreiligen Schlüsse. Wenn man in Formeln und Systemen denkt, stößt man nur auf Widerstand und Streit. Dann haben Sie Ihr System und ein anderer hat seins; die beiden Systeme fechten es aus, jedes versucht, das andere zu beseitigen, doch das Problem bleibt bestehen.

«Wenn Sie aber so sehr gegen die Familie sind, wofür sind Sie dann?»

Warum stellen Sie die Frage so? Ist es nicht töricht, wenn man beim Auftauchen eines Problems sofort seinem Vorurteil gemäß Stellung nimmt? Wäre es nicht besser, das Problem zu untersuchen, als Widerstand und Feindschaft zu nähren und dadurch mehr Probleme zu schaffen?

Die Familie ist heutzutage eine Einheit mit begrenzten Beziehungen, sie schließt sich selbst ein und schließt alle anderen aus. Reformatoren und sogenannte Revolutionäre haben es versucht, den ausschließlichen Familiengeist zu beseitigen, weil er alle möglichen antisozialen Betätigungen fördert. Andrerseits ist die Familie ein Zentrum der Beständigkeit im Gegensatz zur Unsicherheit, und das gegenwärtige Gesellschaftsgefüge kann nirgends in der Welt mehr ohne Sicherheit bestehen. Die Familie ist keine rein wirtschaftliche Einheit, und jeder Versuch, das Problem auf diesem Gebiet zu lösen, muß offenbar fehlschlagen, denn das Verlangen nach Sicherheit ist nicht nur rein wirtschaftlich, sondern geht viel tiefer und ist viel verwickelter. Wird die Familie zerstört, so werden andere Formen der Sicherung entstehen: zum Beispiel durch den Staat oder die Allgemeinheit, durch den Glauben und so weiter, und diese werden ihrerseits wieder neue Probleme erzeugen. Man muß das Verlangen nach innerer, psychologischer Sicherheit verstehen und nicht nur eine Form von Sicherheit durch eine andere ersetzen.

Unser Problem ist also nicht die Familie, sondern das Verlangen nach Sicherheit, und der Wunsch nach Sicherheit wirkt auf allen Gebieten ausschließend, nicht wahr? Die Gesinnung der Ausschließlichkeit offenbart sich in Familie, Besitz, Staat, Religion und so weiter, denn das Verlangen nach innerer Sicherheit schafft seine eigenen äußeren Formen, die stets abschließen. Doch gerade der Wunsch, sich zu sichern, zerstört alle Sicherheit. Ausschluß und Trennung müssen unvermeidlich zur Auflösung führen und Nationalismus, Klassenhaß und Krieg sind die Symptome dafür. Die Familie als Mittel zum Erlangen innerer Sicherheit ist eine Quelle von Aufruhr und sozialem Verhängnis.

«Wie soll man aber leben, wenn nicht als Familie?»

Ist es nicht sonderbar, wie unser Verstand immer nach einem Muster oder Schema sucht? Unsere ganze Erziehung bewegt sich zwischen Formeln und Schlußfolgerungen. Das ‹Wie› bedeutet das Suchen nach einer Formel, aber unsere Probleme lassen sich nicht mit Formeln lösen. Bitte versuchen Sie zu begreifen, wie wahr das ist. Erst wenn wir nicht mehr nach innerer Sicherheit streben, können wir nach außen hin sicher leben. Solange die Familie für uns den Mittelpunkt aller Sicherheit bildet, wird sich unsere Gesellschaft langsam auflösen, und solange man sie als Mittel zum Selbstschutz benutzt, führt das zu Konflikt und Leid. Sie brauchen nicht so verblüfft auszusehen, es ist ziemlich einfach. Wenn ich Sie oder einen anderen zu meiner inneren psychologischen Sicherheit benutze, muß ich ausschließlich werden: dann bin *ich* wichtig, *ich* bekomme höchste Bedeutung, *meine* Familie und *mein* Besitz. Ein Verhältnis aus Nutzen oder Vorteil beruht immer auf Gewaltsamkeit, und jede Familienbeziehung als Mittel zu gegenseitiger, innerer Sicherung erzeugt Konflikt und Verwirrung.

«Ich begreife verstandesgemäß, was Sie sagen. Ist es aber möglich, ohne den inneren Drang nach Sicherheit zu leben?»

Verstandesgemäß zu begreifen, heißt überhaupt nicht zu begreifen. Sie wollen sagen, daß Sie die Worte hören und ihre Bedeutung erfassen, nichts weiter. Das ist aber noch keine Grundlage zum Handeln. Einen anderen Menschen als Mittel zu seiner Befriedigung und Sicherheit zu gebrauchen, ist niemals Liebe. Liebe ist nicht Sicherheit, Liebe bedeutet einen Seinszustand, in dem man keinen Drang nach Sicherheit spürt, einen Zustand der Verwundbarkeit, den einzigen Zustand, worin Abgeschlossenheit, Feindschaft und Haß unmöglich werden. Wenn eine Familie in diesem Sinne gegründet wird, ist sie weder selbst-umschließend noch abgeschlossen gegen andere.

«Wir kennen aber solche Liebe nicht. Wie soll man....?»

Es ist gut, sich der Eigentümlichkeiten seines Denkens bewußt zu werden. — Der innere Drang nach Sicherheit offenbart sich nach außen hin durch Abschluß und Gewaltsamkeit, und solange man diesen Vorgang nicht vollkommen versteht, kann keine Liebe herrschen. Liebe ist keineswegs eine neue Zufluchtsstätte auf der Suche nach Sicherheit. Der Drang nach Sicherheit muß ganz aufhören, ehe Liebe entstehen kann. Liebe läßt sich nicht durch Zwang herbeiführen; Zwang ist die ausgesprochene Verleugnung der Liebe auf jedem Gebiet. Ein Revolutionär mit seinem Ideal ist überhaupt kein Revolutionär, denn er bietet nur Ersatz in einer neuen Form von Sicherheit oder Hoffnung an; und Hoffen heißt Sterben. Nur Liebe kann eine grundlegende Revolution, eine Umwandlung unserer Beziehungen herbeiführen, denn Liebe gehört nicht zum Verstande. Unser Denken mag großartige Gebäude der Hoffnung entwerfen und beschreiben, aber Denken führt nur zu neuen Konflikten, zu Verwirrung und Leid. Liebe herrscht erst, wenn unser listiger, sich selbst umschließender Verstand nicht mehr wirksam ist.

26] Das «Ich»

«Für mich ist das Meditieren von allergrößter Bedeutung. Mehr als fünfundzwanzig Jahre habe ich ganz regelmäßig zweimal am Tage meditiert. Zu Anfang war es recht schwer, ich hatte meine Gedanken nicht in der Gewalt, und es gab zu viele Ablenkungen, die ich allmählich jedoch gründlich ausgemerzt habe. Mehr und mehr habe ich meine Zeit und Kraft auf das letzte Ziel gerichtet. Ich bin bei verschiedenen Lehrern gewesen und habe allerlei Systeme des Meditierens befolgt, war aber von keinem je ganz befriedigt — vielleicht ist ‹Befriedigung› nicht das rechte Wort. Sie alle führten bis zu einem bestimmten Punkte, je nach der besonderen Methode, und ich fand, daß ich immer zu einem Ergebnis des jeweiligen Systems wurde — es war aber nie mein Endziel. Aus all den Experimenten habe ich indessen eins gelernt: mein Denken vollkommen zu meistern, und meine Gefühle ganz im Zaum zu halten. Ich habe Atemübungen gemacht, um Körper und Geist zu beruhigen, habe das heilige Wort wieder und wieder ausgesprochen und lange gefastet; ich bin ein sittlicher Mensch, und weltliche Dinge haben für mich keinen Reiz mehr. Aber nach all den Jahren des Kämpfens und Mühens, der Disziplin und Entsagung habe ich noch nicht den Frieden oder die Seligkeit gefunden, wovon alle großen Lehrer sprechen. Hin und wieder, in seltenen Augenblicken bekam ich die Erleuchtung tiefer Ekstase wie ein intuitives Versprechen auf Größeres, aber es scheint, als ob ich nicht imstande sei, das Blendwerk meines eigenen Denkens zu durchbrechen, und ich fühle mich ständig darin gefangen. Eine Wolke der Verwirrung und Verzweiflung hat sich auf mich gesenkt, und mein Leid nimmt beständig zu.»

Wir saßen am Ufer eines breiten Flusses, dicht am Wasserrande. Die Stadt lag etwas weiter entfernt flußaufwärts. Ein Knabe sang am andern Ufer, während die Sonne hinter uns unterging und tiefe Schatten auf das Wasser warf. Es war ein herrlicher, ruhiger Abend; Wolkenmassen türmten sich im Osten auf, und der tiefe Fluß schien sich kaum zu bewegen. Er schenkte all der sich ausbreitenden Schönheit nicht die geringste Beachtung und war völlig in sein eigenes Problem versunken. Wir schwiegen beide. Er hielt die Augen geschlossen, sein strenges Gesicht hatte einen ruhigen Ausdruck, doch in seinem Innern tobte der Kampf. Ein Vogelschwarm ließ sich am Rande des Wassers nieder. Die Rufe der Vögel waren wohl bis über den Fluß gedrungen, denn bald darauf kam eine zweite Schar vom andern Ufer und gesellte sich zu der ersten. Zeitlose Stille senkte sich über die Erde.

Haben Sie in all den Jahren je aufgehört, nach dem Endziel zu streben? Setzt sich unser Ich nicht aus Wille und Anstrengung zusammen, und kann ein Vorgang in der Zeit je zum Ewigen führen?

«Ich habe bewußt nie aufgehört, nach dem zu streben, wonach ich mit Herz und Seele verlange. Ich wage nicht aufzuhören, denn dann würde ich stillstehen und verkommen. Es liegt im Wesen aller Dinge, aufwärts zu streben, und ohne Wille und Anstrengung kann man nicht weiterkommen. Wenn ich nicht zweckerfüllt strebe, werde ich nie über mein Ich hinausgehen können.»

Kann sich das ‹Ich› je von seinen eigenen Fesseln und Illusionen befreien? Muß das ‹Ich› nicht ganz aufhören, wenn etwas Namenloses eintreten soll? Und bestärkt das beständige Streben nach dem letzten Ziel nicht gerade unser Ich, wie konzentriert sein Verlangen auch sein mag? Sie kämpfen um das Endziel, und ein anderer jagt weltlichen Dingen nach; wenn auch Ihr Bemühen vielleicht edler ist, so ist es immer noch der Wunsch nach Gewinn, nicht wahr?

«Ich habe alle Leidenschaften und Wünsche bis auf diesen einen überwunden, und er ist mehr als ein bloßes Verlangen. Er ist das Einzige, wofür ich noch lebe.»

Dann müssen Sie ihm gegenüber genauso absterben, wie Sie es mit anderen Wünschen und Sehnsüchten getan haben. Sie haben sich in all den Jahren des Kämpfens und beharrlichen Aufgebens in dem einen einzigen Zweck bestärkt, aber er liegt noch auf dem Gebiet des ‹Ich›. Und Ihre Sehnsucht ist es, das Unnennbare zu erleben, nicht wahr?

«Natürlich. Ohne allen Zweifel habe ich den Wunsch, das letzte Ziel zu erkennen: ich möchte Gott erleben.»

Wer ein Erlebnis hat, wird unweigerlich durch sein Erlebnis beeinflußt. Im Augenblick, da man sich des Erlebens bewußt wird, ist das Erlebnis bereits ein Resultat des selbst-projizierten Wünschens. Sobald Sie erkennen, daß Sie ein Gotteserlebnis haben, ist Gott zur Projektion Ihrer Hoffnungen und Illusionen geworden. Es gibt keine Freiheit für den Menschen, der etwas erlebt: er ist für immer in seinen eigenen Erlebnissen gefangen, er ist der Schöpfer von Zeit und kann niemals das Ewige erfahren.

«Wollen Sie damit sagen, daß alles, was ich mit soviel Sorgfalt, Mühe und kluger Wahl aufgebaut habe, zerstört werden muß? Und muß ich selber das Werkzeug der Zerstörung sein?»

Kann das ‹Ich› je auf positive Weise daran gehen, sich selbst zu verleugnen? Versucht es das, so hat es sicherlich die Absicht, etwas zu gewinnen, was sich nicht besitzen läßt. Jede Anstrengung des ‹Ich› — was es auch tun und wie hoch es auch sein Ziel stecken mag — bleibt stets bewußt oder unbewußt auf dem Gebiet seiner eigenen Erinnerungen, Pläne und Abneigungen. Selbst wenn es sich spaltet in das organische ‹Ich› und das übernatürliche oder ‹Nicht-Ich›, ist solche Unterscheidung nur eine Illusion, in der sich der Verstand verfängt. In welcher Richtung sich unser Denken oder ‹Ich› auch bewegen mag, kann es doch niemals sich selbst befreien; es kann zwar von einem Gebiet zum andern, von törichter zu klügerer Wahl fortschreiten, aber seine Bewegung wird sich immer innerhalb des Bereichs seines eigenen Werdens vollziehen.

«Sie scheinen alle Hoffnung abzuschneiden. Was soll man aber tun?»

Man muß sich vollkommen entblößen und die Bürde der Vergangenheit wie die Lockung einer hoffnungsvollen Zukunft ablegen — was aber nicht etwa Verzweiflung bedeutet; denn ist man verzweifelt, so ist man weder leer noch entblößt. Man kann nichts mehr ‹tun›. Man soll und muß still sein — ohne Hoffnung, ohne Sehnsucht oder Verlangen. Doch kann man sich nicht entschließen, still sein und alles Geräusch unterdrücken zu wollen, denn in solcher Anstrengung liegt schon wieder Geräusch. Stille ist nicht das Gegenteil von Lärm.

«Was kann ich aber in dem Zustand, in dem ich jetzt bin, machen?»

Wenn ich darauf hinweisen darf: Sie sind so ungeduldig, weiterzukommen, eine positive Richtung einzuschlagen, daß Sie nicht richtig zuhören.

Der Abendstern spiegelte sich im Wasser des friedlichen Flusses.

Früh am nächsten Morgen kam er zurück. Die Sonne zeigte sich gerade über den Spitzen der Bäume und leichter Nebel lag auf dem Flusse. Ein Boot mit großen Segeln, schwer mit Brennholz beladen, trieb langsam den Fluß hinab. Die Männer an Bord hatten sich an verschiedenen Stellen des Bootes ausgestreckt und schliefen alle bis auf einen Mann am Steuer. Es war sehr ruhig überall, denn die tägliche Geschäftigkeit am Flusse hatte noch nicht begonnen.

«Trotz meiner äußeren Ungeduld und Besorgnis muß ich doch innerlich Ihre Worte von gestern aufgenommen haben; denn als ich heute morgen aufwachte, hatte ich ein starkes Gefühl der Freiheit und Klarheit, das nur meinem Verständnis erwachsen sein kann. Ich habe wie gewöhnlich vor Sonnenaufgang eine Stunde lang meditiert und bin durchaus noch nicht sicher, daß sich mein Denken nicht in einer Reihe ausgedehnter Illusionen verfängt. Können wir vielleicht da fortfahren, wo wir abgebrochen haben?»

Es ist schwer, genau da wieder anzuknüpfen, wo man aufgehört hat, aber wir können ja unser Problem frisch betrachten. Unser Denken ist innerlich wie äußerlich unentwegt tätig und empfängt Eindrücke; und da es sich in seinen Erinnerungen und Reaktionen verfängt, ist es eine Anhäufung von vielerlei Wünschen und Konflikten. Es ist ausschließlich im Bereich der Zeit wirksam, und hier kommt es zum Widerspruch, zum Kampf des Wollens oder Wünschens, was Anstrengung bedeutet. Die psychologische Betätigung des ‹Ich› oder ‹Mein› muß aber aufhören, denn sie schafft Probleme und bringt Aufregung und Unordnung mit sich. Doch jeder Versuch, dieser Tätigkeit ein Ende zu machen, führt nur zu mehr Tätigkeit und mehr Aufregung.

«Das ist wahr, das habe ich schon beobachtet. Je mehr man versucht, seinen Sinn zu beruhigen, desto mehr Widerstand entsteht, und man vergeudet seine Anstrengung damit, den Widerstand zu überwinden. Es wird ein böser Kreislauf, den man nicht durchbrechen kann.»

Wenn Sie sich der Bösartigkeit des Kreislaufs voll bewußt werden und erkennen, daß *Sie* ihn nicht durchbrechen können, dann hört mit dieser Erkenntnis der Zensor oder Beobachter zu bestehen auf.

«Das scheint das Schwerste von allem zu sein: den Beobachter zu unterdrücken. Ich habe es versucht, aber bisher noch nie mit Erfolg. Wie soll man es machen?»

Denken Sie nicht immer noch in Begriffen des ‹Ich› und ‹Nicht-Ich›? Erhalten Sie nicht durch Worte und durch beständige Wiederholung von Erfahrung und Gewohnheit den Dualismus in Ihrem Denken weiter aufrecht? Schließlich sind der Denker und sein Denken nicht zwei verschiedene Dinge, wir machen sie nur dazu, um ein gewünschtes Ziel zu erreichen. Bei jedem Verlangen tritt der Zensor in Erscheinung. Unser Problem lautet also nicht: wie kann ich den Zensor unterdrücken, sondern: kann ich mein Verlangen verstehen?

«Es muß doch eine Wesenheit geben, die des Verständnisses fähig ist, einen Zustand abseits von Unwissenheit.»

Die Wesenheit, die sagt ‹Ich verstehe›, ist immer noch im Bereich unseres Denkens, es ist wieder der Beobachter oder Zensor, nicht wahr?

«Natürlich; aber ich sehe nicht, wie man den Beobachter ausrotten kann. Ist das überhaupt *möglich*?»

Lassen Sie es uns betrachten. Wir sagten, es sei wichtig, unser Verlangen zu verstehen. Verlangen kann sich zerteilen — und tut es auch — in Freude und Schmerz, Weisheit und Unwissenheit; *einer* unserer Wünsche widersetzt sich einem anderen, der vorteilhaftere gerät in Streit mit dem weniger einträglichen, und so weiter. Aber wenn sich auch unser Verlangen aus allerlei Gründen spalten mag, so ist es doch nur *ein* unteilbarer Vorgang, nicht wahr?

«Das ist schwer zu verstehen. Ich bin so gewohnt, einem Wunsch einen anderen entgegenzustellen oder mein Verlangen zu unterdrücken und umzuwandeln, daß ich das noch nicht als einen einzigen, einheitlichen Vorgang ansehen kann; jetzt aber, während Sie es aufzeigen, fühle ich langsam, daß es so ist.»

Wenn sich unser Verlangen auch in viele entgegengesetzte und widerstreitende Antriebe spaltet, so bleibt es doch immer Verlangen. Die vielen Antriebe bilden zusammen das ‹Ich› mit seinen Erinnerungen, Besorgnissen, Ängsten und so weiter; und die gesamte Betätigung unseres ‹Ich› liegt auf dem Gebiet des Wünschens, denn es kennt kein anderes Gebiet. Ist es nicht tatsächlich so?

«Bitte fahren Sie fort. Ich höre mit meinem ganzen Wesen zu und versuche, innerlich und ohne Anspannung über die bloßen Worte hinauszugehen.»

Unser Problem lautet also: ist es möglich, daß alle Betätigung unseres Verlangens bereitwillig, freiwillig, ohne jeden Zwang aufhört? Erst wenn das geschieht, kann unser Sinn zur Ruhe kommen. Wenn Sie sich nun voll bewußt werden, daß das tatsächlich so ist, hört dann nicht alle Tätigkeit Ihres Verlangens auf?

«Nur für ganz kurze Zeit, dann fängt die übliche Betätigung wieder an. Wie kann man dem ein Ende machen? .... Aber während ich frage, sehe ich schon, wie absurd meine Frage ist.»

Da sehen Sie, wie gierig wir sind, wir wollen immer mehr und mehr. Die Forderung nach dem Aufhören des ‹Ich› wird jetzt zur neuesten Tätigkeit des ‹Ich›, aber sie ist nichts Neues, sondern nur eine weitere Form des Verlangens. Erst wenn unser Denken freiwillig ruhig ist, kann das andere, das nicht zum Verstande gehört, in Erscheinung treten.

27] Das Wesen des Verlangens

Der Abend war windstill, aber auf dem See lagen schon viele weiße Segel. Eine schneebedeckte Bergspitze in weiter Ferne sah aus, als hinge sie vom Himmel herab. Die Abendbrise aus dem Nordosten wehte noch nicht, doch im Norden sah man schon kleine Wellen auf dem Wasser, und dort liefen mehr Boote aus. Das Wasser war tiefblau und der Himmel vollkommen klar. Der See war sehr breit, aber an sonnigen Tagen konnte man die Orte am anderen Ufer erkennen. In der kleinen Bucht, die abgeschlossen und wie vergessen dalag, war es so friedlich; hierher kamen keine Touristen, und das Dampfboot, das die Runde auf dem See machte, legte nicht an. In der Nähe war ein Fischerdorf, und da das Wetter klar zu bleiben versprach, würden wohl kleine Boote mit Laternen bis spät in die Nacht zum Fischen draußen sein. Unter dem Zauber des

Abends waren die Fischer dabei, ihre Netze und Boote bereit zu machen. Die Täler lagen schon in tiefem Schatten, aber die Berge noch im Sonnenschein.

Wir waren eine Weile zusammen spazieren gegangen und setzten uns nun am Wegrain nieder, denn er war gekommen, um etwas zu besprechen.

«Soweit ich überhaupt zurückdenken kann, habe ich immer in Konflikt gelebt, meist innerlich, doch zuweilen auch nach außen hin. Äußerliche Konflikte quälen mich nicht sehr, weil ich gelernt habe, mich den Umständen anzupassen. Jede Anpassung ist indessen schmerzlich, denn ich lasse mich nicht so leicht überreden oder beherrschen. Mein Leben war schwer, aber ich bin tüchtig genug, um meinen Unterhalt leicht zu verdienen. Das ist alles kein Problem für mich. Was ich nicht verstehe, ist mein innerer Konflikt, den ich unmöglich beherrschen kann. Ich wache oft mitten in der Nacht aus ungestümen Träumen auf, und es kommt mir oft so vor, als ob ich nie einen Augenblick Ruhe vor meinem Konflikt habe. Er geht unter der Oberfläche meiner täglichen Verrichtungen immer weiter, und oft genug bricht er ganz plötzlich in meinen engsten Beziehungen hervor.»

Was verstehen Sie unter Konflikt? Was charakterisiert ihn?

«Nach außen hin bin ich ziemlich beschäftigt, meine Arbeit verlangt Konzentration und Aufmerksamkeit, und wenn ich eingespannt bin, vergesse ich meine inneren Konflikte; doch sobald eine Pause in meiner Tätigkeit eintritt, kommen die Konflikte zurück. Sie entstehen auf allen möglichen Gebieten und sind von verschiedener Art. Bei meiner Arbeit zum Beispiel will ich Erfolg haben, ich möchte in meinem Beruf an der Spitze stehen, viel Geld verdienen und so weiter; und ich weiß, ich bin dazu imstande. Auf einer anderen Ebene jedoch bin ich mir der Sinnlosigkeit meines Ehrgeizes vollkommen bewußt. Einerseits liebe ich die Güter des Lebens, und andrerseits will ich auch wieder ein einfaches, fast asketisches Dasein führen. Ich hasse eine Reihe von Menschen, doch ich möchte ebenso gern vergeben und vergessen. Ich könnte Ihnen noch viele Beispiele anführen, aber ich weiß, Sie werden das Wesen meiner Konflikte auch so verstehen. Meinem Gefühl nach bin ich friedliebend, und doch werde ich sehr leicht ärgerlich. Ich bin sehr gesund — was unter Umständen, wenigstens in meinem Falle, ein Unglück sein kann. Äußerlich mache ich den Eindruck eines ruhigen und sicheren Menschen, aber meine inneren Konflikte erregen und bestürzen mich. Ich bin weit über dreißig und möchte tatsächlich diese große Verwirrung meiner Wünsche durchbrechen. Sehen Sie, eine weitere Schwierigkeit liegt darin, daß es mir beinahe unmöglich ist, mit jemandem darüber zu sprechen. Es ist das erste Mal in vielen Jahren, daß ich mich ein wenig aufschließe, ich liebe keine Geheimtuerei, aber ich spreche nicht gern über mich selber und könnte nie zu einem Psychologen gehen. Nun, da Sie alles wissen, können Sie mir sagen, ob ich wohl je innere Gelassenheit erreichen werde?»

Lassen Sie uns einmal sehen, ob wir nicht anstatt zu versuchen, Ihre Konflikte zu beseitigen, lieber den wirren Haufen von Wünschen untersuchen können. Das Problem liegt nämlich darin, das Wesen unseres Verlangens zu erkennen, und nicht nur Konflikte zu überwinden, denn das Verlangen ist die Ursache unserer Konflikte. Es erhält seine Anregung durch Gedankenverbindung und Erinnerungen, denn das Gedächtnis ist Teil unseres Verlangens. Jede Erinnerung an Angenehmes oder Unangenehmes nährt unser Verlangen und spaltet es in einander entgegengesetzte und sich streitende Wünsche, und unser Denken identifiziert sich dann mit dem Angenehmen im Gegensatz zum Unangenehmen. Wir treffen die Wahl je nach Schmerz oder Freude und teilen unser Verlangen in verschiedene Klassen des Wertvollen und Erstrebenswerten ein.

«Selbst wenn wir viele widerstreitende und einander bekämpfende Wünsche haben, gibt es doch im Grunde nur *ein* Verlangen, nicht wahr?»

Das ist richtig. Und es ist sehr wichtig, das zu erkennen, sonst nimmt der Konflikt zwischen unseren entgegengesetzten Wünschen nie ein Ende. Der Zwiespalt des Wünschens, den unser Verstand ersonnen hat, ist eine Illusion. Es gibt keinen Zwiespalt in unserm Verlangen, sondern nur verschiedene Arten von Wünschen. Zwiespalt besteht allein zwischen Zeit und Ewigkeit. Unsere Aufgabe ist es zu erkennen, wie unwirklich der Zwiespalt unseres Verlangens ist. Es teilt sich selbst in Wollen und Nicht-Wollen ein, aber es bleibt Verlangen, selbst wenn es das eine vermeidet und dem andern nachjagt. Man kann diesem Konflikt niemals durch widerspruchsvolle Wünsche entgehen, denn jeder Wunsch erzeugt seinen eigenen Gegensatz.

«Ich begreife ungefähr, daß das, was Sie sagen, tatsächlich so ist; aber für mich besteht auch noch die Tatsache, daß ich zwischen vielerlei Wünschen hin- und hergerissen werde.»

Alle Wünsche kommen aus ein und demselben Verlangen — das ist eine Tatsache; und wir können diese Tatsache nicht nach unserm Belieben und Vergnügen ändern oder verdrehen, oder sie als Mittel benutzen, um uns von den Konflikten unserer Wünsche zu befreien. Erkennen wir jedoch, daß es wahr ist, dann kann uns die Erkenntnis von weiterer Illusionsbildung befreien. Wir müssen uns also dessen bewußt werden, wie sich unser Verlangen in verschiedene, einander widersprechende Teile spaltet. Wir *sind* nämlich unsere widerstrebenden und einander bekämpfenden Wünsche, wir sind selber das ganze Bündel von Wünschen, und jeder einzelne zerrt uns in eine andere Richtung.

«Ja, was können wir aber dagegen tun?»

Was wir tun oder nicht tun können, wird sehr geringe Bedeutung haben, solange wir noch nicht einmal einen flüchtigen Blick von unserm Verlangen als Einheit bekommen, denn jeder Wunsch vervielfältigt sich, und unser Sinn verfängt sich in den Konflikten. Freiheit von Konflikten erreicht man erst, wenn das Verlangen — der Schöpfer unseres ‹Ich› mit seinen Erinnerungen und Erkenntnissen — aufhört.

«Wenn Sie sagen, daß alle unsere Konflikte erst mit dem Absterben des Verlangens aufhören, bedeutet das dann das Ende unseres tätigen Lebens?»

Vielleicht, vielleicht auch nicht. Es ist töricht, Betrachtungen darüber anzustellen, wie unser Leben ohne Wünsche verlaufen würde.

«Sie können unmöglich damit meinen, daß auch alle organischen Bedürfnisse aufhören sollten.»

Unsere organischen Bedürfnisse werden von den psychologischen Wünschen geformt und entfaltet, und nur von diesen sprechen wir.

«Können wir etwas näher auf die Wirksamkeit unserer inneren Wünsche eingehen?»

Wünsche können offen und verborgen, bewußt oder geheim sein. Die geheimen sind von viel größerer Bedeutung als die in die Augen springenden; doch wir können uns mit den tieferen nicht vertraut machen, ehe wir nicht die oberflächlichen verstanden und gezähmt haben. Nicht daß die bewußten Wünsche unterdrückt, veredelt oder in eine bestimmte Form gepreßt werden sollten, doch sie müssen beobachtet und zur Ruhe gebracht werden. Beim Beruhigen unserer oberflächlichen Erregungen besteht die Möglichkeit, daß tiefer liegende Wünsche, Beweggründe und Absichten an die Oberfläche kommen.

«Wie kann man seine oberflächlichen Erregungen beruhigen? Ich sehe die Bedeutung dessen, was Sie sagen, weiß aber nicht, wie ich an das Problem herangehen und mit ihm experimentieren soll.»

Wer Versuche anstellt, läßt sich nicht mehr von dem trennen, womit er Versuche anstellt. Zuerst müssen Sie erkennen, daß das wahr ist. Sie, der Sie mit Ihrem Verlangen experimentieren wollen, stehen nicht abseits davon, nicht wahr? Das ‹Ich›, das sagt: «Ich möchte diesen Wunsch unterdrücken und jenem nachgehen», ist selber das Ergebnis all seines Wünschens; ist es nicht so?

«Ich fühle, das ist wahr; es aber tatsächlich zu erleben, ist etwas ganz anderes.»

Wenn man sich im Augenblick, da ein Wunsch auftaucht, dieser Wahrheit bewußt ist, dann ist man frei von der Illusion des Experimentierenden als abgetrenntem Wesen ohne Beziehung zu seinen Wünschen. Solange sich das ‹Ich› bemüht, frei zu werden, bestärkt es nur sein Verlangen in anderer Richtung und setzt den Konflikt fort. Kann man aber die Tatsache selber von Augenblick zu Augenblick wahrnehmen, so hört der Wille des Zensors auf, und wenn der Erlebende zum Erlebnis geworden ist, hat auch alles Verlangen mit seinen verschiedenen Konflikten ein Ende.

«Wird mir all das zu einem ruhigen, erfüllten Leben verhelfen können?»

Im Anfang sicherlich nicht, denn es wird zuerst bestimmt mehr Störungen verursachen, und Sie werden tiefere Ausgleiche machen müssen. Aber je tiefer und weiter man in das verwickelte Problem von Verlangen und Konflikt vordringt, desto einfacher wird es.

28] Der Zweck des Lebens

Der Weg vor dem Hause führte zum Meer hinab, er wand sich zwischen vielen kleinen Läden und großen Wohnhäusern, zwischen Garagen und Tempeln hindurch und an einem staubigen, verwahrlosten Garten entlang. Unten am Meer verbreiterte er sich zu einer großen Fahrstraße mit Taxen, klappernden Autobussen und dem ganzen Lärm einer modernen Stadt. Von der Fahrstraße führte eine friedliche, beschützte Allee mit gewaltigen Regenbäumen ab, die sich nur morgens und abends mit Wagen belebte, die auf ihrem Weg zu einem vornehmen Klubhaus mit Golfplatz und herrlichem Garten waren. Als ich die Allee entlangging, lagen alle möglichen Bettler auf dem Pflaster; sie machten keinerlei Geräusch, streckten nicht einmal die Hand dem Vorübergehenden entgegen. Ein kleines Mädchen von etwa 10 Jahren hatte sich hingelegt, um auszuruhen, ihr Kopf lag auf einer Blechbüchse und ihre Augen standen weit offen; sie war schmutzig und hatte verfilztes Haar, aber als ich sie anlächelte, lächelte sie zurück. Etwas weiter unten kam mir ein kleines Kind von kaum drei Jahren mit ausgestreckter Hand und einem bezaubernden Lächeln entgegen. Die Mutter stand hinter einem Baum in der Nähe und beobachtete es. Ich ergriff die ausgestreckte Hand, und wir gingen ein paar Schritte zusammen zurück zu ihrer Mutter. Da ich kein Kleingeld bei mir hatte, kam ich am nächsten Tag mit einer Münze zurück, aber das kleine Mädchen wollte sie nicht haben, es wollte nur spielen; so spielten wir zusammen, und die Mutter bekam die Münze. Jedesmal danach, wenn ich die Allee entlangging, war das kleine Mädchen mit dem scheuen Lächeln in den strahlenden Augen da.

Gegenüber dem Eingang zu dem vornehmen Klubhaus hatte sich ein Bettler auf die Erde gesetzt; er war mit einem schmutzigen Sack bedeckt, und sein Haar war verstaubt und verfilzt. An manchen Tagen, wenn ich vorbeikam, hatte er sich lang ausgestreckt, sein Kopf lag im Staube, und er hatte den Sack über seinen nackten Körper gebreitet. An anderen Tagen saß er wieder da, vollkommen ruhig, blickte vor sich hin, ohne etwas zu sehen, und hatte nur die gewaltigen Regenbäume über sich. Eines Abends gab es eine Lustbarkeit in dem Klub; alles war hell erleuchtet, und glitzernde Wagen voll lachender Menschen fuhren hupend vor. Aus dem Klubhaus kam leichte Musik und erfüllte die Luft. Viele Polizisten standen am Eingang, wo sich eine große Menschenmenge versammelt hatte, um die gutgekleideten und wohlgenährten Gäste in ihren Wagen anfahren zu sehen. All dem hatte der Bettler den Rücken gekehrt. Ein Mann ging an ihn heran, reichte ihm etwas zu essen, ein anderer bot ihm eine Zigarette an, aber er lehnte beides stillschweigend ab, ohne die geringste Bewegung zu machen. Langsam ging er dem Tode entgegen, Tag für Tag etwas mehr, während die Leute vorübergingen.

Die Regenbäume waren fantastisch geformt und standen massiv gegen den dunkler werdenden Himmel. Sie hatten nur sehr kleine Blätter, aber ihre Zweige erschienen gewaltig, und sie waren von seltsamer Hoheit und Abgeschlossenheit in der überfüllten Stadt voller Lärm und Leid. Und dann war da das Meer, unablässig in Bewegung, ruhelos und unbegrenzt. Weiße Segel erschienen darauf als bloße Punkte in der Unermeßlichkeit, und auf dem tanzenden Wasser zeichnete der Mond seine silberne Bahn. Die reiche Schönheit der Erde, Sterne in weiter Ferne und die unsterbliche Menschheit. Unermeßliche Weite schien alles zu bedecken.

Er war ein noch ziemlich junger Mann und hatte eine lange, ermüdende Reise vom andern Ende des Landes her gemacht. Er hatte ein Gelübde abgelegt, nicht zu heiraten, ehe er nicht den Sinn und Zweck des Lebens gefunden habe. Sein Wesen war entschieden und angriffslustig; er arbeitete auf einem Kontor und hatte sich einen begrenzten Urlaub geben lassen, um die Antwort auf sein Suchen zu finden. Sein Geist war überaus geschäftig und streitsüchtig und so erfüllt von seinen eigenen Antworten und denen anderer, daß er kaum zuhören wollte. Seine Worte überstürzten sich, und er zitierte endlos, was Philosophen und Lehrer über den Zweck des Lebens gesagt hatten. Er machte einen gequälten und tief beunruhigten Eindruck.

«Wenn ich den Sinn des Lebens nicht erkennen kann, hat das ganze Dasein für mich keine Bedeutung und all mein Handeln muß Unheil stiften. Ich verdiene meinen Unterhalt, nur um weiterleben zu können; ich leide, und ich werde sterben. Das ist der Gang des Lebens, aber welchen Sinn hat all das? Ich weiß es nicht. Ich bin zu vielen Gelehrten und *Gurus* gegangen; jeder sagt etwas anderes. Was sagen Sie?»

Stellen Sie die Frage nur, weil Sie meine Worte mit denen anderer vergleichen wollen?

«Ja, denn dann kann ich wählen; meine Wahl wird sich nach dem richten, was ich für wahr halte.»

Glauben Sie, daß das Verständnis für Wahrheit von persönlicher Meinung und Wahl abhängt? Können Sie durch Wahl herausfinden, was wahr ist?

«Wie kann man sonst Wahrheit finden, außer durch Unterscheidung und Wahl? Ich werde Ihnen sehr aufmerksam zuhören, und wenn das, was Sie sagen, mich anspricht, will ich alles, was die andern gesagt haben, verwerfen und mein Leben ganz nach Ihrem Ziel richten. Mein Verlangen, den wahren Lebenszweck zu finden, ist wirklich sehr aufrichtig.»

Ist es nicht wichtig, ehe wir weitergehen, sich einmal

zu fragen, ob Sie auch fähig sind, die Wahrheit zu entdecken? Ich sage das mit aller Achtung und nicht in herabsetzendem Sinne. Ist Wahrheit eine Angelegenheit von Meinung, Befriedigung oder Vergnügen? Sie sagen, Sie würden sich das zu eigen machen, was Sie anspricht; das bedeutet aber, daß Sie sich nicht für Wahrheit interessieren, sondern nur dem nachgehen, was Sie am meisten befriedigt. Sie sind sogar bereit, Schmerz und Zwang zu erdulden, um etwas zu gewinnen, was Ihnen am Ende Freude machen soll. Sie suchen also nach dem Erfreulichen und nicht nach dem Wahren. Wahrheit muß aber etwas jenseits von Neigung und Abneigung sein, nicht wahr? Und Demut muß am Anfang allen Suchens stehen.

«Deshalb bin ich ja zu Ihnen gekommen. Ich suche in allem Ernst und wende mich an Lehrer, um zu erfahren, was wahr ist, dann will ich ihnen demütig und zerknirscht folgen.»

Jemandem folgen, heißt die Demut verleugnen. Wenn man folgt, strebt man nach Erfolg oder nach einem Ziel. Ein ehrgeiziger Mensch ist niemals demütig, mag sein Ehrgeiz auch noch so verborgen und fein angelegt sein. Stellt man eine Autorität als Führer auf und folgt ihr nach, so zerstört man damit Einsicht und Verständnis. Das Streben nach einem Ideal steht der Demut im Wege, denn jedes Ideal ist die Verherrlichung des ‹Ich›. Wie kann ein Mensch, der seinem ‹Ich› auf alle mögliche Weise Bedeutung verleiht, je demütig sein? Ohne Demut kann aber das Wahre nie in Erscheinung treten.

«Ich bin nur mit dem einen Interesse hierhergekommen, den *wahren* Lebenszweck zu finden.»

Wenn Sie mir gestatten, es auszusprechen, so haben Sie sich in einer Vorstellung verfangen, die bei Ihnen schon fast zur fixen Idee geworden ist. Davor muß man sich beständig hüten. Auf Ihrer Suche nach dem wahren Lebenszweck haben Sie viele Philosophien studiert und viele Lehrer aufgesucht. Jeder stellt andere Behauptungen auf, und Sie wollen nun wissen, was wahr ist. Wollen Sie die Wahrheit erkennen in bezug auf das, was andere sagen, oder was Sie selber erforschen können?

«Wenn Sie mich so direkt fragen, muß ich mit der

Antwort zögern. Es gibt Menschen, die mehr nachgedacht und erlebt haben, als mir je möglich sein wird, und es wäre Unvernunft und Einbildung meinerseits, deren Worte zu verwerfen, denn sie könnten mir vielleicht helfen, die Bedeutung des Lebens zu entdecken. Aber jeder von ihnen spricht seiner eigenen Erfahrung und seinem Verständnis gemäß, und oft widersprechen sie einander. Die Marxisten zum Beispiel verkünden eine bestimmte Lehre und religiöse Menschen wieder eine ganz andere. Bitte helfen Sie mir, die Wahrheit in all dem zu finden.»

Es ist nicht so leicht, das Falsche als falsch, das Wahre als wahr und die Wahrheit im Falschen zu erkennen. Will man klar sehen, so muß man frei von allem Verlangen sein, das den Verstand bedingt und verdreht. Sie suchen so übereifrig nach der wahren Bedeutung des Lebens, daß gerade Ihr Eifer Sie daran hindert, Ihr eigenes Forschen zu verstehen. Sie wollen gern die Wahrheit über das, was Sie gelesen und was Ihre Lehrer gesagt haben, wissen, nicht wahr?

«O ja, ganz entschieden.»

Dann müssen Sie selber herausfinden, was an all den Behauptungen wahr ist. Ihr Verstand muß direkter Wahrnehmung fähig werden; wenn nicht, wird er im Wirrwarr von Ideen, Meinungen und Glaubenssätzen verloren sein. Wenn Sie nicht zu erkennen vermögen, was wahr ist, werden Sie wie ein Blatt im Winde schwanken. Daher sind die Behauptungen und Schlußfolgerungen anderer Menschen — wer es auch sei — nicht von Bedeutung, und es ist wichtig, daß Sie selber Einsicht in das, was wahr ist, gewinnen. Ist das nicht das Wesentlichste?

«Ich glaube ja; aber wie kann ich die Gabe dazu bekommen?»

Verständnis ist keine Gabe, die nur wenigen vorbehalten ist, es entsteht vielmehr bei allen, denen es mit der Selbsterkenntnis ernst ist. Vergleichen führt niemals zum Verständnis, es ist nur eine Form von Ablenkung, geradeso wie alles Urteilen Ausweichen bedeutet. Soll die Wahrheit zutage treten, so darf unser Verstand weder vergleichen noch bewerten; denn wenn er vergleicht oder bewertet, ist er beschäftigt und daher nicht still. Ein geschäftiger Sinn ist unfähig, etwas klar und einfach warzunehmen.

«Bedeutet das also, daß ich alle Wertbegriffe, die ich aufgebaut, und alles Wissen, das ich gesammelt habe, ablegen muß?»

Unser Sinn muß frei sein, wenn er Entdeckungen machen will, nicht wahr? Entsteht aber Freiheit durch Wissen und Kenntnisse, durch unsere Erfahrungen und Schlußfolgerungen oder die anderer Leute, durch die gewaltige, angesammelte Bürde unseres Gedächtnisses? Kann Freiheit herrschen, solange der Zensor da ist, der urteilt, tadelt und vergleicht? Wenn unser Verstand beständig ansammelt und berechnet, ist er nicht ruhig; und muß er nicht still werden, wenn Wahrheit zutage treten soll?

«Das verstehe ich schon; doch verlangen Sie nicht zuviel von einem einfachen und unwissenden Menschen, wie ich es bin?»

Sind Sie wirklich einfach und unwissend? Wären Sie es, so wäre es eine große Freude, mit wahrem Forschen zu beginnen; aber leider sind Sie es nicht. Zu einem Menschen, der aufrichtig bekennt: ‹Ich bin einfältig, ich weiß nichts›, kommen Weisheit und Wahrheit. Die Einfachen und Unschuldigen, nicht aber die mit Wissen Beladenen werden erleuchtet werden, denn sie sind demütig.

«Ich strebe nur nach Einem: den wahren Zweck des Lebens zu erfahren, und Sie überschütten mich mit Dingen, die über meinen Verstand gehen. Können Sie mir nicht mit einfachen Worten die wahre Bedeutung des Lebens erklären?»

Sehen Sie, wenn man weit vordringen will, muß man in der Nähe beginnen. Sie streben nach dem Unermeßlichen, ohne das Nächstliegende zu bemerken. Sie möchten die Bedeutung des Lebens erfahren. Leben hat keinen Anfang und kein Ende; es ist zugleich Tod und Leben; es ist das grüne und das verdorrte Blatt, das der Wind verweht; es ist Liebe mit ihrer unendlichen Schönheit; es ist das Leid der Einsamkeit und die Seligkeit des Alleinseins. Es läßt sich nicht messen, und unser Verstand kann es nie entdecken.

29] Das Bewerten einer Erfahrung

Auf dem heißen Felsen unter der glühenden Sonne breiteten die Frauen des Dorfes ihren Hülsenreis aus, der bis dahin im Vorratsraum aufbewahrt worden war. Sie hatten ihn in großen Bündeln zu dem flachen, schräg ablaufenden Felsen getragen, und die beiden Ochsen, die an einen Baum gebunden waren, sollten später die Körner herausstampfen. Das Tal lag weitab von jeder größeren Stadt, und die gewaltigen Tamarindenbäume gaben tiefen Schatten. Eine staubige Straße wand sich durch das Tal, sie führte bis ins Dorf und darüber hinaus. Zahllose Ziegen und Kühe grasten auf den Hügeln. Die Reisfelder standen tief unter Wasser, und weiße Reisvögel flogen mit trägen Schwingen von einem Feld zum andern; obwohl sie durchaus furchtlos erschienen, waren sie doch sehr scheu und ließen niemanden nahe herankommen. Die Mangobäume fingen gerade an zu blühen, und das klar rinnende Flußwasser plätscherte fröhlich. Es war ein liebliches Land, und doch hing die Armut wie eine Plage darüber. Man kann sich freiwillig der Armut ergeben, aber erzwungen ist sie etwas ganz anderes. Die Dorfbewohner waren arm und krank, und obgleich es jetzt eine Armenapotheke gab und Nahrungsmittel verteilt wurden, konnte der Jahrhunderte alte Schaden durch Entbehrung nicht in ein paar Jahren wiedergutgemacht werden. Hunger ist nicht das Problem einer einzelnen Gemeinde oder eines Landes, sondern der ganzen Welt.

Bei Sonnenuntergang kam eine sanfte Brise aus dem Osten, und von den Hügeln strömte Kraft aus. Die Hügel waren hier nicht hoch, doch hoch genug, um die Luft leicht abzukühlen — ganz anders als unten in der Ebene. Die Sterne sahen so aus, als hingen sie dicht über den Hügeln, und gelegentlich konnte man das Grunzen eines Panthers hören. An diesem Abend schien das Licht hinter den dunklen Hügeln allen Dingen um mich her höhere Bedeutung und Schönheit zu verleihen. Ich saß auf der Brücke; die Dorfbewohner, die auf ihrem Heimweg vorbeikamen, brachen plötzlich ihre Gespräche ab und nahmen sie erst wieder auf, als sie in der Dunkelheit verschwanden. Alle Visionen, die unser Sinn heraufbeschwört, sind so leer und matt; doch wenn er aufhört, etwas aus seinem eigenen Gewebe — aus Gedächtnis und Zeit — zusammenzufügen, tritt das Namenlose ein.

Ein Ochsenwagen mit brennender Sturmlampe kam die Straße herauf; langsam berührte jeder Teil der stahlumwundenen Räder die harte Erde. Der Führer war eingeschlafen, aber die Ochsen kannten ihren Heimweg. Sie kamen an mir vorbei, dann tauchten sie wieder in der Dunkelheit unter. Jetzt war alles vollkommen still. Der Abendstern stand noch über dem Hügel, aber bald würde er auch verschwinden. In der Ferne rief eine Eule, und rings um mich herum schwärmte geschäftig die nächtliche Insektenwelt, ohne jedoch die Stille zu unterbrechen. Alles war in dieser Stille enthalten: die Sterne, die einsame Eule und die unzähligen Insekten. Versuchte man, der Stille zuzuhören, so ging sie einem verloren, aber wenn man zu ihr gehörte, hieß sie einen willkommen. Ein Beobachter kann niemals der Stille angehören, er steht immer außerhalb und sieht zu, ohne daran teilzuhaben. Er erlebt nur, ist aber niemals die Erfahrung, die Sache selber.

Er hatte die ganze Welt bereist, sprach mehrere Sprachen, war Hochschullehrer und Diplomat gewesen. Als junger Mann hatte er in Oxford studiert; da aber sein Leben in rastloser Tätigkeit verlaufen war, hatte er sich vor dem üblichen Alter von allem zurückgezogen. Mit der Musik des Abendlandes war er gut vertraut, liebte aber die seines eigenen Landes mehr. Er hatte verschiedene Religionen studiert und war vom Buddhismus besonders beeindruckt. Aber schließlich, so sagte er, wenn man die Religionen allen Aberglaubens, aller Dogmen und Riten entkleide, verkündeten sie im wesentlichen alle dasselbe. Einige Riten seien sicherlich von besonderer Schönheit, aber heutzutage hätten Mammon und Romantik die meisten Religionen übernommen; er selber sei frei von allen Riten und Dogmen. Dann habe er sich auch mit Gedankenübertragung und Hypnose befaßt und sich mit Hellsehen vertraut gemacht, doch all das nie als Zweck an sich betrachtet. Man könne damit zwar seine Beobachtungsgabe erweitern und größere Kontrolle über die Materie erlangen, aber es erschiene ihm ziemlich primitiv und offenkundig. Er habe auch gewisse Drogen einschließlich der allerneusten versucht, die für den Augenblick sein Wahrnehmungs- und Erlebnisvermögen weit über oberflächliches Empfinden hinaus gesteigert hätten, habe indessen solchen Erfahrungen keine große Wichtigkeit beigelegt, denn sie hätten ihm keineswegs die Bedeutung von etwas enthüllt, das, wie er fühle, jenseits des Alltäglichen läge.

«Ich habe alle möglichen Arten des Meditierens versucht», sagte er, «und habe mich ein Jahr lang von aller Tätigkeit zurückgezogen, um allein zu sein und zu meditieren. Ich habe auch verschiedentlich gelesen, was Sie über Meditation gesagt haben, und war davon sehr betroffen. Seit meiner frühesten Jugend hat das Wort ‹Meditation› oder der entsprechende Sanskrit Ausdruck eine ganz seltsame Wirkung auf mich ausgeübt. Ich habe immer außerordentliche Schönheit im Meditieren gefunden und mich daran entzückt; es ist etwas, das ich in meinem Leben wirklich genossen habe — wenn man dieses Wort auf etwas so Tiefes anwenden darf. Die Freude daran ist mir stets geblieben, hat sich vielmehr im Lauf der Jahre vertieft und erweitert, und was Sie darüber gesagt haben, hat mir einen neuen Himmel geöffnet. Ich möchte Sie nichts mehr über Meditieren fragen, denn ich habe so gut wie alles gelesen, was Sie darüber gesagt haben, aber ich würde gern, wenn ich darf, über ein Ereignis, das mir kürzlich widerfahren ist, mit Ihnen sprechen.» Er hielt einen Augenblick inne und fuhr dann fort.

«Aus dem, was ich Ihnen erzählt habe, können Sie sehen, daß ich kein Mensch bin, der sich symbolische Bildnisse macht und sie dann anbetet. Im Gegenteil, ich habe es immer ängstlich vermieden, mich mit selbst-erfundenen, religiösen Begriffen oder Gestalten zu identifizieren. Man liest oder hört mitunter, daß einige der Heiligen — oder derjenigen, die das Volk heilig nennt — Visionen gehabt haben, zum Beispiel von Krischna oder Jesus, von der

Mutter als Kali oder der Jungfrau Maria und anderen. Ich kann verstehen, wie leicht man sich selber durch seinen Glauben hypnotisieren und Visionen heraufbeschwören kann, die unter Umständen die Lebensführung grundsätzlich ändern mögen. Aber ich wünsche keiner Täuschung zu unterliegen. Nachdem ich nun all das erklärt habe, will ich etwas beschreiben, was vor ein paar Wochen geschah.

Eine Gruppe von Freunden, die ziemlich oft ernsthaft miteinander diskutiert hatten, war eines Abends wieder zusammengekommen; wir sprachen etwas erhitzt über die auffallende Ähnlichkeit zwischen Kommunismus und Katholizismus, als plötzlich in unserm Raum eine sitzende Gestalt in gelbem Gewande und mit geschorenem Kopf erschien. Ich war zuerst erschrocken, rieb mir die Augen und blickte meine Freunde an. Sie gaben in keiner Weise auf die Gestalt acht und waren so in ihre Diskussion vertieft, daß sie nicht einmal mein Schweigen bemerkten. Ich schüttelte den Kopf, hustete und rieb mir wieder die Augen, aber die Gestalt war immer noch da. Ich kann Ihnen unmöglich mit Worten beschreiben, wie wunderbar das Antlitz war, die Schönheit kam nicht nur von seiner Form, sondern von etwas unendlich Höherem. Ich konnte meine Augen nicht von ihm abwenden; und da es fast zuviel für mich wurde und ich die Freunde mein Schweigen und meine erstaunte Versunkenheit nicht merken lassen wollte, stand ich auf und ging auf die Veranda hinaus. Die Nachtluft war frisch und kühl, ich ging ein wenig auf und ab und dann wieder hinein. Sie waren alle noch beim Diskutieren, doch die Atmosphäre im Raum war verändert; die Gestalt mit dem außergewöhnlichen, glatt geschorenen Kopf saß noch genauso wie vorher auf dem Boden. Ich konnte mich der Diskussion nicht mehr anschließen, und bald danach brachen wir alle auf. Auf dem Heimweg ging die Gestalt vor mir her. Das geschah vor ein paar Wochen, und sie hat mich bis heute nicht verlassen, obgleich die unmittelbare Direktheit verloren gegangen ist. Wenn ich die Augen schließe, ist sie da; und etwas ganz Merkwürdiges ist mit mir geschehen. Doch bevor ich darauf eingehe — was bedeutet dieses

Erlebnis? Ist es meine eigene Projektion, die unbewußt, ohne meine Kenntnis und meinen bewußten Willen aus der Vergangenheit auftaucht, oder ist es ganz unabhängig von mir und hat keine Beziehung zu meinem Bewußtsein? Ich habe sehr viel darüber nachgedacht und kann der Wahrheit nicht auf den Grund kommen.»

Legen Sie dem Erlebnis, das Sie gehabt haben, jetzt einen besonderen Wert bei? Hat es für Sie Bedeutung, wenn ich fragen darf, und versuchen Sie, daran festzuhalten?

«Ich glaube ja, in gewisser Weise, wenn ich ehrlich sein soll. Das Erlebnis hat mir eine Art schöpferischer Befreiung gebracht — nicht daß ich dichte oder male, aber es hat in mir ein tiefes Gefühl von Freiheit und Frieden ausgelöst. Ich lege ihm Wert bei, weil es eine bedeutende Umwandlung in mir bewirkt hat. Es ist für mich tatsächlich lebenswichtig geworden, und ich möchte es um keinen Preis mehr verlieren.»

Haben Sie nicht bereits Furcht, die Gestalt zu verlieren? Gehen Sie ihr jetzt bewußt nach, oder ist sie etwas Ewig-Lebendiges?

«Ich glaube, ich bin schon sehr besorgt, sie zu verlieren, denn ich denke beständig über sie nach und benutze sie, um einen ersehnten Zustand herbeizuführen. Bisher habe ich das Ganze noch nie so betrachtet, aber indem Sie die Frage stellen, fange ich an zu begreifen, was ich tue.»

Ist es für Sie eine lebendige Gestalt oder nur noch eine Erinnerung an etwas, das kam und wieder ging?

«Ich fürchte mich beinahe, Ihre Frage zu beantworten. Bitte halten Sie mich nicht für sentimental, aber das Erlebnis hat außerordentlich viel für mich bedeutet. Ursprünglich kam ich ja hierher, um mit Ihnen darüber zu sprechen und die Wahrheit zu erfahren; jetzt aber zögere ich etwas und bin unwillig, darauf einzugehen; doch es muß sein. Manchmal ist die Gestalt ganz lebendig, öfter dagegen nichts als die Erinnerung an ein Erlebnis, das vorüber ist.»

Sehen Sie, wie wichtig es ist, sich das, was *ist*, bewußt zu machen und sich nicht in dem zu verfangen, was man erleben *möchte*. Es ist leicht genug, eine Illusion zu schaffen und darin zu leben. Lassen Sie uns geduldig auf alles eingehen. Wenn man in der Vergangenheit lebt — wie angenehm und erbaulich es auch sein mag —, so verhindert man ein Erleben dessen, was *ist*. Das, was *ist*, ist ewig neu, aber unser Verstand findet es außerordentlich mühsam und schwierig, nicht bei den tausend Gestern zu verweilen. Weil Sie sich an Ihre Erinnerungen klammern, wird Ihnen neues, lebendiges Erleben versagt. Vergangenes geht immer zu Ende, aber Lebendiges ist ewig. Ihre Erinnerung an die Gestalt entzückt Sie, begeistert Sie und gibt Ihnen das Gefühl der Befreiung; es ist aber etwas Lebloses, das hier das Lebendige zu beleben versucht. Die meisten Menschen erfahren nie, was es bedeutet zu leben, weil sie nur bei dem Leblosen verweilen.

Ich möchte hier darauf hinweisen, daß sich bei Ihnen schon die Befürchtung, etwas sehr Kostbares zu verlieren, eingeschlichen hat, und daher Angst aufgetaucht ist. Aus dem einen Erlebnis haben Sie mehrere Probleme ins Leben gerufen: Erwerbsucht, Furcht, die Bürde der Erfahrung und die Leere Ihres eigenen Wesens. Wenn sich unser Verstand von seinem Drang nach Erwerb freimachen könnte, würde ein Erlebnis ganz andere Bedeutung gewinnen und die Furcht völlig verschwinden. Furcht ist nur ein Schatten, kein Ding an sich.

«Ich beginne nun wirklich einzusehen, was ich getan habe. Nicht daß ich mich entschuldigen möchte; aber da mein Erlebnis so zwingend war, ist mein Wunsch, daran festzuhalten, ebenso stark. Wie schwer ist es, sich nicht in einem tiefgehenden Erlebnis zu verlieren! Die Erinnerung an eine Erfahrung hat ebenso starke Anziehungskraft wie die Erfahrung selber.»

Es ist außerordentlich schwer, zwischen einem Erlebnis und der Erinnerung daran zu unterscheiden, nicht wahr? Wann wird ein Erlebnis zur Erinnerung und sinkt in die Vergangenheit? Worin liegt der feine Unterschied? Ist es eine Sache der Zeit? Beim Erleben selber gibt es keine Zeit. Jedes Erlebnis wird zu einer Bewegung, die sich in die Vergangenheit erstreckt: die Gegenwart — der Zustand des Erlebens — fließt unmerklich in die Vergangenheit über. Jedes lebendige Erlebnis wird in der nächsten Sekunde zur Erinnerung, zu einem Stück Vergangenheit. Wir alle kennen diesen Vorgang, der unvermeidlich scheint. Ist er es tatsächlich?

«Ich folge Ihren Darlegungen mit größtem Interesse und bin besonders erfreut, daß Sie davon sprechen, weil ich mir vollkommen bewußt bin, daß ich nichts anderes als ein Bündel von Erinnerungen auf den verschiedenen Ebenen meines Daseins bin. Ich *bin* Gedächtnis. Ist es aber möglich, sich im Zustand des Erlebens zu befinden? Das bedeutet Ihre Frage doch, nicht wahr?»

Worte haben für uns alle ihre verborgenen Bedeutungen, und wenn wir einmal versuchen, für den Augenblick über die feineren Anspielungen und ihre Wirkungen hinauszugehen, können wir vielleicht der Wahrheit auf den Grund kommen. Bei den meisten Menschen wird jedes Erlebnis zur Erinnerung. Warum? Weil unser Verstand unentwegt damit beschäftigt ist, etwas einzusaugen und in sich aufzunehmen, oder von sich zu stoßen und zu verleugnen. Weil er stets an allem Erfreulichen, Erbaulichen und Bedeutsamen festhält und versucht, das ihm nicht Dienliche auszuschalten. Ist er je frei von solcher Tätigkeit? Das ist tatsächlich eine eitle Frage, wie man schon beim bloßen Stellen der Frage erkennen kann.

Aber lassen Sie uns weitergehen. Der Vorgang positiven oder negativen Ansammelns und Bewertens wird nun selber zum Zensor, zum Beobachter, zum Erlebenden oder Denker, zum Ich. Im Augenblick des Erlebens gibt es keinen, der erlebt, doch tritt er in Erscheinung, sobald das Wählen anfängt, d. h. wenn ‹leben› vorüber ist und ansammeln beginnt. Der Drang, sich alles zu eigen zu machen, löscht das Erleben oder Erfahren aus und stößt es in die Vergangenheit, ins Gedächtnis hinunter. Solange ein Erlebender oder Beobachter da ist, besteht auch der Vorgang des Sich-Aneignens und Einsammelns, und solange sich ein Wesen absondert, das beobachtet und auswählt, ist jede Erfahrung ein Werden. Sein oder Erleben entsteht erst, wenn die abgesonderte Wesenheit nicht mehr da ist.

«Wie kann sie aber zu bestehen aufhören?»

Warum fragen Sie? Das ‹Wie› ist eine neue Art des Erwerbens. Wir beschäftigen uns hier mit der Erwerbsucht und nicht damit, wie man von ihr frei werden könne. Freiheit *von* etwas ist überhaupt keine Freiheit, sondern nur Reaktion oder Widerstand und erzeugt immer neuen Widerspruch.

Lassen Sie uns zu Ihrer ursprünglichen Frage zurückkehren. Haben Sie die Gestalt, die Sie sahen, selber ersonnen oder ist sie ohne Ihr Zutun entstanden? War sie unabhängig von Ihnen? Unser Bewußtsein ist etwas sehr Verwickeltes, und es wäre töricht, eine klare Antwort darauf geben zu wollen, nicht wahr? Man kann aber einsehen, daß alles Wiedererkennen auf der Bedingtheit unseres Verstandes beruht. Sie haben Buddhismus studiert, und er hat Sie, wie Sie sagen, mehr als alle anderen Religionen beeindruckt; so hat eine gewisse Beeinflussung bei Ihnen stattgefunden, und das kann möglicherweise die Gestalt projiziert haben, selbst wenn Ihr Bewußtsein zur Zeit mit etwas ganz anderem bschäftigt war. Es kann auch sein, daß Ihr Sinn durch Ihre Lebensweise und die Diskussion mit Ihren Freunden so geschärft und empfindsam war, daß Sie einen Gedanken in buddhistischer Form ‹gesehen› haben, so wie vielleicht ein anderer etwas in christlicher Form ‹sehen› würde. Ob es aber selbst ersonnen oder etwas anderes war, ist nicht von wesentlicher Bedeutung, nicht wahr?

«Vielleicht nicht, aber es hat mir vieles deutlich gemacht.»

Wirklich? Es hat Ihnen doch nicht die Wirksamkeit Ihres eigenen Geistes offenbart, Sie sind vielmehr zum Gefangenen Ihres Erlebnisses geworden. Jede Erfahrung hat Bedeutung, wenn sie mit Selbsterkenntnis gepaart geht — dem einzig zusammenschließenden und befreienden Faktor; doch ohne Selbsterkenntnis werden Erlebnisse zur Last und führen zu allen möglichen Illusionen.

30] Dies Problem der Liebe

Eine kleine Ente kam wie ein Schiff unter Segel auf dem breiten Kanal angeschwommen, ganz allein und voll von quakender Wichtigtuerei. Der Kanal wand sich durch die Stadt; es waren keine anderen Enten in Sicht, aber diese eine machte genug Lärm für eine ganze Schar. Die paar Menschen, die sie hörten, schenkten ihr keine Beachtung, aber das machte ihr nichts aus. Sie fürchtete sich nicht, fühlte sich vielmehr außerordentlich wichtig auf dem Kanal, als ob er ihr gehöre. Jenseits der Stadt war liebliches, grünes Weideland mit fetten, schwarz-weißen Kühen. Am Horizont türmten sich Wolkenmassen auf, und der Himmel schien tief hinunter bis auf die Erde zu reichen; er hatte das besondere Licht, wie es nur diesem Teil der Welt zu eigen ist. Das Land war so flach wie die Hand, und die Straße stieg nur ein klein wenig über den Brücken an, die die Kanäle überquerten. Es war ein lieblicher Abend, die Sonne ging über der Nordsee unter, und die Wolken färbten sich in den Tönen der untergehenden Sonne. Große Lichtstreifen schossen blau und rosig über den Himmel.

Sie war die Gattin eines sehr bekannten Regierungsbeamten, der beinahe, doch nicht ganz an der Spitze stand. Sie war gut gekleidet, kultiviert und verbreitete eine Atmosphäre von Reichtum und Macht; auch hatte sie die Zuversicht eines Menschen, der gewohnt ist, daß ihm Gehorsam erwiesen und seine Befehle ausgeführt werden. Aus dem einen und anderen, was sie erzählte, ging klar hervor, daß ihr Mann hohe Intelligenz und sie die Triebkraft besaß. Sie waren zusammen aufgestiegen, aber gerade als ihnen noch viel größere Macht und höhere Stellung zufallen sollten, war er hoffnungslos krank geworden. An diesem Punkte ihrer Erzählung war sie kaum imstande fortzufahren, Tränen rollten ihr über die Wangen. Sie war mit selbstsicherem Lächeln hereingekommen, das aber schnell verschwand; jetzt lehnte sie sich zurück und schwieg eine Weile, dann fuhr sie fort.

Dies Problem der Liebe

«Ich habe einige Ihrer Vorträge gelesen und einen oder zwei besucht. Während ich Ihnen zuhörte, bedeuteten Ihre Worte sehr viel für mich. Aber diese Dinge entschlüpfen einem leicht wieder, und jetzt, da ich wirklich große Sorgen habe, bin ich gekommen, um mit Ihnen zu sprechen. Ich bin sicher, daß Sie verstehen, was geschehen ist. Mein Mann ist todkrank, und alles, wofür wir gelebt und gearbeitet haben, bricht zusammen. Die Partei wird ja mit ihrer Arbeit fortfahren, aber .... Obgleich wir Ärzte und Krankenschwestern haben, wollte ich meinen Mann doch selber pflegen und habe monatelang kaum geschlafen. Ich kann es nicht ertragen, ihn zu verlieren, aber die Ärzte haben wenig Hoffnung für seine Heilung. Ohne Unterlaß denke ich über all das nach und bin selber fast krank vor Angst. Wir haben keine Kinder, wie Sie wissen, und haben einander so sehr viel bedeutet. Und jetzt ....»

Wollen Sie wirklich ernsthaft darüber sprechen und auf alles eingehen?

«Ich bin so verzweifelt und verwirrt, daß ich kaum noch ernsthaft denken kann, aber ich muß zu einer gewissen Klarheit in mir selber kommen.»

Lieben Sie Ihren Mann, oder lieben Sie die Dinge, die Sie durch Ihren Mann erreicht haben?

«Ich liebe ....» Sie war zu stark betroffen, um weiter zu sprechen.

Bitte halten Sie die Frage nicht für grausam; Sie werden aber die wahre Antwort darauf finden müssen, sonst werden Sie nur noch mehr leiden. Wenn Sie die Wahrheit in der Frage enthüllen können, werden Sie vielleicht auch entdecken, was Liebe ist.

«In meinem gegenwärtigen Zustand kann ich es unmöglich durchdenken.»

Ist Ihnen das Problem der Liebe nie durch den Kopf gegangen?

«Vielleicht früher einmal, aber ich habe mich immer schnell dem entzogen. Ich hatte stets so viel zu tun, ehe er krank wurde, und jetzt ist natürlich alles Denken schmerzhaft. Liebte ich ihn wegen der hohen Stellung und Macht, die ihn begleitete, oder liebte ich ihn schlechtweg? Da spreche ich schon von ihm, als ob er nicht mehr da ist! Ich weiß tatsächlich nicht, wie ich ihn liebe, denn ich bin augenblicklich zu verwirrt und mein Gehirn arbeitet nicht. Gern würde ich noch einmal wiederkommen, wenn ich darf, vielleicht wenn ich das Unvermeidliche hingenommen habe.»

Erlauben Sie mir, darauf hinzuweisen, daß hinnehmen auch eine Art sterben ist.

Mehrere Monate vergingen, ehe wir uns wieder begegneten. Die Zeitungen waren voll von seinem Tode gewesen, jetzt aber war er schon vergessen. Sein Tod hatte Spuren auf ihrem Antlitz hinterlassen, und bald genug brachen Bitterkeit und Groll aus ihrer Rede hervor.

«Ich habe zu niemandem über all das gesprochen», erklärte sie, «ich zog mich einfach von meiner ganzen früheren Tätigkeit zurück und begrub mich auf dem Lande. Es war schrecklich für mich, und ich hoffe, Sie haben nichts dagegen, wenn ich mich jetzt zu Ihnen ausspreche. Mein Leben lang bin ich ungeheuer ehrgeizig gewesen und habe mich vor meiner Ehe allen möglichen Wohltätigkeiten ergeben. Bald nach meiner Heirat, und hauptsächlich meinem Mann zuliebe, habe ich all die kleinliche Zänkerei in der Wohltätigkeit aufgegeben und mich mit Leib und Seele in die Politik gestürzt. Es war ein so viel größeres Kampfgebiet, und ich genoß jede Minute mit ihrem Auf und Ab, ihren Ränken und Eifersüchteleien. Mein Mann war in seiner ruhigen Art genial, und dank meines ehrgeizigen Strebens stiegen wir immer höher hinauf. Da wir keine Kinder hatten, war meine Zeit und mein Denken ausschließlich der Förderung meines Mannes gewidmet. Wir arbeiteten glänzend zusammen und ergänzten einander in außerordentlicher Weise. Alles ging genauso, wie wir es geplant hatten, aber oft nagte die Furcht an mir, es gehe zu gut. Dann eines Tages vor zwei Jahren, als mein Mann wegen einer geringen Störung zum Arzt ging, hörte er, er habe ein Gewächs, das unmittelbar untersucht werden müsse. Es war bösartig. Eine Zeitlang gelang es uns, alles streng geheim zu halten, aber vor sechs Monaten flackerte es wieder auf, und wurde von da an zu einer entsetzlichen Prüfung. Als ich das letzte Mal bei Ihnen war, fühlte ich mich zu elend und gequält, um richtig zu denken, aber jetzt kann ich vielleicht alles etwas klarer überblicken. Ihre Frage damals hat mich tiefer aufgerührt, als ich sagen kann. Sie erinnern sich wohl, daß Sie mich fragten, ob ich meinen Mann liebte oder all das, was ihn begleite. Ich habe sehr viel darüber nachgedacht; aber ist das Problem nicht zu verwickelt, als daß man es allein lösen könnte?»

Vielleicht ja; doch ehe man nicht herausgefunden hat, was Liebe ist, wird es nichts als Schmerz und traurige Enttäuschung geben. Und es ist schwer zu unterscheiden, wo Liebe endet und Verwirrung beginnt, nicht wahr?

«Sie fragen, ob die Liebe zu meinem Manne nicht mit meiner Liebe zu Rang und Macht gemischt war. Habe ich meinen Mann nur geliebt, weil er mir die Mittel zur Erfüllung meines Ehrgeizes gab? Es war teilweise das und teilweise Liebe zu dem Manne. Liebe ist eine Mischung von so vielen Dingen.»

Ist es wirklich Liebe, wenn man sich mit einem andern vollkommen identifiziert, oder ist das Identifizieren nur eine indirekte Art, sich selbst Bedeutung zu verleihen? Ist es wirklich Liebe, wenn man sich in Einsamkeit grämt und den Verlust der Dinge, die scheinbar dem Leben Sinn verleihen, nicht verschmerzen kann? Von Selbsterfüllung und allem, wovon das Ich sich nährt, abgeschnitten zu werden, heißt sein Selbstgefühl zu verleugnen; und das führt zu Enttäuschung, Bitterkeit und Absonderung im Leid. Ist solches Elend Liebe?

«Sie versuchen, mir klar zu machen, daß ich meinen Mann überhaupt nicht geliebt habe, nicht wahr? Wenn es so deutlich ausgesprochen wird, bin ich wirklich entsetzt über mich selber. Kann man es aber anders ausdrücken? Ich habe nie darüber nachgedacht, und als der Schlag fiel, erfuhr ich zum ersten Mal in meinem Leben wirkliches Leid. Natürlich war die Kinderlosigkeit eine große Enttäuschung für mich gewesen, aber sie war durch die Tatsache gemildert, daß ich meinen Mann und meine Arbeit hatte; diese beiden wurden mir scheinbar zu Kindern. Der Tod ist ein erschreckender Abschluß. Plötzlich

bin ich ganz allein, ohne etwas, wofür ich arbeiten könnte
— beiseitegesetzt und vergessen. Heute erkenne ich die
Wahrheit in Ihren Worten, hätten Sie aber dasselbe vor
drei oder vier Jahren zu mir gesagt, so hätte ich nicht auf
Sie gehört. Ich bin neugierig, ob ich sogar jetzt richtig
zugehört oder nur nach Gründen zu meiner Rechtfertigung gesucht habe! Darf ich wiederkommen und noch
einmal mit Ihnen sprechen?»

31] Was ist die wahre Aufgabe eines Lehrers?

Die Feigenbäume und Tamarinden beherrschten das
enge Tal, und alles sah grün und frisch nach dem Regen
aus. In der Sonne war es glühend heiß, aber im Schatten
angenehm kühl. Die alten Bäume zeichneten sich eben-
mäßig gegen den blauen Himmel ab und warfen tiefe
Schatten. Es gab eine erstaunliche Menge Vögel sehr verschiedener Art in dem Tal; sie pflegten zu den Bäumen
zu fliegen und sehr schnell darin zu verschwinden. Wahrscheinlich würde es nun mehrere Monate lang nicht
mehr regnen, aber jetzt war alles grün und friedlich, die
Brunnen waren voller Wasser, und Hoffnung erfüllte das
Land. Die Städte mit ihrer Verderbtheit lagen weit hinter den Hügeln, aber die Dörfer hier waren schmutzig
und die Bewohner hungrig. Die Regierung machte bloße
Versprechungen, und den Leuten im Dorfe schien alles
gleichgültig zu sein. Überall um sie herum war Schönheit
und Freude, aber sie hatten ebensowenig Augen dafür
wie für den Reichtum in ihrem eigenen Innern. Mitten
in all der Lieblichkeit waren die Menschen stumpf und
nüchtern.

Er war Lehrer mit einem kleinen Gehalt und einer großen Familie, aber er interessierte sich für Erziehung. Er
sagte, es sei schwer für ihn, mit seinem Gehalt auszukommen, doch könne er es immer noch irgendwie einrichten,
und die Armut störe ihn weiter nicht. Sie hätten genug

zu essen, obgleich nie allzu reichlich, und da seine Kinder in der Schule, in der er unterrichte, frei erzogen würden, könnten sie alle notdürftig leben. Er sei in seinem Fach gut bewandert und unterrichte auch noch andere Fächer — was jeder Lehrer tun könne, der einigermaßen intelligent sei, fügte er hinzu. Dann betonte er noch einmal sein großes Interesse für Erziehung.

«Was ist die Funktion eines Lehrers?» fragte er.

Ist er nichts als ein Vermittler von Auskunft oder Wissen?

«Das muß er zum mindesten sein. In jedem Gesellschaftsgefüge müssen Jungen und Mädchen darauf vorbereitet werden, sich den Lebensunterhalt ihren Fähigkeiten gemäß zu verdienen. Es gehört zur Aufgabe des Lehrers, seinem Schüler Wissen zu vermitteln, damit er später Arbeit finden und möglicherweise dazu beitragen kann, eine bessere Gesellschaftsordnung zu schaffen. Der Schüler soll fürs Leben ausgerüstet werden.»

Das ist wahr. Aber wollten wir nicht untersuchen, worin die Wirksamkeit eines Lehrers besteht? Hat er nichts anderes zu tun, als den Schüler für eine erfolgreiche Laufbahn vorzubereiten? Hat er keine höhere und umfassendere Bedeutung?

«Natürlich. Erstens kann er ihm ein Beispiel geben. Er kann durch seine Lebensweise und sein Betragen, durch seine Einstellung und seinen Ausblick aufs Leben den Schüler beeinflussen und anregen.»

Ist es wirklich Aufgabe des Lehrers, dem Schüler ein Beispiel zu sein? Gibt es nicht gerade genug Beispiele, genug Helden und Führer, ohne daß man der langen Liste noch andere hinzuzufügen braucht? Liegt das Wesen der Erziehung im Beispielgeben? Sollte man nicht eher dem Schüler helfen, frei und schöpferisch zu werden, und kann bei Nachahmung und Anpassung je äußere oder innere Freiheit entstehen? Bestärkt man nicht gerade in versteckter und fein angelegter Weise die Furcht, wenn man den Schüler dazu anhält, einem Beispiel zu folgen? Und muß das Beispiel des Lehrers nicht die Lebensweise des Schülers so beeinflussen und verdrehen, daß dadurch der ewige Konflikt zwischen dem, was er ist, und dem, was er sein sollte, entfacht wird? Ist es nicht vielmehr die Aufgabe des Lehrers, dem Schüler zu helfen, sich selber zu verstehen?

«Aber der Lehrer soll ihm doch Führer zu einem besseren und edleren Leben sein.»

Zum Leiten gehört Wissen — haben Sie es? Was wissen Sie? Sie wissen nur, was Sie gelernt haben, und zwar durch den Schleier Ihrer Vorurteile, das heißt Ihrer Bedingtheit als Hindu, Christ oder Kommunist; diese Art zu leiten bringt nur mehr Elend und Blutvergießen mit sich, wie man überall in der Welt beobachten kann. Hat ein Lehrer nicht die Aufgabe, seinem Schüler zu helfen, sich auf intelligente Weise von allen bedingenden Einflüssen freizumachen, so daß er dem Leben voll und stark, ohne Furcht oder streitsüchtige Unzufriedenheit begegnen kann? Unzufriedenheit ist Teil der Intelligenz, nicht aber die leichtfertige Besänftigung der Unzufriedenheit. Erwerbsüchtige Unzufriedenheit läßt sich leicht befriedigen, denn sie folgt dem abgenutzten Schema erwerbsüchtigen Handelns. Ist es nicht auch die Aufgabe eines Lehrers, alle angenehmen Illusionen in bezug auf Führer, Leiter und Beispiele zu zerstreuen?

«Dann kann der Lehrer zum mindesten seinen Schüler für höhere Dinge begeistern.»

Gehen Sie nicht wieder an das Problem falsch heran? Wenn Sie als Lehrer dem Schüler Gedanken und Gefühle eingeben, machen Sie ihn psychologisch von sich abhängig, nicht wahr? Sobald Sie ihn begeistern und er Sie als Führer oder Ideal betrachtet, verläßt er sich auf Sie; solche Abhängigkeit erzeugt immer Furcht, und Furcht lähmt die Intelligenz, nicht wahr?

«Wenn aber der Lehrer weder begeistern darf noch Beispiel oder Führer sein kann, worin besteht dann um Himmelswillen seine wahre Aufgabe?»

Wenn Sie nun all das nicht mehr sind, was sind Sie dann? Und welche Beziehung haben Sie dann zu Ihrem Schüler? Standen Sie vorher überhaupt in einer Beziehung zu ihm? Ihr Verhältnis zu ihm beruhte auf Ihrer Vorstellung davon, was gut für ihn sei, und was er werden solle. Sie waren der Lehrer und er der Schüler, Sie wirkten auf ihn ein, Sie beeinflußten ihn Ihrer besonderen Bedingtheit gemäß und formten ihn bewußt oder unbewußt nach Ihrem eigenen Vorbild. Wenn Sie nun aufhören, auf ihn einzuwirken, dann bekommt er selber Bedeutung; das heißt aber, daß Sie in kennen lernen müssen und nicht mehr verlangen dürfen, daß er Sie und Ihre Ideale — die ohnehin falsch sind — verstehen soll. Dann müssen Sie sich mit dem beschäftigen, was *ist,* anstatt mit dem, was sein *sollte.*

Wenn ein Lehrer in der Tat jeden Schüler als einzigartiges Wesen betrachtet und ihn nicht mehr mit anderen vergleicht, kann er sich auch nicht länger um Systeme und Methoden kümmern. Dann bleibt sein einziges Bestreben, dem Schüler zu ‹helfen›, alle bedingenden, inneren und äußeren Einflüsse zu verstehen, so daß er dem komplizierten Leben intelligent und furchtlos begegnen kann, ohne der ohnehin schon bestehenden Verwirrung neue Probleme hinzuzufügen.

«Verlangen Sie damit von dem Lehrer nicht eine Aufgabe, die weit über seine Fähigkeiten hinausgeht?»

Wenn Sie dessen nicht fähig sind, warum sind Sie dann überhaupt Lehrer geworden? Ihre Frage hat nur Sinn, wenn das Lehren für Sie nichts als ein Lebenserwerb oder eine Stellung wie alle anderen ist; ich fühle aber, daß dem wahren Erzieher nichts unmöglich ist.

32] Ihre Kinder und deren Erfolg

Es war ein bezaubernder Abend. Die Spitzen der Hügel erglühten in der untergehenden Sonne, und vier Spechte badeten sich im Sand auf dem Wege, der quer durch das Tal lief. Mit ihren länglichen Schnäbeln wühlten sie zuerst im Sand unter sich und schoben dann mit flatternden Schwingen ihre Körper tiefer hinein, dann fingen sie das Spiel wieder von vorn an, während die kleinen Federbüsche auf ihren Köpfen auf und ab tanzten. Sie riefen einander zu und vergnügten sich gründlich. Um sie nicht zu stören, traten wir vom Wege herunter auf das kurze, dicke Gras, das noch naß vom Regen war; und da, nur ein paar Schritte entfernt, lag eine große Schlange — gelb und gewaltig. Ihr Kopf war glatt, markiert und grausam geformt. Sie war zu gespannt auf die Vögel gerichtet, um sich stören zu lassen, ihre schwarzen Augen beobachteten bewegungslos, während sie ihre schwarze, gespaltene Zunge immer wieder hervorschoß und einzog. Fast unmerkbar bewegte sie sich auf die Vögel zu, ihre Schuppen glitten lautlos über das Gras. Es war eine Kobra, und um sie herum war Tod. Im dunkler werdenden Lichte schimmerte sie gefährlich aber herrlich, wahrscheinlich hatte sie vor kurzem ihre alte Haut abgeworfen. Plötzlich flogen die vier Vögel mit Geschrei auf, und dann sahen wir etwas ganz Außerordentliches: wie eine Kobra sich entspannte. Sie war so straff, so gespannt gewesen, daß sie nun fast leblos erschien, wie ein Stück Erde — und doch in der nächsten Sekunde könnte sie wieder tödlich sein. Sie bewegte sich ruhig weiter, hob nur den Kopf, als wir ein leichtes Geräusch machten, und eine seltsame Stille — von Furcht und Sterben — ging mit ihr dahin.

Sie war eine kleine ältliche Dame mit weißem Haar, aber noch gut aussehend. Obwohl ihre Sprache sanft war, deuteten ihre Gestalt, ihr Gang, ihre Gebärden und die Haltung ihres Kopfes auf eine tief eingewurzelte Angriffslust, die ihre Stimme auch nicht ganz verbergen konnte. Sie hatte eine große Familie, mehrere Söhne und Töchter; ihr Mann war schon vor einiger Zeit gestorben und sie hatte ihre Kinder allein groß gezogen. Einer der Söhne, erzählte sie mit deutlichem Stolz, sei ein erfolgreicher Arzt und guter Chirurg mit einer großen Praxis. Eine Tochter sei tüchtig und erfolgreich in der Politik und könne sich ohne allzu große Schwierigkeit durchsetzen; das sagte sie mit einem Lächeln, wie um anzudeuten: ‹Sie wissen ja, wie Frauen sind›. Dann erklärte sie weiter, daß diese politische Dame geistige Bestrebungen habe.

Was verstehen Sie unter geistigen Bestrebungen?
«Sie möchte Leiterin einer religiösen oder philosophischen Gruppe werden.»
Es ist zweifellos von Übel, wenn man durch eine Organisation Macht über andere Menschen ausübt, nicht wahr? Aber das ist die Art aller Politiker, ob sie sich nun in der Politik oder woanders betätigen. Ist nicht jeder Machtsdrang böse, auch wenn er sich hinter angenehmen und trügerischen Worten verbirgt?
Sie hörte zu, aber die Worte hatten offenbar keine Bedeutung für sie. Auf ihrem Gesicht stand deutlich die Sorge um etwas geschrieben; was es war, würde sich wohl bald zeigen. Dann fuhr sie fort, über die Betätigungen ihrer anderen Kinder zu erzählen, die alle gesund und tüchtig waren bis auf einen Sohn, den sie besonders liebte.
«Was ist Kummer?» fragte sie plötzlich. «Mein Leben lang habe ich ihn immer irgendwo im Hintergrunde gespürt. Obwohl alle meine Kinder bis auf eins wohlhabend und zufrieden sind, hat mich doch stets Kummer begleitet. Ich kann es mir nicht recht erklären, aber er hat mich verfolgt, und ich liege oft nachts wach und denke nach, was er wohl für einen Grund haben könne. Ich mache mir auch Sorge um meinen jüngsten Sohn. Sehen Sie, alles schlägt ihm fehl. Was er anrührt, zerbricht: seine Ehe, die Beziehungen zu seinen Brüdern und Schwestern und zu seinen Freunden. Fast nie bekommt er Arbeit, und wenn es ihm doch einmal gelingt, geschieht etwas und er verliert sie wieder. Es scheint unmöglich, ihm zu helfen. Ich mache mir rechte Sorge um ihn, aber obwohl er zu meinem Leid beiträgt, glaube ich doch nicht, daß er der wahre Grund dafür ist. Was ist Kummer? Ich habe Ängste, Enttäuschungen und körperliche Schmerzen erlebt, aber dieses durchdringende Leid ist etwas ganz anderes, und es ist mir noch nie gelungen, die Ursache zu finden. Könnten wir einmal darüber sprechen?»
Sie sind sehr stolz auf Ihre Kinder und ganz besonders auf deren Erfolge, nicht wahr?
«Ich denke mir, jede Mutter wäre es, denn sie haben sich alle bewährt, außer dem Jüngsten. Sie sind alle wohlhabend und glücklich. Aber warum fragen Sie?»

Vielleicht hat es etwas mit Ihrem Kummer zu tun. Sind Sie ganz sicher, daß Ihr Leid nicht mit den Erfolgen Ihrer Kinder zusammenhängt?

«Natürlich. Im Gegenteil, ich bin sehr glücklich darüber.»

Was halten Sie dann für die Ursache Ihres Kummers? Wenn ich fragen darf, hat der Tod Ihres Mannes Sie sehr tief getroffen? Sind Sie immer noch davon berührt?

«Es war ein schwerer Schlag, und ich war sehr einsam nach seinem Tode, aber ich vergaß Einsamkeit und Kummer bald genug, denn ich mußte mich ja um die Kinder kümmern und hatte keine Zeit, an mich selber zu denken.»

Glauben Sie, daß sich Einsamkeit und Leid mit der Zeit auslöschen lassen? Sind sie nicht immer noch da, in den tiefen Schichten Ihres Bewußtseins begraben, selbst wenn Sie daran vergessen haben? Könnte das nicht die Ursache Ihres bewußten Kummers sein?

«Wie ich schon sagte, war der Tod meines Mannes ein Schlag, aber ich hatte ihn irgendwie erwartet und nahm ihn unter Tränen hin. Vor meiner Ehe, als Mädchen erlebte ich den Tod meines Vaters und ein paar Jahre später auch den meiner Mutter; aber formelle Religionen haben mich nie angezogen, und die allgemeine Sucht nach Erklärungen für Tod und Jenseits hat mich nie beunruhigt. Der Tod ist unvermeidlich, darum sollen wir ihn mit so wenig Lärm wie möglich hinnehmen.»

Das mag zwar Ihre Einstellung dem Tod gegenüber sein, läßt sich aber das Gefühl der Einsamkeit so leicht wegdisputieren? Tod gehört zum Morgen, und man muß sich ihm vielleicht zuwenden, wenn er kommt; ist aber Einsamkeit nicht ständig bei uns? Wenn Sie sie auch bewußt ausschließen, so steht sie doch immer vor Ihrer Tür. Sollten Sie sie nicht einmal herausfordern und betrachten?

«Ich weiß nicht recht. Einsamkeit ist etwas höchst Unangenehmes, und ich zweifle, ob ich soweit gehen kann, dies entsetzliche Gefühl herauszufordern. Es ist tatsächlich zum Erschrecken.»

Wird es nicht nötig, daß Sie es wahrhaft untersuchen,

da es vielleicht die Ursache Ihres Kummers sein könnte?
«Wie soll ich es aber untersuchen, wenn es gerade das ist, was mir soviel Schmerz bereitet?»
Die Einsamkeit selber bereitet Ihnen keinen Schmerz, es ist vielmehr Ihre Vorstellung von der Einsamkeit, die Sie erschreckt. Sie haben den Zustand der Einsamkeit noch nie erlebt, haben sich ihm stets mit Argwohn und Furcht genähert, Sie hatten den Drang, ihm zu entfliehen oder ihn zu überwinden. So sind Sie ihm stets aus dem Wege gegangen, nicht wahr? Sie sind tatsächlich noch nie damit in Berührung gekommen. Um die Einsamkeit beiseite zu schieben, haben Sie sich in die Tätigkeiten Ihrer Kinder und deren Erfolge geflüchtet. Die Erfolge der Kinder sind die Ihren geworden; aber verbirgt sich nicht tiefe Sorge hinter Ihrer Erfolgsverehrung?
«Woher wissen Sie das?»
Alles, in das man sich flüchtet — wie zum Beispiel Radio, gesellschaftlichen Verkehr, ein bestimmtes Dogma, sogenannte Liebe und so weiter — wird ungeheuer wichtig und ebenso notwendig wie das Getränk für den Trinker. Man kann sich in der Anbetung von Erfolgen, Abbildern oder Idealen verlieren, doch alle Ideale sind trügerisch und beim Sich-Verlieren entsteht Furcht. Erlauben Sie mir darauf hinzuweisen, daß der Erfolg Ihrer Kinder zu einer Leidensquelle für Sie geworden ist, denn Ihre Sorge um die Kinder und um sich selber geht tiefer. Trotz Ihrer Bewunderung für deren Erfolge und allem Beifall der Öffentlichkeit fühlen Sie auch etwas wie Scham, Widerwillen oder Enttäuschung, nicht wahr? Bitte verzeihen Sie meine Frage: sind Sie nicht tief unglücklich über all die Erfolge?
«Sehen Sie, ich habe noch nie gewagt — nicht einmal vor mir selber —, mir das Wesen meines Kummers einzugestehen; aber es ist so, wie Sie sagen.»
Wollen Sie nun darauf eingehen?
«Natürlich will ich jetzt darauf eingehen. Wissen Sie, ich bin immer religiös gesinnt gewesen, ohne einer bestimmten Religion anzugehören. Ab und zu habe ich über religiöse Dinge gelesen, mich aber nie in eine sogenannte religiöse Organisation hineinziehen lassen. Die

organisierten Religionen erschienen mir immer so unbedeutend und nicht vertraulich genug. Unter meinem weltlichen Leben hat sich aber von jeher ein bestimmtes religiöses Suchen verborgen, und als ich Kinder bekam, kleidete es sich in die Form einer tiefen Hoffnung, daß eins meiner Kinder religiös gesinnt sein möge. Aber keins von ihnen ist es. Sie sind alle reich und weltlich geworden, bis auf den Jüngsten, der eine Mischung von allem ist. Sie sind tatsächlich alle so mittelmäßig, daß es mich schmerzt, und sie gehen vollkommen in ihren weltlichen Angelegenheiten auf. Das kommt mir alles so oberflächlich und töricht vor, aber ich habe zu keinem von ihnen je darüber gesprochen, und selbst wenn ich es täte, würden sie mich kaum verstehen. Ich hatte gehofft, daß wenigstens eins von ihnen anders sein würde, und bin entsetzt über ihre und meine eigene Mittelmäßigkeit. Ich glaube, das ist es, was mir Kummer macht. Was kann ich aber tun, um diesen törichten Zustand zu sprengen?»

Bei Ihnen selber oder bei den andern? Mittelmäßigkeit kann man nur bei sich selber zerbrechen, und dadurch können sich unter Umständen die Beziehungen zu anderen Menschen völlig ändern. Die Einsicht, daß man mittelmäßig, unbedeutend ist, bildet bereits den Anfang einer Wandlung, nicht wahr? Doch wenn unser kleinlicher Verstand seiner selbst bewußt wird, versucht er verzweifelt, sich zu ändern und zu verbessern, und gerade das ist so mittelmäßig! Jeder Drang nach Selbstverbesserung ist kleinlich. Erst wenn unser Verstand weiß, daß er unbedeutend ist, und nicht mehr versucht, darauf einzuwirken, fängt die Mittelmäßigkeit an, sich aufzulösen.

«Was meinen Sie mit dem Darauf-Einwirken?»

Ein kleinlicher Sinn, der erkennt, wie unbedeutend er ist, und große Anstrengung macht, sich zu ändern, ist immer noch kleinlich, nicht wahr? Jedes Bemühen einer Änderung wird aus dem kleinlichen Geiste geboren und ist darum selber kleinlich.

«Ja, das sehe ich ein, was soll ich aber tun?»

Alle Tätigkeit unseres Denkens ist kleinlich und begrenzt, daher muß es aufhören, sich zu betätigen; erst dann wird die Mittelmäßigkeit ein Ende nehmen.

33] Der Drang zu suchen

Zwei gold-grüne Vögel mit langen Schwänzen pflegten jeden Morgen in den Garten zu kommen, sie saßen immer auf einem bestimmten Ast, riefen sich zu und spielten miteinander. Sie waren ruhelos, beständig in Bewegung, ihre kleinen Körper bebten, aber sie waren wunderschön und unermüdlich in ihrem Flug und Spiel. Der Garten lag sehr beschützt, viele andere Vögel flogen auch beständig ein und aus. Zwei junge, geschmeidige und flinke Mungos mit gelblichem Fell, das in der Sonne glänzte, pflegten einander oben auf der niedrigen Mauer zu jagen; dann schlüpften sie durch ein Loch und erschienen im Garten. Aber wie vorsichtig beobachteten sie alles, selbst beim Spiel! Sie hielten sich dicht an die Mauer und ihre roten Augen blickten wachsam und munter. Gelegentlich kam auch ein alter, behaglich runder Mungo durch dasselbe Loch langsam in den Garten geschlendert. Es muß Vater oder Mutter der Jungen gewesen sein, denn einmal waren sie alle drei zusammen. Sie kamen einer nach dem andern durch das Loch in den Garten, überquerten die ganze Länge des Rasens im Gänsemarsch und verschwanden wieder im Gebüsch.

«Warum suchen wir eigentlich?» fragte P. «Was ist der Zweck unseres Strebens? Wie müde man wird von dem ewigen Suchen! Nimmt es je ein Ende?»

«Wir suchen nach dem, was wir finden wollen», antwortete M., «und wenn wir es gefunden haben, gehen wir auf neue Entdeckungen aus. Würden wir nicht mehr suchen, so würden wir aufhören zu leben, unser Dasein würde stillstehen und bedeutungslos werden.»

«‹Suchet, so werdet ihr finden›», zitierte R. «Wir finden immer das, was wir finden wollen, wonach wir bewußt oder unbewußt streben. Wir haben aber noch nie unseren Drang zu suchen angezweifelt, immer nur unermüdlich gesucht, und werden allem Anschein nach ewig weiter suchen.»

«Unser Verlangen zu suchen ist unvermeidlich», erklärte L. «Man könnte ebensogut fragen, warum wir atmen oder warum unser Haar wächst. Der Drang zu forschen ist so unvermeidlich wie Tag und Nacht.»

Wenn Sie so entschieden behaupten, der Drang zu suchen sei unvermeidlich, wird dem Aufdecken der Wahrheit bereits ein Hindernis vorgeschoben, nicht wahr? Kommt nicht alles Forschen zum Stillstand, sobald man etwas als endgültig oder entschieden hinstellt?

«Es gibt aber bestimmte, feststehende Gesetze wie das der Schwerkraft, und es ist klüger, sie anzuerkennen, als sich vergebens den Kopf daran zu zerschmettern», erwiderte L.

Aus verschiedenen psychologischen Gründen nehmen wir bestimmte Dogmen und Glaubenssätze an, die im Lauf der Zeit dann ‹unvermeidlich› oder eine sogenannte Notwendigkeit für den Menschen werden.

«Wenn L. den Drang zu suchen als unvermeidlich hinnimmt, wird er immer weiter auf der Suche bleiben, und es ist für ihn also kein Problem», sagte M.

Jeder Mensch sucht auf seine Weise — der Wissenschaftler, der schlaue Politiker, ein unglücklicher oder ein kranker Mensch — und von Zeit zu Zeit ändert er den Gegenstand seines Strebens. Wir suchen alle, aber wir haben uns scheinbar nie gefragt, warum. Wir wollen hier nicht den Gegenstand unseres Strebens erörtern — ob er edel oder nicht sei — vielmehr versuchen herauszufinden, weshalb wir überhaupt suchen, nicht wahr? Was bedeutet unser Drang, dieser ewige, zwingende Trieb? Ist er wirklich unvermeidlich? Hört er niemals auf?

«Wenn wir nicht mehr suchen, werden wir dann nicht faul und stagnieren?» fragte Y.

Es scheint als ob Konflikt in der einen oder anderen Form der Lauf des Lebens sei, und wir glauben, unser Leben habe keinen Sinn ohne ihn. Für die meisten Menschen bedeutet das Aufhören aller Kämpfe den Tod. Suchen schließt Kampf und Konflikt ein; ist aber beides so wesentlich, oder gibt es eine andere Lebens-‹Art›, bei der Suchen und Kämpfen fehlen? Warum suchen wir und was?

«Ich suche nach Mitteln und Wegen, das Fortleben

meiner Nation — nicht meiner Person — zu sichern», sagte L.

Besteht wirklich ein so großer Unterschied zwischen dem Fortleben des Einzelnen und dem des Volkes? Jeder Mensch identifiziert sich mit seinem Volke oder seiner besonderen Gesellschaftsordnung und strebt dann nach deren Fortdauer. Damit wird das Fortleben eines Volkes zugleich das des Einzelnen. Sucht nicht jeder Mensch nach Fortdauer, wenn er sich mit etwas Größerem und Edlerem identifiziert?

«Gibt es irgendwann einmal einen Punkt oder einen Augenblick, in dem wir uns plötzlich ohne Suchen und Kämpfen finden?» fragte M.

«Das kann unter Umständen die Folge bloßer Ermüdung sein», erwiderte R., «eine kurze Atempause, ehe wir uns aufs neue in den bösen Kreislauf von Suchen und Fürchten stürzen.»

«Es könnte auch außerhalb der Zeit sein», sagte M.

Liegt der Augenblick, von dem wir sprechen, außerhalb der Zeit, oder ist er nur ein Ruhepunkt vor dem Beginn neuen Suchens? Warum suchen wir überhaupt, und ist es denkbar, daß unser Suchen einmal ein Ende nimmt? Wenn wir nicht selber herausfinden, weshalb wir streben und kämpfen, wird der Zustand, in dem alles Suchen aufhört, trügerisch und bedeutungslos für uns bleiben.

«Gibt es Unterschiede zwischen den verschiedenen Gegenständen unseres Suchens?» fragte B.

Natürlich gibt es Unterschiede, aber bei allem Suchen ist der Drang im wesentlichen derselbe, nicht wahr? Ob wir nun einzeln oder als Volk fortleben wollen, ob wir zu einem Lehrer, *Guru* oder Erlöser gehen, ob wir einer besonderen Lehre folgen oder andere Mittel zur Selbstverbesserung anwenden — sucht nicht jeder Mensch auf seine eigene begrenzte oder umfassende Weise nach Befriedigung, nach Stetigkeit und Fortdauer? Wir fragen uns hier nicht, was wir suchen, sondern warum wir überhaupt suchen; und ob es möglich sei, daß alles Suchen einmal aufhört — nicht aus Zwang oder Enttäuschung, oder weil man gefunden hat, sondern weil der Drang dazu vollkommen verschwunden ist?

«Wir sind in unserer Gewohnheit des Suchens gefangen, und ich glaube, das kommt aus unserer Unzufriedenheit», sagte B.

Da wir unzufrieden oder unbefriedigt sind, streben wir nach Zufriedenheit und Befriedigung. Solange der Drang nach Erfüllung oder Genugtuung anhält, muß auch unser Suchen und Kämpfen weitergehen. Hinter dem Streben nach Erfüllung lauert immer der Schatten von Furcht, nicht wahr?

«Wie können wir der Furcht entfliehen?» fragte B.

Wir streben nach Erfüllung ohne den Stachel der Furcht. Gibt es aber je Erfüllung, die anhält? Der Wunsch danach wird zweifellos selber zur Ursache von Furcht und Enttäuschung, und nur wenn man die Bedeutung von Erfüllung begreift, kann alles Verlangen enden. Werden und Sein sind zwei vollkommen verschiedene Zustände, man kann unmöglich vom einen zum andern übergehen, doch mit dem Aufhören des Werdens tritt der andere ein.

34] Zuhören

Der Vollmond ging gerade über dem Fluß auf, der Dunstschleier färbte ihn rot, und über den vielen Dörfern standen Rauchsäulen, denn es war kalt. Keine einzige Welle kräuselte das Wasser des Flusses, aber die Unterströmung war stark und tief. Die Schwalben flogen so niedrig, daß sie ab und zu mit einer Flügelspitze das Wasser berührten und die ruhige Oberfläche ein ganz klein wenig aufrührten. Flußaufwärts wurde gerade der Abendstern über einem Minarett in der fernen, überfüllten Stadt sichtbar. Die Papageien kamen heim, um nun in der Nähe menschlicher Behausungen zu bleiben. Ihr Flug war nie geradlinig: sie ließen sich mit einem Schrei fallen, pickten ein Korn auf und flogen dann seitwärts weiter; aber sie bewegten sich immer vorwärts, auf einen dicht belaubten Baum zu, auf dem sie sich zu Hunderten niederließen. Plötzlich flogen sie alle wieder auf, suchten den Schutz eines besseren Baumes, und erst beim Eintreten der Dunkelheit kamen sie alle zur Ruhe. Der Mond stand jetzt hoch über den Baumwipfeln und zeichnete eine silberne Bahn auf das ruhige Wasser.

«Ich erkenne wohl die Bedeutung des Zuhörens, bin aber nicht sicher, ob ich Ihren Worten je richtig zuhöre», bemerkte er. «Ich muß mich immer irgendwie sehr anstrengen um zuzuhören.»

Hören Sie überhaupt zu, wenn Sie sich dabei anstrengen? Wirkt Ihre Anstrengung nicht gerade ablenkend und hindert Sie am Zuhören? Strengen Sie sich auch an, wenn Sie etwas Erfreuliches hören? Die Anstrengung, die Sie beim Zuhören machen, ist zweifellos eine Art Zwang, und Zwang ist Widerstand, nicht wahr? Widerstand erzeugt Probleme, und so wird Ihnen das Zuhören zum Problem. Zuhören an sich ist niemals ein Problem.

«Aber für mich ist es eins. Ich möchte gern ganz genau zuhören, weil ich fühle, daß Ihre Worte tiefe Bedeutung haben, und doch kann ich nicht über den rein wörtlichen Sinn hinauskommen.»

Wenn Sie mir die Bemerkung erlauben, so hören Sie auch jetzt noch nicht zu, weil Sie aus dem Zuhören ein Problem gemacht haben, das Ihnen zum Hindernis wird. Wir machen alles, was wir berühren, zum Problem, und jede Frage erzeugt viele neue Fragen. Sollte man nicht aufhören können, überhaupt Probleme zu schaffen, wenn man das erkennt?

«Das wäre wunderbar, aber wie kommt man in die glückliche Lage?»

Sehen Sie, die Frage nach dem ‹Wie›, nach der Art und Weise, wie man einen bestimmten Zustand erreichen kann, wird schon wieder zum Problem! Wir sprechen davon, keine neuen Probleme mehr entstehen zu lassen. Wenn ich darauf hinweisen darf, so müssen Sie sich bewußt werden, auf welche Weise unser Verstand Probleme schafft. Sie möchten gern den Zustand vollkommenen Zuhörens erreichen; mit andern Worten, Sie hören gar nicht zu, sondern wollen nur in diesen bestimmten Zustand gelangen und brauchen dazu Zeit und Interesse. Das Bedürfnis nach Zeit und Interesse erzeugt Probleme. Sie sind sich aber nicht einmal der Tatsache bewußt, daß Sie nicht zuhören. Werden Sie sich zuerst dessen bewußt; dann wird die bloße Tatsache, daß Sie nicht zuhören, schon ihre besondere Wirkung haben; die Wahrheit wird ihr eigenes Handeln bedingen, und Sie brauchen nicht mehr auf die Tatsache einzuwirken. Doch Sie wollen immer darauf einwirken, wollen etwas ändern oder das Gegenteil davon ausbilden, um den gewünschten Zustand herbeizuführen und so weiter. Ihr Bemühen, die Tatsache zu beeinflussen, erzugt Probleme, während das Erkennen der Wahrheit in der bloßen Tatsache seine eigene befreiende Wirkung hat. Solange aber der Verstand sich noch auf irgendeine Weise mit Anstrengung, Vergleich, Rechtfertigung oder Verurteilung beschäftigt, kann man sich weder der Wahrheit bewußt werden noch Falsches als falsch erkennen.

«Das mag wohl so sein; es erscheint mir jedoch bei all den Konflikten und Widersprüchen in meinem Innern fast unmöglich zuzuhören.»

Zuhören ist an sich eine vollkommene Handlung, die ihre eigene Freiheit mit sich bringt. Sind Sie nun tatsächlich um Ihr Zuhören, oder nur um die Unruhe in Ihrem Innern besorgt? Wenn Sie so zuhören könnten, daß Sie gleichzeitig Ihre Konflikte und Widersprüche wahrnähmen, ohne sie in irgendein besonderes Denkschema zu zwingen, dann würden sie vielleicht alle auf einmal aufhören. Sehen Sie, wir versuchen unaufhörlich, etwas zu werden oder einen bestimmten Zustand herbeizuführen, wir wollen gewisse Erfahrungen einfangen und anderen ausweichen, und so ist unser Denken ohne Unterlaß beschäftigt. Es ist niemals so still, daß es den Lärm seiner eigenen Kämpfe und Schmerzen hören kann. Seien Sie einfach, und versuchen Sie nicht mehr, etwas zu werden oder bestimmte Erfahrungen zu erlangen.

35] Die Flamme der Unzufriedenheit

Es hatte tagelang sehr stark geregnet, die Flüsse brausten und waren hoch geschwollen. Braun und schmutzig strömten sie aus allen Rinnen und vereinigten sich zu einem breiten Wasserlauf, der mitten durch das Tal rann und sich seinerseits in den Strom ergoß, der einige Meilen weiter unten ins Meer einmündete. Der Fluß war hoch und reißend und wand sich durch Obstgärten und flaches Land. Selbst im Sommer trocknete er nie ganz aus, trotzdem alle Bäche, die ihn speisten, dann nur Steine und Sand aufwiesen. Jetzt aber strömte er schneller dahin, als ein Mann gehen konnte, und an beiden Ufern standen Leute und beobachteten das trübe Wasser. Es kam nicht oft vor, daß der Fluß so hoch war. Die Leute waren aufgeregt, ihre Augen glänzten, denn das reißende Wasser war herrlich anzusehen. Die Stadt unten am Meer würde vielleicht darunter leiden, wenn der Fluß über seine Ufer treten, Felder und Wiesen überschwemmen und Häuser beschädigen würde; hier indessen, unter der einsamen Brücke erklang das Rauschen des dunklen Wassers wie Gesang. Ein paar Leute versuchten zu angeln, aber sie konnten wohl kaum viel gefangen haben, denn die Strömung war zu stark und schwemmte viele Trümmer von den benachbarten Bächen mit sich. Es fing wieder an zu regnen, doch niemand rührte sich, alle blieben stehen, um erfreut weiter zu beobachten.

«Ich bin immer auf der Suche gewesen», sagte sie, «und habe unendlich viele Bücher über alles mögliche gelesen. Ich war katholisch, bin aber aus der Kirche ausgetreten, um mich einer andern anzuschließen; die zweite habe ich auch verlassen und bin dann einer religiösen Gesellschaft beigetreten. Kürzlich habe ich angefangen, orientalische Philosophie, im besonderen die Lehre Buddhas zu lesen und habe mich außerdem psychoanalisieren lassen. Selbst das hat mich nicht vom Suchen abhalten können, und jetzt bin ich hierher zu Ihnen gekommen. Fast wäre ich nach Indien gegangen, um mir einen Meister zu suchen, aber bestimmte Umstände haben mich davon abgehalten.»

Sie fuhr fort zu erzählen, daß sie verheiratet sei und zwei geweckte, intelligente Kinder habe, die auf die Universität gingen. Sie mache sich keine Gedanken um sie, denn sie würden schon für sich selber sorgen. Gesellschaftliche Interessen habe sie nicht mehr. Sie habe ernsthaft versucht zu meditieren, aber nichts damit erreicht, und ihr Denken sei ebenso töricht und leicht abgelenkt wie vorher.

«Was Sie über Meditation und Gebet sagen, ist so ganz anders als alles, was ich gelesen und selber gedacht habe, daß es mich außerordentlich beschäftigt hat», fügte sie hinzu. «Aber in all meiner quälenden Verwirrung möchte ich wirklich die Wahrheit finden und ihr Geheimnis zu ergründen suchen.»

Glauben Sie, daß Sie die Wahrheit finden können, wenn Sie danach suchen? Vielleicht ist es für den sogenannt Suchenden gar nicht möglich, die Wahrheit zu finden. Wahrscheinlich sind Sie noch nie auf Ihren Drang zu suchen näher eingegangen; und doch suchen Sie immer weiter, gehen von einem zum andern und hoffen, das zu finden, wonach Sie verlangen — was Sie Wahrheit nennen und mit Geheimnis umgeben.

«Ist es denn falsch, dem nachzugehen, was man haben möchte? Ich habe es immer getan und meist erreicht, was ich wollte.»

Das ist möglich; aber glauben Sie, daß man Wahrheit sammeln kann, wie Geld oder Bilder? Halten Sie sie für eine neue Zierde menschlicher Eitelkeit? Muß nicht unser erwerbsüchtiges Denken ganz aufhören, ehe etwas anderes eintreten kann?

«Wahrscheinlich bin ich viel zu begierig, die Wahrheit zu finden.»

Durchaus nicht. In Ihrem Eifer werden Sie finden, was Sie suchen, doch es wird nicht das Wahre sein.

«Was soll ich aber sonst tun — mich beruhigen und stumpfsinnig weiterleben?»

Jetzt ziehen Sie voreilige Schlüsse, nicht wahr? Wäre es nicht wichtig herauszufinden, warum Sie suchen?

«Oh, ich weiß, warum ich suche: weil ich mit allem so durch und durch unzufrieden bin, selbst mit dem, was ich gefunden habe. Immer wieder überfällt mich die Unzufriedenheit so schmerzlich. Mitunter glaube ich, ich hätte etwas verstanden, aber bald genug verblaßt es wieder, und der Schmerz der Unzufriedenheit kehrt zurück. Auf alle erdenkliche Weise habe ich versucht, diesen Drang zu überwinden, er ist jedoch zu stark in mir, und ich muß etwas finden — Wahrheit oder was es auch sei — das mir Befriedigung und Frieden gibt.»

Sollten Sie nicht lieber dankbar sein, daß es Ihnen nicht gelungen ist, die Flamme der Unzufriedenheit zu ersticken? Ihr Problem war das Besiegen der Unzufriedenheit, nicht wahr? Sie haben nach Befriedigung gesucht und sie zum Glück nicht gefunden. Finden bedeutet stillstehen und abstumpfen.

«Wahrscheinlich suche ich also nur danach, meiner nagenden Unzufriedenheit zu entfliehen.»

Die meisten Menschen sind unzufrieden, nicht wahr? Aber sie finden Befriedigung bei den angenehmen Dingen des Lebens — sei es nun Bergsteigen oder die Erfüllung eines ehrgeizigen Strebens. Rastlose Unzufriedenheit wird auf diese, sehr oberflächliche Weise in befriedigende Leistung umgesetzt. Wenn wir aus unserer Zufriedenheit aufgerüttelt werden, finden wir schnell Mittel und Wege, die schmerzliche Unzufriedenheit zu überwinden; so leben wir stets an der Oberfläche und dringen nie in die Tiefe ein.

«Wie kann man unter die Oberfläche seiner Unzufriedenheit gelangen?»

Ihre Frage deutet darauf, daß Sie immer noch der Unzufriedenheit zu entfliehen suchen, nicht wahr? Doch mit seinem Schmerz zu leben, ohne ihm entfliehen oder ihn ändern zu wollen, heißt, in die Tiefe seiner Unzufriedenheit einzudringen. Wenn wir danach streben, etwas zu sein oder etwas zu erreichen, leiden wir an qualvollen Konflikten; sobald wir aber solchen Schmerz erzeugt haben, wollen wir ihm gleich wieder entfliehen und flüchten uns in alle möglichen Betätigungen. Kann man jedoch mit seiner Unzufriedenheit verschmelzen, bei ihr verharren und Teil von ihr werden, ohne daß der Beobachter sie in ausgefahrene Gleise der Befriedigung zwingt oder sie als unvermeidlich hinnimmt, dann bahnt man den Weg für etwas, das keinen Gegensatz und kein Doppel hat.

«Ich folge Ihren Worten wohl, aber da ich meine Unzufriedenheit schon so viele Jahre bekämpfe, wird es mir jetzt sehr schwer fallen, mit ihr zu verschmelzen.»

Je stärker man eine Gewohnheit bekämpft, desto mehr belebt man sie. Gewohnheit ist etwas Lebloses, bekämpfen Sie sie nicht, leisten Sie ihr keinen Widerstand. Doch wenn Sie die Wahrheit in bezug auf Ihre Unzufriedenheit erkennen, wird die Vergangenheit alle Bedeutung für Sie verlieren. Trotz aller Schmerzen ist es etwas Wunderbares, unzufrieden zu bleiben, und diese Flamme nicht mit Wissen, Tradition, Hoffnung oder Errungenschaften zu ersticken. Wir verlieren uns so leicht im Geheimnis menschlicher Leistung, im Mysterium der Kirche oder gar des Düsenflugzeugs. Das ist auch oberflächlich und eitel und führt nur zu Zerstörung und Leid. Es gibt ein Geheimnis, das jenseits der Fähigkeiten und Kräfte unseres Geistes liegt. Man kann es weder suchen noch herausfordern, es muß uneingeladen kommen, und mit ihm wird dem Menschen Segen zuteil.

36] Ein glückseliges Erlebnis

Der Tag war sehr heiß und feucht. Im Park waren viele Leute, sie hatten sich im Gras ausgestreckt oder saßen auf Bänken im Schatten der hohen Bäume, fast alle hatten kühle Getränke bei sich, aber sie schnappten nach reiner, frischer Luft. Der Himmel war grau, nicht die geringste Brise regte sich, und die Dünste der ungeheuren, mechanisierten Stadt erfüllten die Luft. Auf dem Lande müßte es jetzt herrlich sein, denn der Frühling ging gerade in den Sommer über. Die Bäume würden mit grünem Laub bedeckt sein, und am Rande des Weges, der dem breiten, glitzernden Flußlauf folgt, blühten sicherlich alle möglichen Blumen. Tief im Walde würde das seltsame Schweigen herrschen, worin man fast wahrnehmen kann, wie Dinge geboren werden, und die Berge mit ihren tiefen Tälern würden blau leuchten und lieblich duften. Aber hier in der Stadt ...!

Unsere Phantasie verdirbt die Wahrnehmung dessen, was *ist*, aber wie stolz sind wir doch auf alle Phantasie und Grübelei. Ein grübelnder Sinn mit seinen verschlungenen Gedankengängen ist unfähig, sich grundlegend zu ändern, er ist niemals revolutionär. Er hat sich mit dem, was sein *sollte*, umkleidet und folgt dem Schema seiner eigenen begrenzten und einschließenden Pläne. Das Gute liegt aber nicht in dem, was sein *sollte*, sondern im Verständnis dessen, was *ist*. Phantasie und Vergleich stehen der Wahrnehmung dessen, was *ist*, im Wege. Unser Denken muß alle Phantasie und Grübelei fahren lassen, wenn das Wirkliche zutage treten soll.

Er war noch recht jung, aber schon ein Geschäftsmann von Ruf und hatte eine Familie. Er sah sorgenvoll und elend aus und war voller Ungeduld, sich mitzuteilen.

«Vor einiger Zeit habe ich ein höchst merkwürdiges Erlebnis gehabt. Ich habe bisher zu keinem Menschen davon gesprochen und weiß nicht einmal, ob ich es Ihnen werde erklären können; ich hoffe aber wohl, denn ich kann zu niemand anderem damit gehen. Es war ein Erlebnis, das mein Herz restlos entzückte, aber es ist vorbei, und mir ist nichts als die leere Erinnerung geblieben. Vielleicht können Sie mir helfen, es wieder zu erleben. So gut ich kann, will ich Ihnen schildern, was für eine Gnade mir widerfuhr. Ich hatte schon von solchen Dingen gelesen, doch es waren für mich immer nur leere Worte gewesen, die vielleicht auf mein Gefühl einwirkten. Was mit mir wirklich geschah, lag jenseits meines Denkens, jenseits von Phantasie und Verlangen — aber jetzt habe ich es verloren. Bitte helfen Sie mir, es wieder zu gewinnen.» Er hielt einen Augenblick inne und fuhr dann fort.

«Eines Morgens wachte ich sehr früh auf, die ganze Stadt schlief noch, ihr Rauschen hatte noch nicht begonnen. Ich fühlte den Drang auszugehen; so zog ich mich schnell an und ging auf die Straße hinunter. Der Milchwagen war noch nicht einmal auf seiner Runde. Es war zu Anfang des Frühlings, und der Himmel war lichtblau. Ein starkes Gefühl trieb mich, in den Park zu gehen, der etwa eine Meile entfernt liegt. Seit dem Augenblick, da ich aus meiner Haustür trat, hatte ich das Empfinden seltsamer Leichtigkeit, als ob mein Körper keine Schwere mehr habe. Das Gebäude gegenüber, ein düsteres Mietshaus, hatte all seine Häßlichkeit verloren, die Ziegel sahen rein und wie lebendig aus. Der kleinste Gegenstand, den ich sonst nie bemerkt hätte, schien eine ihm eigene, besondere Eigenschaft zu besitzen und merkwürdigerweise war es, als ob alles und jedes ein Teil von mir sei. Nichts war von mir getrennt, tatsächlich war das ‹Ich›, der Beobachter oder Wahrnehmende nicht mehr da — wenn Sie verstehen, was ich meine. Es gab kein ‹Ich› abseits von dem Baum oder dem Stück Papier im Rinnstein oder den Vögeln, die einander lockten. Ich war in einem Bewußtseinszustand, den ich nie vorher erfahren hatte.»

«Auf dem Wege zum Park», fuhr er fort, «ist ein Blumenladen. Ich bin hundertmal daran vorbeigegangen und warf immer gern einen Blick auf die Blumen. An diesem besonderen Morgen stand ich davor still. Die Glasscheibe war infolge der Wärme im Innern leicht beschlagen, aber ich konnte trotzdem die vielen verschiedenen Blumen deutlich erkennen. Wie ich da stand und sie alle betrachtete, ertappte ich mich dabei, daß ich zuerst lächelte, dann laut lachte, von einer Freude erfüllt, wie ich sie noch nie erlebt hatte. Die Blumen sprachen zu mir, und ich antwortete ihnen, ich war unter ihnen, und sie waren Teil von mir. Wenn ich das jetzt erzähle, bekommen Sie vielleicht den Eindruck, daß ich etwas verrückt oder hysterisch war, aber nichts dergleichen. Ich hatte mich sehr sorgsam und rein angezogen, hatte ganz bewußt auf die Uhr gesehen, die Namensschilder der Läden, einschließlich dem meines Schneiders gesehen, sogar die Titel der Bücher im Fenster des Buchladens gelesen. Alles um mich her war lebendig, und ich liebte alles. Ich war der Blumenduft — obwohl kein ‹Ich› da war, um an den Blumen zu riechen, wenn Sie verstehen, was ich meine. Es gab keine Trennung zwischen den Blumen und mir. Der Blumenladen mit all seinen Farben war auf phantastische Weise lebendig, und die ganze Schönheit muß so überwältigend gewesen sein, daß die Zeit für mich stillstand. Ich habe sicherlich über zwanzig Minuten da gestanden, aber ich versichere Sie, ich hatte kein Zeitgefühl mehr. Ich konnte mich kaum von den Blumen losreißen. Die Welt der Kämpfe, Schmerzen und Sorgen bestand auch noch — und auch wieder nicht. Sehen Sie, in solchem Bewußtseinszustand verlieren Worte alle Bedeutung. Worte können beschreiben, trennen oder vergleichen, aber hier gab es keine Worte mehr. ‹Ich› war es nicht, der etwas erlebte, es herrschte nur noch dieser Zustand, dieses Erlebnis. Die Zeit stand still, da war weder Vergangenheit, Gegenwart noch Zukunft. Es gab nur — ach, ich weiß nicht, wie ich es in Worte fassen soll, aber es macht nichts. Es war eine heilige Gegenwart da — nein, nicht dieses Wort. Es war, als ob die ganze Erde mit allem auf ihr und in ihr in einem Zustand des Segens verweile, und während ich auf den Park zuging, hatte ich daran teil. Als ich in die Nähe des Parkes kam, war ich völlig gebannt von der Schönheit der mir so vertrauten Bäume. Alle Blätter, von den zart gelben bis zu den fast schwarzgrünen, tanzten voller Leben, jedes einzelne Blatt stach klar hervor und war so reich und üppig wie die ganze Erde. Ich bemerkte, daß mein Herz heftig zu klopfen begann, und obwohl ich vollkommen gesund bin, konnte ich kaum atmen, als ich in den Park kam, und dachte, ich würde ohnmächtig werden. Ich setzte mich auf eine Bank, während mir die Tränen über die Wangen liefen. Es herrschte eine geradezu unerträgliche Stille, aber diese Stille läuterte alles von Kummer und Schmerz. Dann ging ich tiefer in den Park hinein, und plötzlich war die Luft von Musik erfüllt. Ich wunderte mich, denn es stand kein Haus nahe genug, und niemand würde so früh am morgen sein Radio im Park aufstellen. Die Musik war Teil des Ganzen. Alle Güte und alles Erbarmen der Welt war hier im Park: Gott war hier.»

«Ich bin kein Theologe, nicht einmal ein sehr religiös gesinnter Mensch», fuhr er fort. «Ich bin vielleicht ein dutzendmal in der Kirche gewesen, aber es hat mir nie etwas bedeutet. Ich kann all den Unsinn, der in den Kirchen vor sich geht, nicht gut vertragen. Aber dort im Park war ein höheres Wesen, wenn ich das Wort gebrauchen darf, in dem alle Dinge lebten und ihr Dasein hatten. Meine Beine zitterten, und ich mußte mich wieder hinsetzen; diesmal lehnte ich den Rücken gegen einen Baum. Der Baumstamm war ebenso lebendig wie ich, und ich war Teil des Baumes, Teil des höheren Wesens, Teil der Welt. Ich muß ohnmächtig geworden sein. Es war wohl zuviel für mich geworden: die starken, lebendigen Farben, die Blätter, Felsen und Blumen — die ganze unglaubliche Schönheit. Und über allem lag der Segen des ....»

«Als ich wieder zu mir kam, war die Sonne aufgegangen. Im allgemeinen brauche ich etwa zwanzig Minuten bis zum Park, aber nun war es fast zwei Stunden her, seitdem ich mein Haus verlassen hatte. Es kam mir so vor, als hätte ich nicht die physische Kraft, nach Hause zurückzukehren, daher blieb ich sitzen und sammelte meine Kräfte, wagte aber nicht zu denken. Als ich dann später langsam wieder zurückging, war das Erlebnis noch vollständig in mir. Es hielt zwei Tage an, dann verschwand es ebenso plötzlich, wie es aufgetreten war. Von da ab begann meine Qual. Eine Woche lang ging ich nicht in mein Geschäft. Ich wollte die seltsame, lebendige Erfahrung wieder haben, ich wollte noch einmal und für immer in dieser glückseligen Welt sein. Das geschah vor zwei Jahren. Ich habe ernsthaft erwogen, alles aufzugeben und mich in einen einsamen Winkel der Welt zurückzuziehen, aber ich fühle in meinem Herzen, daß ich es auf diese Weise nicht wiedererlangen kann. Kein Kloster und keine Kirche mit ihrem Kerzenlicht, wo man sich nur mit Tod und Dunkelheit abgibt, kann mir ein solches Erlebnis vermitteln. Ich habe auch daran gedacht, nach Indien zu gehen, gab es aber wieder auf. Dann machte ich Versuche mit einem gewissen Rauschmittel; es verschärfte zwar mein Wahrnehmungsvermögen und so weiter, aber ich wollte ja kein Betäubungsmittel. Das ist eine billige Art der Erfahrung, es ist nur ein Trick und niemals das Wahre.»

«Hier bin ich nun», schloß er, «ich würde mein Leben und meinen ganzen Besitz — kurz, alles darum geben, könnte ich nur wieder in die andere Welt gelangen. Was soll ich tun?»

Das Erlebnis ist unaufgefordert zu Ihnen gekommen, nicht wahr? Sie sind ihm doch nicht nachgegangen. Solange Sie danach suchen, werden Sie es nie mehr erleben. Gerade Ihr Verlangen, diesen Zustand der Ekstase zu wiederholen, steht einem neuen, frischen, segensreichen Erlebnis im Wege. Sie müssen begreifen, was sich zugetragen hat: Sie haben ein bestimmtes Erlebnis gehabt, jetzt aber leben Sie mit der toten Erinnerung an gestern. Was gewesen ist, wird zum Hindernis für etwas Neues.

«Wollen Sie damit sagen, daß ich alles, was vorüber ist, beiseitesetzen, vergessen muß und mein unbedeutendes Leben weiterführen soll, während ich von Tag zu Tag innerlich verschmachte?»

Wenn Sie nicht zurückblicken und nach mehr verlangen — was eine schwere Aufgabe ist —, wird vielleicht das, worüber Sie keine Macht haben, von selber eintreten. Gier erzeugt Leid, sogar die Gier nach dem Höchsten, und der Drang nach Mehr öffnet der Zeit das Tor. Seligkeit läßt sich weder mit Opfern noch mit Tugend oder Rauschmitteln erkaufen. Sie ist keine Belohnung und kein Ergebnis; sie kommt, wann sie will. Suchen Sie sie nicht!

«War aber mein Erlebnis wirklich, war es das Höchste?»

Wir wollen immer die Bestätigung und Versicherung anderer Menschen über bestimmte Ereignisse haben und nehmen darin unsere Zuflucht. Aber die erlangte Gewißheit über ein Geschehen — selbst wenn es wirklich war — bestärkt nur das Unwirkliche und schafft Illusionen. Zieht man die Vergangenheit mit Schmerz und Freude in die Gegenwart hinein, so stellt man ein Hindernis vor das Wahre. Wirklichkeit kennt keine Fortdauer, sie herrscht von Augenblick zu Augenblick, zeitlos und unermeßlich.

37] Der Politiker, der Gutes tun wollte

Über Nacht hatte es geregnet, die Erde duftete und war noch feucht. Ein Pfad führte vom Fluß ab, zwischen alten Bäumen und Mangohainen dahin. Es war ein Pilgerpfad, von Tausenden begangen, die auf Pilgerschaft waren, denn eine über zweitausend Jahre alte Tradition forderte, daß alle guten Pilger diesen Pfad betreten müßten. Jetzt war indessen nicht die Zeit für Pilger, und an diesem besonderen Morgen gingen nur Dorfbewohner hier entlang. Es war ein wunderschöner Anblick, wie sie in ihrer buntfarbigen Kleidung, die Sonne im Rücken, mit ihren Lasten von Heu, Gemüse oder Brennholz auf dem Kopf daherkamen, wie sie mit Grazie und Würde schritten, während sie lachend zusammen die Angelegenheiten ihres Dorfes besprachen. Zu beiden Seiten des Pfades, soweit das Auge reichte, erstreckten sich grüne Felder, die mit Winterweizen, Schoten und anderen Gemüsen für den Markt bebaut waren. Es war ein herrlicher Morgen und der Himmel klar blau; ein Segen lag über dem Lande. Die Erde war etwas Lebendiges, sie war freigebig, reich und heilig. Es war nicht die Heiligkeit der von Menschenhand verfertigten Dinge, der Tempel, Priester und Bücher, sondern die Schönheit vollkommenen Friedens und völliger Stille. Man tauchte darin unter, und alles gehörte dazu: die Bäume, das Gras und der große Stier; sogar die Kinder, die auf der Erde spielten, merkten es, obwohl sie sich dessen nicht bewußt waren. Es war nichts Flüchtiges, sondern es war da, ohne Anfang und ohne Ende.

Er war Politiker und wollte Gutes tun. Er sagte, er fühle, daß er anders sei als alle übrigen Politiker, denn er sei wirklich um die Wohlfahrt des Volkes, um seine Nöte, seine Gesundheit und sein Wachstum besorgt. Natürlich sei er auch ehrgeizig — wer wäre es nicht? Der Ehrgeiz helfe ihm aber, mehr zu leisten, denn sonst sei er faul und unfähig, anderen Gutes zu tun. Er wolle gern Mitglied der Regierung werden, sei auch schon auf dem Wege dazu, und wenn er es erreicht habe, würde er dafür sorgen, daß seine Ideen zur Ausführung kämen. Er habe die Welt durchreist, die verschiedensten Länder besucht und alle möglichen Regierungsformen studiert, und nach gründlichem Studium habe er nun einen Plan ausgearbeitet, der seinem Lande wirklich Nutzen bringen könne.

«Aber jetzt weiß ich nicht, ob ich imstande sein werde, ihn durchzuführen», sagte er, offenbar voller Schmerz. «Sehen Sie, ich fühle mich seit kurzem gar nicht wohl. Die Ärzte erklären, ich müsse mich schonen und mich unter Umständen einer sehr ernsten Operation unterziehen; aber ich kann mich nicht dazu bringen, das so einfach hinzunehmen.»

Wenn man fragen darf: was hindert Sie daran, sich zu schonen?

«Ich weigere mich, die Prognose anzuerkennen, daß ich für den Rest meines Lebens ein Invalide sein soll und nicht mehr tun kann, was ich will. Ich weiß, wenigstens theoretisch, daß ich das Tempo, an das ich gewohnt war, nicht mehr unbegrenzt aufrecht erhalten kann, aber wenn ich krank werde, wird mein Plan vielleicht nie zur Ausführung kommen. Es gibt natürlich noch andere ehrgeizige Leute, die sich dann unbarmherzig vordrängen werden. Ich bin bei mehreren Ihrer Vorträge gewesen und hatte den Wunsch, einmal zu Ihnen zu gehen und über alles zu sprechen.»

Liegt Ihr Problem in der Vereitlung Ihrer Pläne? Sie stehen vor der Möglichkeit langwieriger Krankheit, dem Sinken Ihrer Leistungsfähigkeit und Ihrer Beliebtheit und glauben, daß Sie all das nicht ertragen können, weil Ihnen das Leben ohne die Erfüllung Ihrer Pläne völlig wertlos erscheint; ist das richtig?

«Wie ich schon sagte, bin ich ebenso ehrgeizig wie alle andern, aber ich will außerdem Gutes tun. Andrerseits bin ich tatsächlich sehr krank, kann aber meine Krankheit nicht so einfach hinnehmen; daher tobt ein erbitterter Kampf in mir, und ich bin mir dessen bewußt, daß mich das nur noch kränker macht. Ich habe auch noch eine andere Furcht — nicht um meine Familie, für die ist gut gesorgt —, sondern um etwas, das ich nicht einmal vor mir selber habe in Worte fassen können.»

Meinen Sie die Furcht vor dem Tode?

«Ich glaube ja, oder vielmehr die Angst zu sterben, ohne das vollendet zu haben, was ich mir vorgenommen hatte. Das ist vielleicht meine größte Furcht, und ich weiß nicht, wie ich sie beschwichtigen soll.»

Wird Sie die Krankheit von aller politischen Tätigkeit fernhalten?

«Sie wissen ja, wie es damit geht. Wenn ich nicht selber im Mittelpunkt stehe, bin ich bald vergessen, und meine Pläne werden keine Aussicht haben. Im Prinzip werde ich mich von der Politik zurückziehen müssen, und dazu habe ich durchaus keine Lust.»

Sie haben also die Wahl, entweder freiwillig und bereitwillig die Tatsache Ihres Rücktritts anzuerkennen, oder ebenso zufrieden Ihre politische Arbeit fortzusetzen, in voller Kenntnis der ernsthaften Natur Ihrer Krankheit. In jedem Falle wird die Krankheit Ihre ehrgeizigen Pläne durchkreuzen. Das Leben ist recht merkwürdig, nicht wahr? Wenn ich Ihnen raten darf: warum nehmen Sie nicht das Unvermeidliche ohne Bitterkeit hin? Durch Zynismus oder Verbitterung verschlimmern Sie nur Ihre Krankheit.

«Dessen bin ich mir sehr wohl bewußt; trotzdem kann ich meinen physischen Zustand unmöglich hinnehmen — und am allerwenigsten zufrieden, wie Sie vorschlagen. Vielleicht könnte ich meine politische Arbeit noch teilweise weiterführen, aber das genügt eben nicht.»

Glauben Sie, daß die einzige Lebensweise für Sie die Erfüllung Ihres Ehrgeizes nach guten Taten ist, und daß Ihr Vaterland nur durch Sie und Ihre Pläne zu retten sei? Sie stehen selber im Mittelpunkt all der scheinbar so guten Werke, nicht wahr? Tatsächlich liegt Ihnen nicht so sehr das Volkswohl am Herzen als die Offenbarung des Guten durch Ihre Person. *Sie* sind wichtig geworden und nicht das Wohl der Allgemeinheit. Sie haben sich so vollkommen mit Ihren Plänen und dem sogenannten Volkswohl identifiziert, daß Sie Ihre eigene Befriedigung mit dem Glück der andern verwechseln. Ihre Pläne sind vielleicht ausgezeichnet und mögen durch einen glücklichen Zufall den Menschen Gutes bringen, doch

Der Politiker, der Gutes tun wollte

Sie wollen Ihren Namen mit dem Guten verbunden sehen. Das Leben ist seltsam: Krankheit hat Sie befallen, und die Verbreitung Ihres Namens und Ihrer Bedeutung droht, vereitelt zu werden. Darin liegt die Ursache Ihres Konflikts und nicht in der Angst, daß dem Volk nicht geholfen werde. Wenn Sie Ihr Volk wirklich liebten und sich nicht bloßem Lippendienst ergäben, würde diese Liebe ihre eigene natürliche Wirkung haben und sichtbar helfen; doch Sie lieben die Menschen nicht, Sie gebrauchen sie nur als Werkzeuge für Ihren Ehrgeiz und Ihre Eitelkeit. Ihre guten Taten liegen auf dem Wege zu Ihrem eigenen Ruhm. Ich hoffe, Sie nehmen mir meine Worte nicht übel?

«Ich bin tatsächlich froh, daß Sie offen aussprechen, was in meinem Herzen so tief verborgen lag, es hat mir gut getan. Ich habe es in gewisser Weise selber gefühlt, doch nie gewagt, es direkt zu betrachten. Es ist eine Erleichterung, es so deutlich erklärt zu bekommen, und ich hoffe, daß ich jetzt meinen Konflikt verstehen und beruhigen kann. Ich will abwarten, wie die Dinge laufen, und fühle mich schon ein wenig losgelöst von meinen Ängsten und Hoffnungen. Aber wie ist es mit dem Tode?»

Das Problem des Todes ist viel verwickelter und verlangt tiefere Einsicht, nicht wahr? Man kann den Tod wegdisputieren, kann sagen, daß alles stirbt, daß das frische, grüne Frühlingsblatt im Herbst verweht, und so weiter. Man kann Gründe und Erklärungen für den Tod geben, kann versuchen, die Todesfurcht mit dem Willen zu besiegen, oder einen Glauben an ihre Stelle zu setzen; doch all das bleibt noch Tätigkeit unseres Verstandes. Und die sogenannte Intuition in bezug auf Wiederverkörperung oder ein Leben nach dem Tode ist vielleicht nichts anderes als das Verlangen nach Fortleben. All diese Schlüsse, Erkenntnisse und Erklärungen liegen noch auf dem Gebiet des Verstandes, nicht wahr? Es sind die Betätigungen unseres Denkens, um die Todesfurcht zu besiegen, die sich indessen nicht so leicht überwinden läßt. Das Verlangen des Menschen nach Fortleben durch sein Volk oder seine Familie, durch Namen und Idee oder durch Glauben ist immer noch die Sehnsucht nach seiner eigenen Fortdauer, nicht wahr? Dieses Streben mit seinen verwickelten Widerständen und Hoffnungen muß freiwillig, anstrengungslos und zufrieden ein Ende nehmen. Man muß jeden Tag allen seinen Erinnerungen, Erfahrungen, Kenntnissen und Hoffnungen gegenüber absterben, und das Ansammeln von Vergnügen, von Buße und Tugenden muß von einem Augenblick zum andern aufhören. Das sind keine leeren Worte, es ist die Darlegung eines tatsächlichen Zustandes. Was fortdauert, kann nie den Segen des Unbekannten erleben. Nichts anzusammeln, sondern jeden Tag und jede Minute zu sterben, bedeutet zeitloses Dasein. Solange noch der Drang nach Erfüllung mit all seinen Konflikten herrscht, muß die Furcht vor dem Tode bestehen bleiben.

38] Leben in Wettbewerb

Die Straße war voll mit Affen; mitten auf dem Wege spielte ein ganz kleines Äffchen mit seinem Schwanz, aber die Mutter behielt es ständig im Auge. Sie hatten alle bemerkt, daß jemand in der Nähe war — allerdings in sicherer Entfernung. Die ausgewachsenen, männlichen Tiere — groß und schwer und ziemlich bösartig — wurden von den meisten anderen Affen gemieden. Alle aßen Beeren, die von einem großen, schattigen Baum mit dichten Blättern auf die Straße gefallen waren. Der Regen hatte vor kurzem den Fluß angeschwellt, und das Wasser gurgelte unter der schmalen Brücke. Die Affen vermieden das Wasser und die Pfützen auf der Straße, und wenn ein Auto erschien und der Schmutz aufspritzte, waren sie in einer Sekunde vom Wege herunter, wobei die Mutter immer das Kleine mit sich nahm. Ein paar kletterten auf die Bäume, andere liefen die Böschung zu beiden Seiten des Weges herab; aber kaum war der Wagen vorbeigesaust, so waren sie auch schon alle wieder da. Inzwischen hatten sie sich an die Gegenwart der Menschen gewöhnt. Sie waren so ruhelos wie der menschliche Geist und stets voller Listen.

Die Reisfelder zu beiden Seiten der Straße schimmerten köstlich grün in der warmen Sonne, und die Reisvögel mit ihrem trägen Flügelschlag zeichneten sich weiß gegen die blauen Hügel jenseits der Felder ab. Eine lange, bräunliche Schlange war aus dem Wasser hervorgekrochen und ruhte sich nun in der Sonne aus. Auf der Brücke hatte sich ein strahlend blauer Eisvogel niedergelassen und bereitete sich wieder zum Tauchen vor. Es war ein herrlicher Morgen, nicht zu heiß, und die vereinzelten Palmen auf den Reisfeldern erzählten von allen möglichen Dingen. Zwischen den grünen Feldern und den blauen Hügeln bestand eine Beziehung, wie Zwiegesang. Die Zeit schien dahinzueilen. Gabelweihen kreisten am blauen Himmel; ab und zu setzten sie sich auf einen Ast, um ihr Gefieder zu putzen, dann flogen sie wieder auf, lockten einander und fingen aufs neue zu kreisen an. Es waren auch einige Adler da, mit weißen Hälsen und goldbraunen Flügeln und Körpern. Zwischen dem neugesprossenen Gras liefen große, rote Ameisen; sie rannten ruckartig vorwärts, hielten plötzlich inne und rannten dann in entgegengesetzter Richtung weiter. Das Leben war so reich, so übervoll — und so wenig beachtet, was all die großen und kleinen Lebewesen vielleicht gerade wollten.

Ein junger Ochse mit Glocken am Hals zog einen leichten, gut gebauten Karren; die beiden großen Räder waren durch eine dünne Stahlstange verbunden, auf der eine hölzerne Plattform befestigt war. Auf der Plattform saß ein Mann — stolz auf seinen schnell trabenden Ochsen und den ganzen Aufzug. Das starke, schlanke Tier verlieh ihm Bedeutung. Jeder würde sich jetzt nach ihm umsehen, und die vorübergehenden Dorfbewohner taten es auch. Sie standen still, betrachteten ihn mit bewundernden Augen, machten Bemerkungen und gingen dann erst weiter. Wie stolz und aufrecht saß der Mann da, den Blick geradeaus gerichtet! Ob sich Stolz nun in kleinen oder großen Dingen zeigt, er bleibt sich seinem Wesen nach gleich. Was man tut und was man hat, verleiht einem Bedeutung und Ansehen; doch der Mensch an sich als vollständiges Wesen scheint kaum je wichtig zu sein.

Er kam mit zwei Freunden zusammen. Sie hatten die Universität besucht, und es ging ihnen in ihren verschiedenen Berufen gut. Alle waren verheiratet, hatten Kinder und schienen mit dem Leben zufrieden, und doch waren sie auch irgendwie verstört.

«Ich möchte gern, wenn ich darf, eine Frage stellen», sagte er, «um unser Gespräch in Gang zu bringen. Es ist keine müßige Frage, sie hat mich vielmehr sehr beschäftigt, seitdem ich Sie vor ein paar Tagen sprechen hörte. Sie sagten unter anderem, daß Wettbewerb und Ehrgeiz zerstörende Triebe seien und man sie verstehen lernen müsse, um sich von ihnen zu befreien, wolle man in einer friedlichen Gesellschaftsordnung leben. Sind aber Kampf und Konflikt nicht gerade wesentliche Bestandteile unseres Daseins?»

Die heutige Gesellschaftsordnung gründet sich auf Ehrgeiz und Konflikt. Fast alle Menschen nehmen das als unvermeidliche Tatsache hin, und jeder wird dadurch beeinflußt; denn Erziehung und die verschiedensten Formen äußeren und inneren Zwanges halten den Menschen zum Wettbewerb an. Will er überhaupt in die Gesellschaft hineinpassen, so muß er die Bedingungen, die sie vorschreibt, annehmen, sonst wird es ihm schlecht gehen. Wir scheinen zu glauben, daß wir uns der Gesellschaft einordnen müßten — warum aber?

«Wenn wir es nicht tun, gehen wir unter.»

Ich weiß nicht, ob das wirklich geschehen würde, wenn man die volle Bedeutung des Problems übersieht. Dann würde man vielleicht nicht nach dem üblichen Schema leben, wäre aber schöpferischer und glücklicher und hätte einen ganz anderen Ausblick. Es kann aber nicht eintreten, solange man die gegenwärtige Gesellschaftsform als unvermeidlich anerkennt. Lassen Sie uns nun auf Ihren Punkt zurückkommen: gehören Ehrgeiz, Wettbewerb und Konflikt wirklich zu unserer vorbestimmten und unvermeidlichen Lebensweise? Das scheinen Sie offenbar anzunehmen. Wir wollen also damit beginnen. Wieso halten Sie die wetteifernde Lebensweise für die einzig richtige Daseinsform?

«Ich bin genauso ehrgeizig und wetteifernd wie alle

anderen. Das ist eine Tatsache, die mich oft erfreut und manchmal schmerzt, aber ich nehme sie widerstandslos hin, weil ich keine andere Lebensart kenne, und selbst wenn ich von einer wüßte, würde ich mich wahrscheinlich fürchten, sie auszuprobieren. Ich habe eine Menge Verpflichtungen und wäre ernstlich um die Zukunft meiner Kinder besorgt, wenn ich die herkömmlichen Ideen und Lebensgewohnheiten durchbrechen würde.»

Sie mögen zwar Verantwortung für andere haben, aber haben Sie nicht auch die Pflicht, eine friedliche Welt herbeiführen zu helfen? Es kann keinen Frieden und kein bleibendes Glück für die Menschheit geben, solange wir als Einzelne, als Gruppe und als Volk den Wettbewerb in unserm Dasein für unvermeidlich erachten. Ehrgeiz und Wetteifer bedingen innere und äußere Konflikte, nicht wahr? Ein ehrgeiziger Mensch ist niemals friedlich, selbst wenn er über Frieden und Brüderlichkeit spricht. Kein Politiker, keiner, der einem organisierten Glauben angehört, kann der Welt Frieden bringen; denn solche Menschen sind auf eine Welt mit Führern, Erlösern, Leitern und Beispielen eingestellt. Wenn man aber jemandem folgt, sucht man nach der Erfüllung seines eigenen Ehrgeizes, sei es in dieser Welt oder in der sogenannt geistigen, der Ideenwelt. Wettbewerb und Ehrgeiz schließen also Konflikt ein, nicht wahr?

«Das verstehe ich; was soll man aber tun? Wie kann man sich aus dem Netz des Wettbewerbs, in das man verstrickt ist, befreien? Und selbst wenn man sich daraus befreit, welche Bürgschaft hat man dann, daß Frieden zwischen den Menschen herrschen wird? Sofern wir nicht alle gleichzeitig erkennen, wie wahr das ist, kann doch die Erkenntnis von ein oder zwei Menschen überhaupt keinen Wert haben.»

Sie wollen wissen, wie Sie sich aus der Verstrickung von Konflikt, Erfüllung und Enttäuschung befreien können. Aber gerade Ihre Frage nach dem ‹Wie› deutet auf Ihren Wunsch nach einer Versicherung, daß die Anstrengung nicht vergeblich sein wird. Sie streben immer noch nach Erfolg, nur jetzt auf einer anderen Ebene, und sehen nicht, daß Ehrgeiz und Verlangen nach Erfolg in jeglicher Richtung inneren wie äußeren Konflikt hervorrufen müssen. Das ‹Wie› enthält bereits Ehrgeiz und Konflikt, und die Frage selber vereitelt Ihre Erkenntnis der Wahrheit in dem Problem. Das ‹Wie› ist die Leiter zu neuen Erfolgen. Hier steht jetzt nicht Erfolg oder Mißerfolg sondern das Beseitigen allen Konflikts zur Frage; folgt aber daraus, daß ohne Konflikte Stillstand unvermeidlich sei? Zweifellos kann Frieden nicht durch Sicherheitsmaßnahmen, Sanktionen und Bürgschaften zustande kommen, doch er wird herrschen, wenn *Sie* nicht da sind — Sie mit Ihrem Ehrgeiz und Ihren Enttäuschungen, als Urheber aller Konflikte.

Ihr anderer Punkt, daß alle Menschen die Wahrheit gleichzeitig erkennen müßten, ist offenbar ganz unmöglich. Doch daß *Sie* das Problem verstehen, ist möglich, und wenn das geschieht, wird die Wahrheit, die Sie erkannt haben, Freiheit mit sich bringen und auch auf andere einwirken. Es muß bei Ihnen beginnen, denn Sie sind die Welt, ebenso wie jeder andere.

Ehrgeiz macht uns mittelmäßig im Denken und Fühlen, Ehrgeiz ist oberflächlich, denn er strebt unentwegt nach Ergebnissen. Wer ein Heiliger, ein erfolgreicher Politiker oder hoher Beamter werden will, ist nur auf seine persönlichen Errungenschaften bedacht. Ob man sich nun mit einer Idee, einem Volke, einem religiösen oder wirtschaftlichen System identifiziert — der Erfolgsdrang wird immer das Ich bestärken, dessen Gefüge doch so vergänglich, oberflächlich und begrenzt ist. All das ist recht einleuchtend, wenn man darauf eingeht, nicht wahr?

«Es mag Ihnen klar sein, aber für die meisten Menschen bedeuten Konflikte ein Gefühl erhobenen Daseins, ein Lebendig-Sein. Ohne Ehrgeiz und Wettbewerb wäre unser Leben fade und unnütz.»

Wenn Sie an Ihrer wetteifernden Lebensart festhalten, werden Ihre Kinder und Kindeskinder immer wieder Neid, Kampf und Streit erzeugen, und Sie werden nie Frieden bekommen. Sie selber sind in der traditionellen Lebensform erzogen worden, jetzt erziehen Sie auch Ihre Kinder dazu, dem zuzustimmen, und so geht die Welt auf ihrem kummervollen Wege weiter.

39] Meditation – Anstrengung – Bewußtsein

Das Meer lag östlich vom Tal hinter den Bergen, und mitten durch das Tal bahnte sich ein Fluß gemächlich seinen Weg zum Meere. Das ganze Jahr hindurch hatte der Fluß Wasser; er war herrlich anzusehen, sogar da, wo er an der großen Stadt vorbeifloß. Die Städter benutzten den Fluß für alles: sie angelten und badeten darin, sie tranken das Wasser und leiteten ihre Kloaken und den Abfall aus einer Fabrik hinein. Doch der Fluß stieß allen Schmutz der Menschen wieder aus, und kurz nachdem er über ihre Wohnstätten hinaus war, sah sein Wasser wiederum klar und blau aus.

Eine breite Straße führte am Fluß entlang gen Westen und bergauf zu den Teepflanzungen. Sie wand sich hin und her, ging mitunter vom Fluß ab, blieb aber meist dicht neben ihm. Dort, wo der Weg, dem Flußlauf folgend, anstieg, wurden die Teeplantagen immer größer, und hier und da standen Fabriken zum Trocknen und Vorbereiten der Teeblätter. Dann wurden die Besitzungen ungeheuer groß, und Wasserfälle begannen, im Fluß zu tosen. Am Morgen konnte man farbig gekleidete Frauen, deren Haut von der glühenden Sonne fast schwarz verbrannt war, beobachten, wie sie mit vorgeneigtem Körper die zarten Blätter von den Teebüschen pflückten. Alles mußte am Morgen vor einer bestimmten Zeit gepflückt und, ehe die Sonne zu heiß wurde, in die nächstliegende Fabrik getragen werden. In dieser Höhe brannte die Sonne stark und schmerzlich, und obwohl die Frauen daran gewöhnt waren, bedeckten einige von ihnen noch den Kopf mit einem Teil ihres Gewandes. Sie waren fröhlich, schnell und geschickt bei der Arbeit; bald würde ihr Tagewerk für heute beendet sein, doch die meisten von ihnen waren Hausfrauen und Mütter und würden noch kochen und die Kinder besorgen müssen. Alle gehörten einer Gewerkschaft an und wurden von den Teepflanzern ordentlich behandelt, denn es könnte verhängnisvoll werden, einen Streik zu bekommen und die zarten Blätter zu voller Größe auswachsen lassen zu müssen.

Der Weg führte immer weiter bergan, und die Luft wurde recht kalt. Auf dreitausend Meter Höhe gab es keine Teepflanzungen mehr; dort bearbeiteten Männer das Land und bauten allerlei an, was in die Städte am Meer hinuntergeschickt wurde. Von dieser Höhe hatte man eine herrliche Aussicht über die Wälder und Ebenen mit dem silbernen Fluß, der alles beherrschte. Der Rückweg führte über eine andere Straße, die durch grün schimmernde Reisfelder und tiefe Wälder lief. Hier gab es viele Palmen und Mangobäume, und überall standen Blumen. Die Menschen waren fröhlich und hatten vielerlei Dinge am Wegrande zum Verkauf hingestellt. Sie waren faul und bequem und schienen genug zu essen zu haben, ganz anders als unten in der Ebene, wo das Leben hart, dürftig und überfüllt war.

Er war ein *Sannyasi,* ein Mönch, gehörte aber keinem besonderen Orden an und sprach von sich selber nur in der dritten Person. Schon in jungen Jahren hatte er der Welt und allen weltlichen Dingen entsagt und war durch das ganze Land gewandert. Bei einigen wohlbekannten, religiösen Lehrern hatte er sich aufgehalten, Gespräche mit ihnen geführt und ihre besonderen Lehren und Vorschriften befolgt. Oft hatte er tagelang gefastet, hatte einsam in den Bergen gelebt und das meiste getan, was *Sannyasis* tun sollen. Durch ein Übermaß an asketischen Übungen hatte er sich körperlich geschädigt und obwohl es schon lange her war, litt sein Körper immer noch darunter. Eines Tages hatte er sich entschlossen, alle Übungen, religiösen Bräuche und Lehren aufzugeben, weil sie ihm eitel und bedeutungslos erschienen, und war in ein ganz entlegenes Bergdorf gegangen, wo er viele Jahre in tiefer Beschaulichkeit verbrachte. Dann sei das Übliche geschehen, erzählte er lächelnd, er sei selber berühmt geworden und habe eine große Gefolgschaft von Schülern bekommen, die einfache Dinge von ihm lernten. Er habe die alte Sanskrit Literatur studiert, aber auch das jetzt aufgegeben. Obwohl er es nötig gefunden habe, sein Leben kurz zu beschreiben, fügte er hinzu, sei das nicht der Grund, weshalb er gekommen sei.

Meditation — Anstrengung — Bewußtsein

«Meditation steht höher als Tugend, Opfer und selbstlose Hilfeleistung», erklärte er. «Ohne Meditation werden Wissen und Handeln zu einer beschwerlichen Bürde ohne rechte Bedeutung, doch nur wenige Menschen wissen, was Meditieren ist. Wenn es Ihnen recht ist, lassen Sie uns darüber sprechen. Der Sprecher hat beim Meditieren Erlebnisse in verschiedenen Bewußtzuständen gehabt, ähnlich wie sie alle hochstrebenden Menschen früher oder später bekommen: Visionen der Verkörperung von Krischna, Christus und Buddha. Das sind Ergebnisse des persönlichen Denkens, der Erziehung und dessen, was man seine Kultur nennen könnte. Es gibt Visionen, Erlebnisse und Kräfte mannigfaltiger Art. Unglücklicherweise verfangen sich die meisten suchenden Menschen im Netz ihres eigenen Denkens und Wünschens — sogar einige der stärksten Vertreter der Wahrheit. Durch ihre Kraft zu heilen und die Gabe des Wortes werden sie zu Gefangenen ihrer eigenen Fähigkeiten und Erlebnisse. Auch der Sprecher hat derartige Erlebnisse und Gefahren durchgemacht, hat sie nach besten Kräften zu verstehen gesucht und ist darüber hinausgegangen — wenigstens hofft er es. Was ist aber Meditieren?»

Will man das Meditieren betrachten, so muß man zweifellos auch Anstrengung und den Urheber von Anstrengung zu verstehen suchen. Rechtes Bemühen führt zu einem anderen Ergebnis als falsches, beide sind jedoch bindend, nicht wahr?

«Man hat behauptet, daß Sie weder die Upanischaden noch andere heilige Bücher gelesen haben, Ihre Worte klingen aber so, als ob Sie sie gelesen hätten und mit ihnen vertraut wären.»

Ich habe die Schriften nicht gelesen, doch das ist unwichtig. Rechtes Bemühen ist ebenso bindend wie falsches, und eine derartige Bindung muß verstanden und durchbrochen werden. Meditieren ist das Durchbrechen aller Fesseln, es ist ein Zustand der Freiheit, aber nicht *von* etwas. Freiheit *von* etwas züchtet nur Widerstand. Wird man sich der Tatsache bewußt, daß man frei ist, so ist das noch nicht Freiheit. Das Bewußt-Werden bedeutet ein Erleben der Freiheit oder Abhängigkeit, und dann ist das Bewußtsein selber der Erlebende oder der Urheber von Anstrengung. Meditieren ist das Beseitigen des Erlebenden und kann niemals bewußt geschehen. Wird der Erlebende bewußt besiegt, so wird dadurch der Wille bestärkt, der auch wieder Teil des Bewußtseins ist. Unser Problem erstreckt sich also auf den gesamten Bewußtseinsvorgang und nicht nur auf einen Teil, mag er nun klein oder groß, beherrschend oder untergeordnet sein.

«Was Sie sagen, scheint wahr zu sein. Die Wege unseres Bewußtseins sind dunkel, trügerisch und widerspruchsvoll. Nur durch leidenschaftslose Beobachtung und sorgfältiges Studium läßt sich der Knoten entwirren, so daß Ordnung entsteht.»

Dann ist aber der, der entwirrt, immer noch da! Man mag ihn höheres Ich, ‹Atman› oder sonstwie benennen, er ist noch Teil unseres Bewußtseins, er ist der Urheber aller Anstrengung, der ewig etwas zu erreichen strebt. Anstrengung ist Verlangen. Jeder Wunsch kann durch einen größeren überwunden werden, und der wiederum durch einen anderen, und so fort bis ins Unendliche. Verlangen erzeugt Täuschung, Illusionen, Widerspruch und Visionen voller Hoffnung. Der alles besiegende Wunsch nach dem Allerletzten, nach dem Erreichen des Namenlosen liegt immer noch auf dem Wege des Bewußtseins oder desjenigen, der Gutes und Böses erlebt, der wartet, beobachtet und hofft. Bewußtwerden gehört nicht einer bestimmten Ebene an, es ist die Gesamtheit unseres Daseins.

«Bis hierher ist alles ausgezeichnet und wahr. Wenn man aber fragen darf: was kann dem Bewußtsein Frieden und Ruhe bringen?»

Nichts. Sehen Sie, unser Verstand sucht beständig nach Ergebnissen oder nach Mitteln und Wegen, etwas zu erreichen. Er ist ein Instrument und als solches zusammengesetzt; er ist das Gewebe der Zeit und kann nur in Begriffen wie Erreichen oder Erringen, Gewinnen oder Ausweichen denken.

«Das ist richtig. Es wird also hier behauptet, daß solange der Verstand sich betätigt, solange er auswählt, sucht und erlebt, auch der Urheber von Anstrengung bestehen bleibt, der sein eigenes Bildnis erschafft und es mit verschiedenen Namen belegt; das ist das Netz, in dem sich unser Denken verfängt.»

Das Denken ist der Schöpfer seines eigenen Netzes — es ist das Netz. Alles Denken ist bindend und kann nur in den ungeheuren Raum der Zeit führen, dorthin, wo Wissen, Handeln und Tugend von Bedeutung sind. Mag es auch noch so veredelt oder vereinfacht werden, so kann es doch niemals Gedanken auflösen. Unser Bewußtsein — der Erlebende, Wählende, Beobachter, Zensor oder Wille — muß freiwillig, zufrieden und ohne jede Hoffnung auf Belohnung aufhören. Der Suchende muß verschwinden. Das ist Meditieren. Die Ruhe des Geistes läßt sich nicht durch einen Willensakt herbeiführen. Stille herrscht, wenn unser Wille endet. Das ist Meditieren. Wirklichkeit kann man nicht suchen, sie ist da, wenn der Suchende nicht mehr besteht. Verstand bedingt Zeit, und unser Denken kann das Unermeßliche nicht enthüllen.

40] Psychoanalyse und das menschliche Problem

Die Vögel und die Ziegen waren alle woanders, und so war es ungewöhnlich ruhig und wie abgelegen unter dem weitverzweigten Baume, der ganz allein auf einer sehr großen Ebene wohlbebauter, saftig-grüner Felder stand. In einiger Entfernung konnte man die Hügel, streng und nicht gerade einladend in der Mittagsonne sehen, doch unter dem Baume war es dunkel und angenehm kühl. Der gewaltige, eindrucksvolle Baum hatte in seiner Einsamkeit Kraft und Ebenmaß gewonnen. Er war allein, lebendig und schien seine gesamte Umgebung, sogar die fernen Hügel zu beherrschen. Die Dorfbewohner verehrten ihn. Bei seinem ungeheuren Stamm stand ein gemeißelter Stein, auf den jemand hellgelbe Blumen gelegt hatte. Am Abend pflegte niemand mehr zu dem Baum zu kommen, denn die Einsamkeit um ihn war zu überwältigend; es war besser, ihn am Tage im tiefen Schatten zu verehren, wenn die Vögel zwitscherten und menschliche Stimmen ertönten. Um diese Zeit indessen waren alle Dorfbewohner in ihren Hütten, und es war sehr friedlich unter dem Baume. Die Sonne drang nie bis zu seinem Fuß durch; die Blumen würden also bis zum nächsten Tage frisch bleiben, wenn neue Blumenopfer kämen. Ein enger Pfad führte bis an den Baum heran und lief dann weiter durch die grünen Felder. Die Ziegen wurden auf diesem Pfade sorgsam bis nahe an die Hügel geleitet; dann ließ man sie laufen, und sie fraßen dort alles in Reichweite. Gegen Abend entfaltete der Baum seine volle Pracht. Wenn die Sonne hinter den Hügeln langsam unterging, leuchteten die Felder noch grüner, und seine Krone fing die letzten goldenen, durchsichtigen Strahlen auf. Beim Eintritt der Dunkelheit schien er sich von seiner Umgebung zurückzuziehen und sich zur Nacht in sich selber abzuschließen; es war, als ob sein Geheimnis wüchse, um in das Geheimnis aller Dinge einzugehen.

Er betrieb seine Praxis als Psychologe und Analytiker seit einer Reihe von Jahren und hatte viele Leute geheilt. Er arbeitete in einem Krankenhaus wie auch privat, und seine wohlhabenden Patienten hatten ihn ebenfalls reich gemacht, sodaß er teure Automobile, ein Landhaus und manches andere besaß. Doch er nahm seine Arbeit ernst, es war nicht nur Gelderwerb für ihn. Er bediente sich verschiedener Methoden der Analyse je nach seinen Patienten, hatte außerdem Heilmagnetismus studiert und wandte bei einigen Patienten versuchsweise auch Hypnose an.

«Es ist sehr merkwürdig», begann er, «wie frei und leicht manche Leute im hypnotischen Zustand über ihre verborgenen Zwangsvorstellungen und Reaktionen sprechen, und jedesmal wenn ich einen Patienten unter Hypnose bringe, fühle ich, wie sonderbar es ist. Ich selber bin immer äußerst gewissenhaft und ehrlich gewesen, aber ich bin mir der schweren Gefahr der Hypnose bewußt, besonders in den Händen gewissenloser Leute, Ärzte oder anderer. Vielleicht ist die Hypnose ein kürzerer Weg zur Heilung, vielleicht auch nicht; ich halte

sie aber nur in gewissen, hartnäckigen Fällen für gerechtfertigt. Es dauert lange, einen Patienten zu heilen, im allgemeinen mehrere Monate, und ist recht ermüdend.»
«Vor einiger Zeit», fuhr er fort, «kam eine Patientin zu mir, die ich seit einer Reihe von Monaten in Behandlung hatte. Sie ist alles andere als dumm, ist gut belesen und hat umfassende Interessen. Mit beträchtlicher Erregung und einem Lächeln, das ich lange nicht mehr bei ihr gesehen hatte, erzählte sie mir, daß eine Freundin sie überredet habe, zu einigen Ihrer Vorträge zu gehen. Es stellte sich heraus, daß sie sich während der Vorträge von ihren Depressionen, die sehr ernster Natur waren, befreit fühlte. Sie sagte, der erste Vortrag habe sie sehr bestürzt. Die Gedanken und Ausdrücke seien ihr neu gewesen und sehr widerspruchsvoll erschienen, und sie habe den zweiten Vortrag nicht mehr anhören wollen. Aber ihre Freundin habe erklärt, das geschähe öfter, und sie müsse zu mehreren Vorträgen kommen, ehe sie urteilen könne. Schließlich sei sie zu allen gegangen und, wie ich schon sagte, habe sie das Gefühl der Erlösung von ihrer Spannung bekommen. Ihre Worte schienen bestimmte Punkte in ihrem Bewußtsein zu berühren, und ohne eine Anstrengung ihrerseits, sich von den Hemmungen und Depressionen zu befreien, habe sie auf einmal bemerkt, daß sie verschwunden waren: sie hatten einfach aufgehört zu bestehen. Das geschah vor ein paar Monaten. Vor kurzem sah ich sie wieder und fand, daß ihre Depressionen restlos geklärt waren, sie ist wieder normal und glücklich, besonders in dem Verhältnis zu ihrer Familie, und alles scheint in Ordnung.»

«Das nur zur Einleitung», fuhr er fort. «Sehen Sie, dieser Patientin habe ich es zu verdanken, daß ich etwas von Ihren Lehren gelesen habe, und nun möchte ich gern folgendes mit Ihnen besprechen: gibt es einen Weg oder eine Methode, wie man schnell an die Wurzel allen menschlichen Leidens gelangen kann? Unsere heutige Technik erfordert viel Zeit und sehr beträchtliche, geduldige Untersuchung.»

Wenn ich fragen darf: was versuchen Sie, mit Ihren Patienten zu tun?

«In einfachen Worten und ohne psychoanalytische Fachausdrücke gesprochen, versuchen wir, ihnen zu helfen, ihre Schwierigkeiten, Depressionen und so weiter zu überwinden, daß sie für die Gesellschaft tauglich werden.»

Halten Sie es wirklich für so wichtig, Menschen für unsere verderbte Gesellschaftsordnung tauglich zu machen?

«Vielleicht ist sie verdorben, aber die Umgestaltung der Gesellschaft ist nicht unsere Sache. Unsere Aufgabe besteht darin, dem Patienten zu helfen, sich seiner Umgebung anzupassen und ein glücklicherer und nützlicherer Bürger zu werden. Wir haben es mit abnormalen Fällen zu tun und versuchen nicht, übernormale Menschen zu schaffen. Ich halte das nicht für unsere Aufgabe.»

Glauben Sie, daß Sie Ihre Person von Ihrer Funktion trennen können? Wenn ich fragen darf, ist es nicht auch Ihre Aufgabe, eine vollkommen neue Ordnung herbeizuführen, eine Welt, in der keine Kriege, kein Widerstreit, kein Drang nach Wettbewerb mehr bestehen? Führen solche Triebe und Zwangsmaßregeln nicht gerade zu einer Gesellschaftsform, die abnormale Menschen entwickeln muß? Wenn man nur darauf bedacht ist, den Menschen zu helfen, sich hier oder woanders in die bestehende Gesellschaftsordnung einzufügen, dann unterstützt man doch die Ursachen, die immer wieder Enttäuschung, Elend und Zerstörung zur Folge haben.

«Sicherlich ist an dem, was Sie sagen, etwas richtig; aber ich glaube nicht, daß wir Analytiker bereit sind, so tief auf die grundlegenden Ursachen menschlichen Leidens einzugehen.»

Dann kommt es mir vor, als ob Sie sich nicht mit der einheitlichen Entwicklung des Menschen, sondern nur mit einem besonderen Teil seines Bewußtseins beschäftigen. Zwar kann es nötig werden, einen bestimmten Teil zu heilen, aber ohne Verständnis für den Gesamtablauf in einem Menschen können andere Krankheitsformen hervorgerufen werden. Zweifellos ist das keine Frage, über die man nachgrübeln oder sich streiten kann, sondern eine klare Tatsache, die nicht nur der Spezialist, sondern jeder einzelne Mensch in Betracht ziehen muß.

«Da verwickeln Sie mich in eine sehr tiefgehende Frage, mit der ich nicht vertraut bin, und ich verliere den Grund unter den Füßen. Bisher habe ich nur unklar über diese Dinge nachgedacht und kaum überlegt, was wir tatsächlich mit unseren Patienten, abgesehen von dem üblichen Vorgehen, zu erreichen suchen. Sehen Sie, die meisten unter uns haben weder Zeit noch Neigung, all das zu studieren; wahrscheinlich sollten wir es tun, wenn wir uns selber freimachen und unsern Patienten helfen wollen, sich aus der Verwirrung und dem Leid der heutigen westlichen Zivilisation zu lösen.»

Verwirrung und Leid herrschen nicht nur im Westen; in der ganzen Welt sind die Menschen in derselben mißlichen Lage. Das Problem des Einzelnen ist zugleich das Problem der Welt, es sind nicht zwei verschiedene oder getrennte Vorgänge. Uns interessiert zweifellos das menschliche Problem an sich, ob der Mensch nun im Morgen- oder im Abendlande lebt, was ohnehin eine willkürliche, geographische Scheidung ist. Das Bewußtsein des Menschen ist unablässig mit Gott und Tod, mit rechter und glücklicher Lebensweise, mit Kindern und deren Erziehung, mit Krieg und Frieden beschäftigt. Ohne all das zu verstehen, kann von der Heilung des Menschen keine Rede sein.

«Sie haben gewiß recht, aber ich glaube, nur sehr wenige von uns werden imstande sein, so weite und tiefgehende Untersuchungen anzustellen. Die meisten Menschen werden falsch erzogen. Wir werden Spezialisten und Techniker — was auch seinen Vorteil hat —, aber unglücklicherweise bedeutet es das Ende für uns. Jeder Spezialist — ob sein Sondergebiet nun das Herz oder ein Komplex ist — schafft sich seinen eigenen, kleinen Himmel, genauso wie ein Geistlicher; und obgleich er vielleicht hin und wieder etwas auf anderen Gebieten liest, bleibt er dort bis zu seinem Tode. Sie haben recht, aber so ist es.

Jetzt würde ich gern noch einmal auf meine Frage zurückkommen: gibt es eine Methode oder Technik, mit Hilfe deren wir direkt an die Wurzel aller menschlicher Leiden, besonders der unserer Patienten, gelangen und sie schnell ausrotten können?»

Ich möchte Sie wiederum fragen: warum denken Sie immer in Begriffen von Methode oder Technik? Kann eine Methode oder Technik den Menschen freimachen, oder wird sie ihn nur einem erwünschten Ziel anpassen? Und obwohl das erwünschte Ziel das Gegenteil von allen Ängsten, Enttäuschungen und Bedrückungen des Menschen ist, ist es doch auch die Folge von all diesen. Eine Reaktion aus dem Gegenteil heraus ist niemals wahres Handeln, weder in der wirtschaftlichen noch in der psychologischen Welt. Abgesehen von Technik oder Methode gibt es vielleicht einen anderen Faktor, der den Menschen wirklich helfen könnte.

«Und was wäre das?»

Vielleicht ist es Liebe.

41] Von allem Vergangenen rein gewaschen

Eine gut gepflegte Straße führte bis an den Fuß des Hügels heran und verlief sich dann in einen Pfad. Oben auf der Spitze des Hügels standen die Ruinen einer sehr alten Feste. Vor mehreren tausend Jahren war es eine furchterregende Stätte gewesen, ein Festung aus gewaltigen Felsen mit stolzen Säulenhallen, Mosaikfußböden, Gemächern und Marmorbädern. Je mehr man sich der Burg näherte, desto höher und dicker erschienen die Mauern, und desto wirksamer war sie wohl einmal verteidigt worden; und doch konnte sie erobert, zerstört und wieder aufgebaut werden. Die Außenmauern bestanden aus gewaltigen Felsblöcken, die ohne bindenden Mörtel aufeinandergetürmt waren. Innerhalb der Mauern war ein alter Brunnen, viele Meter tief, zu dem Stufen hinunterführten; sie waren glatt und schlüpfrig, und die Seitenwände des Brunnens glänzten vor Feuchtigkeit. Alles lag jetzt in Trümmern, doch die herrliche Aussicht von der Spitze des Hügels war noch die gleiche. Zur Linken schimmerte das Meer; es begrenzte weit offene Ebenen und Hügel dahinter. In der Nähe ragten zwei kleinere Hügel auf, die in vergangenen Zeiten wohl auch Festungen getragen hatten, doch kaum der stolzen Burg zu vergleichen, die auf die benachbarten Hügel und Ebenen herabsah. Es war ein lieblicher Morgen, und die Seebrise bewegte die leuchtenden Blumen, die zwischen den Trümmern wuchsen. Diese Blumen waren herrlich, sie hatten tiefe, saftige Farben und kamen an den merkwürdigsten Stellen hervor: auf den Felsen, in den Spalten der zerbrochenen Mauern und in den Höfen. Zahllose Jahrhunderte hatten sie frei und wild da gestanden und es schien fast frevelhaft, sie zu zertreten, wie sie den Pfad überwucherten. Es war ihre Welt, und wir waren fremd darin, aber sie ließen es uns nicht fühlen.

Die Aussicht von dem Hügel war nicht atemberaubend, wie man sie gelegentlich sehen kann, wenn Erhabenheit und Stille das Bewußtsein auslöschen. Hier war es nicht so. Hier herrschte friedliches Entzücken in sanfter Ausdehnung, hier konnte man zeitlos, ohne Vergangenheit und Zukunft leben, denn man fühlte sich eins mit der ganzen hinreißenden Welt. Man war kein menschliches Wesen mehr, kein Fremdling aus fernem Lande, man war Hügel, Ziege und Ziegenhirt, man war Himmel und blühende Erde, man war nicht getrennt, sondern ein Teil von allem. Doch man war sich ebensowenig seiner Zugehörigkeit bewußt wie die Blumen dort. Man *war* das lächelnde Feld, das blaue Meer und der ferne Zug mit seinen Fahrgästen. Man war selber nicht da als Wählender, Vergleichender, Handelnder und Suchender: man war eins mit allem.

Jemand sagte, es sei spät und wir müßten gehen. So stiegen wir auf der andern Seite des Hügels den Pfad hinab und kamen dann auf den Weg, der zum Meer führte.

Wir saßen unter einem Baum, und er sprach davon, wie er während der beiden Weltkriege zuerst als Junge, dann als Mann von mittleren Jahren in verschiedenen Ländern Europas gearbeitet habe. Im letzten Kriege hatte er kein Heim mehr, hatte oft gehungert und wäre beinahe von einem der siegenden Heere für irgendetwas erschossen worden. Er hatte schlaflose, gequälte Nächte im Gefängnis zugebracht, denn sein Paß war auf seinen Wan-

derungen verloren gegangen, und niemand wollte seiner
einfachen Aussage, wo er geboren sei und welchem Lande
er angehöre, Glauben schenken. Er beherrschte mehrere
Sprachen, war zuerst als Ingenieur, dann in einem Geschäft
tätig gewesen, und nun malte er. Jetzt habe er einen
Paß, sagte er lächelnd, sowie ein Heim.

«Es gibt viele in meiner Lage», fuhr er fort, «Menschen,
die zugrunde gerichtet waren und wieder auflebten. Ich
bedaure nichts, aber ich habe irgendwie die Fühlung mit
dem Leben verloren — wenigstens mit dem, was man
Leben nennt. Ich habe genug von Heeren und Königen,
von Politik und Fahnen. Sie haben alle ebensoviel Unglück und Leid gebracht wie unsere Religion, die mehr
Blut vergossen hat als jede andere; nicht einmal die
Welt der Moslem kann sich an Gewalttaten und Schrekken mit uns vergleichen, und nun sind wir schon wieder
soweit! Früher war ich sehr zynisch, aber jetzt nicht
mehr. Ich lebe allein, denn meine Frau und mein Kind
starben im Kriege, und jedes Land ist mir nun recht,
solange es warm genug ist. Ich mache mir keine Sorgen,
verkaufe ab und zu eins meiner Bilder und erhalte mich
davon. Manchmal ist es ziemlich schwierig auszukommen, aber dann geschieht immer irgendetwas, und da ich
sehr bedürfnislos bin, kümmere ich mich kaum um Geld.
Tief im Innern bin ich ein Mönch, doch nur außerhalb
der Klostergefangenschaft. Ich erzähle Ihnen all das nicht,
um über mich selber zu sprechen, sondern um Ihnen
meinen Hintergrund zu skizzieren; denn im Gespräch
mit Ihnen werde ich vielleicht etwas verstehen lernen, was
lebenswichtig für mich geworden ist. Nichts anderes interessiert mich mehr, nicht einmal meine Malerei.

Eines Tages machte ich mich mit meiner Malausrüstung auf den Weg in die Berge, wo ich etwas gesehen
hatte, das ich malen wollte. Es war noch recht früh am
Morgen, als ich an die Stelle kam, nur ein paar Wolken
schwebten am Himmel. Von meinem Standort konnte
ich über das Tal hinweg auf das leuchtende Meer blikken; ich war entzückt, allein zu sein, und fing an zu
malen. Ich muß wohl eine Zeitlang gemalt haben — mit
sehr schönem Erfolg, ganz ohne Spannung oder An-

strengung — als ich mir plötzlich bewußt wurde, daß im Innern meines Kopfes etwas vor sich ging, wenn ich es so ausdrücken darf. Ich war so völlig in meine Malerei vertieft, daß ich zuerst nicht gemerkt hatte, was mit mir geschah, aber dann kam es mir auf einmal zum Bewußtsein. Ich konnte nicht weiter malen und saß vollkommen still da.» Nach einer kurzen Pause fuhr er fort.

«Halten Sie mich bitte nicht für verrückt, das bin ich nicht, aber wie ich da saß, wurde ich mir einer außerordentlichen, schöpferischen Kraft bewußt. Nicht daß *ich* schöpferisch war, sondern etwas in mir, etwas, das auch zugleich in den Ameisen und dem ruhelosen Eichhörnchen war. Ich glaube, ich mache es nicht recht klar, aber Sie verstehen sicherlich, was ich meine. Es war nicht die schöpferische Fähigkeit eines Hinz und Kunz, die dichten, oder mein eigenes Talent, wenn ich ein armseliges Bild male, es war ganz klar und einfach Schöpfung, und was Sinn oder Hand hervorbringen können, lag nur an der äußersten Grenze dieser Schöpfung und war von geringer Bedeutung. Ich schien darin unterzutauchen, es lag Heiligkeit und Segen darin. Wenn ich es in religiöse Worte fassen wollte, müßte ich sagen, ... Aber nein, die religiösen Worte bleiben mir im Halse stecken, sie haben keinen Sinn mehr. Hier war der Mittelpunkt aller Schöpfung, Gott selber .... Wieder solche Worte! Aber ich versichere Ihnen, es war heilig. Nicht die fabrizierte Heiligkeit von Kirchen, Hymnen und Weihrauch — das ist alles unreifes, dummes Zeug —, hier war etwas Unbeflecktes, Unerwartetes, und mir liefen Tränen über die Wangen: ich wurde von allem Vergangenen rein gewaschen. Das Eichhörnchen hatte aufgehört, sich um seine nächste Mahlzeit zu sorgen, und es herrschte eine erstaunliche Stille — nicht die Ruhe der Nacht, wenn alles schläft, sondern eine Stille, in der alles wachte.

Ich muß wohl sehr lange bewegungslos dagesessen haben, denn als ich zu mir kam, stand sie Sonne schon im Westen. Ich war etwas steif geworden, ein Bein war eingeschlafen, und ich konnte nur mühsam aufstehen. Ich übertreibe nicht, es war als ob die Zeit stillgestanden habe — oder besser, es gab überhaupt keine Zeit mehr. Ich hatte keine Uhr, sicherlich waren aber mehrere Stunden seit dem Augenblick vergangen, da ich meinen Pinsel hingelegt hatte. Ich war weder hysterisch noch bewußtlos gewesen, wie man hätte schließen können; im Gegenteil, ich war vollkommen munter und bemerkte alles, was um mich her vorging. Ich suchte alle meine Sachen zusammen, packte sie sorgfältig in meinen Rucksack, und begab mich in diesem außerordentlichen Zustand auf den Heimweg. Die Geräusche der kleinen Stadt, in der ich wohne, konnten meinen Zustand in keiner Weise stören, und er hielt noch mehrere Stunden nach meiner Heimkehr an. Als ich am nächsten Morgen aufwachte, war es damit vollkommen vorbei. Ich sah das Bild an, das ich gemalt hatte: es war gut, aber keineswegs hervorragend.

«Es tut mir leid, daß ich so viel gesprochen habe», schloß er, «aber all das hat seit langem in mir verschlossen gelegen, denn ich konnte zu keinem Menschen davon sprechen. Hätte ich es getan, so wäre man mir mit dem Priester gekommen oder hätte einen Analysten vorgeschlagen. Ich frage Sie nun nicht nach einer Erklärung, sondern nur: wie entsteht so etwas? Unter welchen Umständen tritt es in Erscheinung?»

Stellen Sie die Frage, weil Sie es wieder erleben möchten?

«Das ist wahrscheinlich mein Beweggrund, aber ....»

Bitte, lassen Sie uns damit fortfahren. Das Ereignis selber ist weniger wichtig als die Tatsache, daß Sie ihm nicht weiter nachgehen dürfen. Gier erzeugt Anmaßung; man braucht aber Demut. Demut läßt sich nicht züchten; versucht man es, so hat man anstatt Demut nur eine neue Errungenschaft. Ob Sie ein neues Erlebnis dieser Art bekommen werden, spielt keine Rolle; wichtig ist nur, daß Sie unschuldig frei sind von der Erinnerung an alle Erlebnisse — gute und böse, angenehme und schmerzliche.

«Lieber Gott, Sie fordern mich auf, etwas zu vergessen, was die allergrößte Bedeutung für mich hat. Da verlangen Sie etwas Unmögliches. Ich kann und will es nicht vergessen.»

Ja, darin liegt die Schwierigkeit. Bitte hören Sie mir geduldig und verständig zu. Was haben Sie jetzt? Eine tote Erinnerung. Während Ihres Erlebnisses war etwas Lebendiges da, es gab kein ‹Ich›, das erlebte, und keine Erinnerung, die sich an Vergangenes anklammern wollte. Ihr Sinn war in einem Zustand der Unschuld, er suchte nicht, fragte nicht und hielt an nichts fest — er war frei. Jetzt dagegen suchen Sie und klammern sich an die tote Vergangenheit. Oh ja, das Erlebnis ist tot, denn Ihre Erinnerung hat es zerstört und schafft nun den zweischneidigen Konflikt zwischen dem, was war, und dem, worauf Sie hoffen. Konflikt ist etwas Lebloses, und daher leben Sie in Dunkelheit. Ein solches Erlebnis kann eintreten, wenn das Ich abwesend ist, aber die Erinnerung daran und das Verlangen nach mehr bestärken das Ich so sehr, daß es der lebendigen Wirklichkeit im Wege steht.

«Wie kann ich aber diese aufregende Erinnerung auslöschen?»

Die Frage deutet immer noch auf Ihren Wunsch, den Zustand wieder herbeizuführen, nicht wahr? Sie wollen die Erinnerung nur auslöschen, um es noch einmal zu erleben, und so hält Ihr Verlangen an, obgleich Sie willens sind, die Vergangenheit zu vergessen. Ihre Begierde nach diesem ungewöhnlichen Zustand ähnelt der eines Mannes, der dem Trunk oder einem Rauschmittel ergeben ist. Ein neues Erlebnis der Wirklichkeit ist für Sie keineswegs so wichtig wie klares Verständnis und das freiwillige Auflösen Ihres Verlangens, ohne Widerstand und ohne Betätigung des Willens.

«Wollen Sie damit sagen, daß gerade meine Erinnerung an den Zustand und der starke Drang nach einem neuen Erlebnis ein gleiches oder vielleicht ähnliches Geschehen verhindern könnten? Darf ich bewußt oder unbewußt gar nichts tun, um es wieder herbeizuführen?»

Wenn Sie es wirklich verstanden haben, ist das richtig.

«Sie verlangen etwas beinahe Unmögliches, aber man kann nie wissen.»

42] Autorität und Zusammenarbeit

Sie sei Sekretärin des Hauptleiters eines großen Betriebes gewesen, erklärte sie, und habe viele Jahre für ihn gearbeitet. Daß sie bestimmt sehr tüchtig war, zeigte sich in ihrer Haltung und Redeweise. Sie hatte etwas Geld gespart und vor zwei Jahren ihre Stelle aufgegeben aus dem Wunsche, der Welt zu helfen. Noch ziemlich jung und kräftig, wollte sie den Rest ihres Lebens einer lohnenden Aufgabe widmen, daher hatte sie verschiedene geistige Organisationen in Erwägung gezogen. Ehe sie auf die Hochschule kam, war sie in einem Kloster erzogen worden, aber was man sie dort gelehrt hatte, erschien ihr heute begrenzt, dogmatisch und autoritär, und sie konnte sich natürlich nicht mehr einem solchen religiösen Institut anschließen. Nachdem sie mehrere andere untersucht hatte, war sie schließlich an eins gekommen, das umfassender und von größerer Bedeutung als die meisten anderen zu sein schien, und nun stand sie im Mittelpunkt dieser Organisation als Helferin eines der Hauptmitarbeiter.

«Endlich habe ich etwas gefunden», fuhr sie fort, «das mir eine befriedigende Erklärung für unser gesamtes Dasein bietet. Natürlich gibt es da auch die Autorität der Meister, aber man braucht nicht an sie zu glauben. Zufällig glaube ich daran, das tut indessen nichts zur Sache. Ich gehöre zum inneren Kreis und, wie Sie wissen, üben wir bestimmte Formen des Meditierens. Nur sehr wenige Mitglieder erfahren heutzutage etwas über ihre Einweihungen durch die Meister, längst nicht mehr so viele wie früher. Man ist vorsichtiger geworden.»

Wenn ich fragen darf: warum erklären Sie mir das alles?

«Ich war neulich nachmittags in Ihrer Diskussionsgruppe, als die Behauptung aufgestellt wurde, alles Nachfolgen sei von Übel. Seitdem habe ich noch mehreren Diskussionen beigewohnt und bin natürlich von allem, was da zur Sprache kam, sehr erregt. Sehen Sie, das Arbeiten für die Meister braucht noch nicht notwendigerweise

Gefolgschaft zu bedeuten. Die Autorität ist zwar da, aber wir sind es, die Autorität nötig haben. Sie verlangen keinen Gehorsam von uns, doch wir gehorchen ihnen oder ihren Vertretern freiwillig.»

Wenn Sie, wie Sie sagen, an einer Diskussion teilgenommen haben, finden Sie dann nicht Ihre Worte jetzt ziemlich unreif? Solange man bei den Meistern oder ihren Stellvertretern, deren Autorität sich auf ihren eigenen, selbst gewählten Pflichten und Vergnügen aufbaut, Schutz sucht, ist es im wesentlichen genauso, als ob man sich in kirchliche Autorität flüchtet, nicht wahr? Das eine mag für eng, das andere für umfassend gehalten werden, doch beides ist offenbar bindend. Ist man verwirrt, so sucht man Leitung; was man aber findet, ist unvermeidlich das Ergebnis der eigenen Verwirrung. Jeder Führer ist ebenso verwirrt wie seine Nachfolger, die ihn nur infolge ihrer eigenen Konflikte und Leiden gewählt haben. Einem anderen nachzufolgen — sei er auch ein Führer, ein Erlöser oder Meister —, kann niemals Klarheit und Glück bringen. Nur wenn man seine eigene Verwirrung und deren Urheber versteht, wird man frei von Konflikt und Elend. Das scheint ziemlich einleuchtend, nicht wahr?

«Vielleicht für Sie, aber ich verstehe es immer noch nicht. Wir müssen nach den richtigen Grundsätzen arbeiten, und die, die sie kennen, sollen und werden bestimmte Pläne zu unserer Leitung festlegen. Das bedeutet doch nicht blinde Gefolgschaft.»

Es gibt keine aufgeklärte Gefolgschaft, jedes Nachfolgen ist von Übel. Autorität ist immer verderblich, bei denen an hoher Stelle genauso wie bei den Gedankenlosen. Gedankenlose Menschen werden nicht dadurch nachdenklich, daß sie jemandem folgen, sei er auch noch so bedeutend oder edel.

«Ich möchte gern mit meinen Freunden zusammen für etwas von weltweiter Bedeutung tätig sein. Um aber zusammenarbeiten zu können, brauchen wir doch eine Autorität über uns.»

Nennen Sie das wirklich Zusammenarbeit, wenn der angenehme oder unangenehme Einfluß von Autorität wie ein Zwang über allem steht? Ist es Zusammenarbeit, wenn man an einem Plan mitwirkt, den ein anderer vorgeschrieben hat? Paßt man sich dann nicht immer bewußt oder unbewußt an, aus Furcht, aus Hoffnung auf Belohnung und so weiter? Und ist Anpassung Zusammenarbeit? Kann es überhaupt zu einem Zusammenwirken kommen, wenn eine wohlwollende oder auch tyrannische Autorität über einem schwebt? Zweifellos entsteht Zusammenarbeit nur, wenn man Liebe zur Sache selber hat, ohne Furcht vor Strafe oder Mißerfolg und ohne den Hunger nach Erfolg und Anerkennung. Zusammenwirken ist erst dann möglich, wenn Freiheit herrscht, Freiheit von Neid und Erwerbsucht, von dem Streben nach persönlicher oder allgemeiner Herrschaft und Macht.

«Sind Sie nicht viel zu drastisch in diesen Dingen? Wir würden ja nie etwas erreichen, wenn wir abwarten wollten, bis wir uns von all den inneren, offenbar bösen Ursachen befreit haben.»

Und was erreichen Sie jetzt? Tiefer Ernst und völlige, innere Wandlung gehören dazu, eine andere Welt entstehen zu lassen; es muß wenigstens ein paar Menschen geben, die bewußt oder unbewußt nicht länger Konflikt und Leid fortsetzen wollen. Ehrgeiz für die eigene Person und für die Gemeinschaft muß aufhören, denn jede Form von Ehrgeiz steht der Liebe im Wege.

«Ich bin von allem, was Sie gesagt haben, sehr verstört und hoffe, daß ich ein andermal wiederkommen darf, wenn ich etwas ruhiger geworden bin.»

Sie kam nach langer Zeit noch einmal zurück.

«Nachdem ich bei Ihnen gewesen war, bin ich eine Weile allein fortgegangen, um alles sachlich und klar zu durchdenken, und habe ein paar schlaflose Nächte verbracht. Meine Freunde rieten mir, mich von Ihren Worten nicht zu sehr beunruhigen zu lassen, aber ich war aufgerüttelt und mußte bestimmte Dinge bei mir selber entscheiden. Seitdem habe ich auch einige Ihrer Vorträge etwas aufmerksamer und ohne Widerstreben gelesen, und alles wird langsam klarer. Nun kann ich nicht mehr zurück — ich dramatisiere nicht. Ich bin aus der Organisation ausgetreten und habe alle Folgen auf mich genommen. Natürlich sind meine Freunde darüber aufgebracht und meinen, ich werde wieder zurückkommen, aber ich glaube nicht. Ich habe es getan, weil ich die Wahrheit in Ihren Worten erkenne. Jetzt will ich abwarten, was geschieht.»

43] Mittelmäßigkeit

Das Unwetter hatte mehrere Tage angehalten und heftige Winde und Wolkenbrüche mit sich gebracht. Die Erde saugte das Wasser gierig auf, und der Staub vieler Sommer wurde von den Bäumen gewaschen. In diesem Teil des Landes hatte es mehrere Jahre lang nicht mehr richtig geregnet, jetzt aber wurde alles wiedergutgemacht — wenigstens hoffte man es —, und das Plätschern des Regens, das Rinnen des Wassers löste nichts als Freude aus. Es regnete immer noch, als wir alle zu Bett gingen. Die Regentropfen trommelten laut auf das Dach, es klang wie ein Tanzrhythmus, und man konnte das Murmeln vieler Bäche hören. Dann kam ein herrlicher Morgen! Die Wolken waren verschwunden, und die Hügel ringsumher glitzerten in der frühen Morgensonne, sie sahen alle aus wie rein gewaschen; ein Segen lag in der Luft. Noch regte sich nichts, nur die Hügelspitzen erglühten. In ein paar Minuten würde der tägliche Lärm beginnen, aber jetzt herrschte noch tiefer Frieden im Tal, obgleich das Murmeln der Flüsse und in der Ferne das Krähen eines Hahnes hörbar waren. Alle Farben sahen lebendig aus, und alles war so voller Leben — das neue Gras wie der gewaltige Baum, der das Tal zu beherrschen schien. Da war neues Leben in Überfülle, und von nun an würden die Götter wieder froh und freigebig ihre Opfer erhalten. Jetzt würden die Felder für die nächste Reisernte fruchtbar sein, und es würde nicht an Futter für Kühe und Ziegen mangeln. Nun würden sich die Brunnen wieder füllen, und es könnten neue Ehen in Freude geschlossen werden. Die Erde sah rot aus, und überall würde Fröhlichkeit herrschen.

«Ich kenne die Beschaffenheit meines Verstandes genau», erklärte er. «Ich habe die Universität besucht, habe eine sogenannt gute Erziehung erhalten und sehr viel gelesen. Politisch stand ich ganz links und bin mit der entsprechenden Literatur gut vertraut. Die Partei ist genau wie eine organisierte Religion geworden, so wie der Katholizismus früher war und heute noch ist, mit seinem Kirchenbann, seinen Drohungen und Amtsentsetzungen. Eine Weile arbeitete ich ehrgeizig in der Politik und hoffte auf eine bessere Welt, aber obgleich ich darin hätte vorwärtskommen können, habe ich das Spiel durchschaut und aufgegeben. Schon vor langer Zeit erkannte ich, daß man wirkliche Umgestaltung nicht durch Politik erreichen kann, denn Politik und Religion lassen sich nicht vereinen. Ich weiß, man sagt heute allgemein, wir sollten in unsere Politik Religion einführen, aber sobald wir es tun, ist es keine Religion mehr, sondern nur noch Unsinn. Gott spricht nicht in politischen Begriffen zu uns, wir schaffen viel eher unseren eigenen Gott in den Ausdrücken politischer und wirtschaftlicher Bedingtheit.

«Ich bin aber nicht hergekommen, um mit Ihnen über Politik zu reden, und Sie haben ganz recht, die Diskussion darüber abzulehnen. Ich bin gekommen, um über etwas zu sprechen, was mich tatsächlich innerlich verzehrt. Neulich abends sagten Sie etwas über Mittelmäßigkeit. Ich habe zwar zugehört, konnte es aber nicht ganz aufnehmen, denn ich war zu erregt; während Sie sprachen, traf mich das Wort ‹Mittelmäßigkeit› sehr stark. Noch nie hatte ich es auf mich selber angewandt. Ich gebrauche den Ausdruck nicht im gesellschaftlichen Sinne, und er hat auch, wie Sie erklärten, nichts mit wirtschaftlichen und Klassenunterschieden oder mit der Herkunft zu tun.»

Natürlich. Mittelmäßigkeit liegt ganz außerhalb des Bereichs willkürlicher, gesellschaftlicher Einteilungen.

«Das verstehe ich. Sie sagten auch, wenn ich mich recht erinnere, daß nur der wahrhaft religiöse Mensch ein Revolutionär und als solcher nicht mittelmäßig sei. Ich spreche von der Mittelmäßigkeit des Geistes und nicht der der Arbeit oder Stellung. Selbst wenn man an der höchsten und mächtigsten Stelle steht oder den allerinteressantesten Beruf ausübt, kann man noch sehr mittelmäßig sein. Ich habe selber keine hohe Stellung noch eine besonders interessante Beschäftigung, aber ich bin mir wenigstens meiner geistigen Beschaffenheit bewußt. Sie ist durchaus mittelmäßig. Zwar habe ich die Philosophie des Westens und des Ostens studiert und interessiere mich noch für viele andere Dinge, aber trotz allem ist mein Verstand sehr durchschnittlich. Trotz meiner Fähigkeit für koordiniertes Denken bin ich immer noch mittelmäßig und unschöpferisch.»

Worin liegt also Ihr Problem?

«Erstens schäme ich mich richtig über meinen Zustand, über meine eigene ausgesprochene Dummheit, und sage das ohne Selbstbedauern. Ungeachtet all meines Wissens erkenne ich in meinem Innern, daß ich im tiefsten Sinne des Wortes unschöpferisch bin. Es muß doch möglich sein, die schöpferische Kraft, von der Sie neulich sprachen, zu erlangen; aber wie soll man es anfangen? Ist die Frage zu direkt?»

Vielleicht können wir einmal ganz einfach an das Problem herangehen. Was macht unser Denken und Fühlen mittelmäßig? Warum ist unser Verstand — trotz umfassenden Wissens und größter Fähigkeiten — jenseits seiner oberflächlichen Errungenschaften und Talente so unendlich töricht? Und kann er überhaupt jemals anders sein, als er von Anfang an war?

«Ich fange an zu erkennen, daß unser Verstand trotz seiner Klugheit und Begabtheit auch töricht sein kann. Man kann ihn nicht ändern, er bleibt immer, was er ist. Er mag für Beweisführung, Theorien, Pläne oder Berechnungen äußerst befähigt sein, aber wie weit er sich auch ausdehnen läßt, bleibt er doch stets auf demselben Gebiet. Ich verstehe nun erst die Bedeutung Ihrer Frage, ob unser Verstand, der so erstaunlicher Taten fähig ist, durch Willen und Anstrengung über seine eigenen Grenzen hinausgehen kann.»

Ja, das ist eine der Fragen, die auftauchen werden: wenn unser Verstand bei aller Klugheit und Fähigkeit immer noch mittelmäßig bleibt, kann er je durch eigene Willenskraft über sich selbst hinausgehen? Die bloße Verurteilung unserer Mittelmäßigkeit mit ihren mannigfaltigen Überspanntheiten wird die Tatsache keineswegs ändern. Wenn aber das Verurteilen mit all seinen stillschweigenden Folgerungen aufhört, gibt es vielleicht eine Möglichkeit herauszufinden, wodurch unsere Mittelmäßigkeit entsteht. Wir begreifen jetzt den Sinn des Wortes; lassen Sie uns also dabei bleiben. Ist nicht unser Streben nach Taten, Ergebnissen oder Erfolgen einer der Faktoren der Mittelmäßigkeit? Und unser Verlangen nach schöpferischer Tätigkeit deutet immer noch auf eine oberflächliche Betrachtungsweise, nicht wahr? Ich würde gern das, was ich bin, in etwas anderes ändern; darum frage ich: wie? Wenn aber schöpferische Kraft etwas ist, das man erstreben oder wie ein Ergebnis erreichen kann, dann hat unser Verstand sie zu seiner eigenen Beschaffenheit reduziert. Das muß man wirklich verstehen, nicht aber versuchen, Mittelmäßigkeit in etwas anderes verwandeln zu wollen.

«Wollen Sie damit sagen, daß alles Bemühen unseres Verstandes, seine Beschaffenheit zu ändern, nur zur Fortdauer seiner selbst in anderer Form führt und daher überhaupt keine Veränderung stattfinden kann?»

Das ist richtig. Der Verstand hat seine gegenwärtige Beschaffenheit durch eigene Anstrengung, durch Wünsche und Ängste, Hoffnungen, Freuden und Leiden herbeigeführt, und jeder Versuch seinerseits, diesen Zustand zu ändern, verläuft in derselben Richtung. Ein kleinlicher Sinn, der versucht, *nicht* kleinlich zu sein, bleibt es doch noch. Das Problem liegt also zweifellos im Aufhören aller Bemühungen des Verstandes, etwas zu sein, und zwar in jeder Beziehung.

«Natürlich. Aber das bedeutet doch weder Verneinung noch einen Zustand der Leere, nicht wahr?»

Wenn man Worte nur rein mechanisch hört, ohne ihre Bedeutung ganz zu erfassen, ohne damit Versuche anzustellen oder sie zu erleben, hat es keinen Sinn, Schlußfolgerungen zu ziehen.

«Man kann also der schöpferischen Kraft nicht nachstreben. Man kann sie nicht lernen, sich nicht in ihr üben, noch sie durch Handlungen oder irgendwelchen Zwang herbeiführen. Ich sehe, daß das wahr ist. Wenn ich darf, möchte ich jetzt laut denken und es langsam mit Ihnen besprechen. Mein Verstand, der sich seiner Mittelmäßigkeit schämte, wird sich nun der Bedeutung des Verurteilens bewußt. Seine verurteilende Einstellung entstand durch den Wunsch, sich zu ändern, aber dieser Wunsch ist nichts als die Folge seiner eigenen Kleinlichkeit. Daher bleibt der Verstand so, wie er war, und es hat keinerlei Umwandlung stattgefunden. Soweit habe ich es verstanden.»

In welchem Zustand befindet sich aber unser Verstand, wenn er keinen Versuch mehr macht, sich zu ändern oder etwas zu werden?

«Er ergibt sich in das, was er ist.»

Sich zu ergeben, setzt ein Wesen voraus, das sich ergibt, nicht wahr? Und ist das Sich-Ergeben im Grunde nicht auch ein Bemühen, etwas zu gewinnen oder neu zu erleben? Damit wird aber ein zwiespältiger Konflikt in Gang gebracht, der dasselbe Problem wiederholt, denn jeder Konflikt führt zu Mittelmäßigkeit von Sinn und Herz. Freiheit von der Mittelmäßigkeit ist ein Zustand, der erst entstehen kann, wenn alle Konflikte aufhören; doch Hinnehmen ist nichts als ein Sich-Ergeben. Oder hat das Wort ‹Hinnahme› eine andere Bedeutung für Sie?

«Jetzt verstehe ich erst die umfassende Bedeutung des Hinnehmens, nachdem Sie mir einen Einblick in den Sinn des Wortes gegeben haben. Wie steht es aber um unsern Verstand, wenn er nichts mehr hinnimmt oder verurteilt?»

Warum fragen Sie? Das ist etwas, das sich nicht erklären läßt, und das man selber herausfinden muß.

«Ich suche jetzt nicht nach einer Erklärung oder Theorie; ist es aber möglich, daß sich unser Sinn vollkommen still verhält, ohne die geringste Bewegung, und doch seiner eigenen Stille nicht bewußt wird?»

Das Wahrnehmen der Stille nährt sofort wieder den Konflikt des Zwiespalts, ist das nicht wahr?

44] Bejahende und verneinende Lehre

Der Weg war holprig und staubig, er führte bergab, zu einer kleinen Stadt hinunter. Ein paar Bäume standen noch verstreut am Hügelabhang, aber die meisten waren gefällt und zu Brennholz zerhackt worden, und man mußte schon recht hoch steigen, um Schatten zu finden. Dort oben waren die Bäume nicht mehr verkrüppelt oder von Menschenhand beschädigt, sondern wuchsen zu voller Höhe, hatten dicke Äste und regelrechtes Laub. Die Leute pflegten hier jeweils einen Ast abzuhauen, ließen ihre Ziegen die Blätter abfressen, und wenn er kahl war, zerhackten sie ihn zu Brennholz. Tiefer unten wurde das Holz knapper, so stiegen sie allmählich immer höher hinauf und zerstörten die Bäume. Es regnete nicht mehr so reichlich wie früher, die Bevölkerung nahm stetig zu, und die Menschen mußten ihr Leben fristen. Überall herrschte Hunger, und man wurde gleichgültig gegen Leben und Tod. Es gab hier keine wilden Tiere, sie hatten sich wahrscheinlich höher hinauf zurückgezogen. Ein paar Vögel scharrten zwischen den Büschen, selbst die sahen zerzaust aus und hatten gebrochene Federn. Ein schwarz-weißer Häher keifte heiser, während er auf einem einsamen Baume von Ast zu Ast flog.

Es wurde immer wärmer, gegen Mittag würde es sehr heiß sein. Hier hatte es viele Jahre lang nicht mehr genug geregnet. Die Erde war vor Trockenheit geborsten, brauner Staub bedeckte die Bäume, es lag nicht einmal Morgentau. Tag für Tag, Monat für Monat schien die Sonne unbarmherzig, und die so ungewisse Regenzeit war noch weit entfernt. Ein Junge kam mit ein paar Ziegen, die er hütete, den Berg hinauf. Er war verwundert, jemandem zu begegnen, aber er lächelte nicht, sondern folgte den Ziegen mit ernster Miene. Hier war Einsamkeit, und die Stille der nahenden Hitze lag über allem.

Zwei Frauen kamen den Pfad hinunter, die eine war alt, die andere noch ganz jung; sie trugen Brennholz, und ihre Lasten sahen ziemlich schwer aus. Jede der Frauen balancierte auf ihrem Kopf, der von einer Tuchrolle beschützt wurde, ein langes Bündel trockener, mit grünen Ranken zusammengebundener Äste, das sie mit einer Hand festhielt. Ihre Körper schwangen in freier Bewegung, wie sie so mit leichtem, schnellem Gang den Berg hinabliefen. Sie hatten bloße Füße, trotz des rauhen Pfades, und die Füße schienen wie von selber den Weg zu finden, denn die Frauen sahen nie herunter, sie hielten den Kopf hoch, und ihre blutunterlaufenen Augen blickten in die Ferne. Beide waren so mager, daß sich ihre Rippen abzeichneten. Das Haar der älteren Frau war ungewaschen und verfilzt, während das des Mädchens wohl früher einmal gut gekämmt und eingefettet gewesen sein mag, denn es wies noch ein paar saubere, glänzende Strähnen auf. Sie war abgespannt bis zur Erschöpfung; wahrscheinlich hatte sie noch bis vor kurzem mit anderen Kindern gespielt und gesungen, aber das war nun vorüber. Von jetzt ab würde sich ihr Leben bis zu ihrem Tode beim Holzsammeln auf den Hügeln abspielen, und nur gelegentlich durch die Geburt eines Kindes unterbrochen werden.

Wir gingen alle den Pfad hinunter. Das kleine Dorf lag noch mehrere Meilen entfernt; dort würden sie ihre Lasten für einen Hungerlohn verkaufen und morgen wieder neu anfangen müssen. Sie unterhielten sich ab und zu und machten dann wieder lange Pausen. Plötzlich sagte die Jüngere zu ihrer Mutter, sie sei hungrig, aber die Mutter antwortete, sie würden mit Hunger geboren und müßten mit Hunger leben und sterben, das sei ihr Los. Sie sagte es nüchtern und tatsächlich, in ihrer Stimme klang kein Vorwurf, kein Ärger, keine Hoffnung. Wir gingen immer weiter den steinigen Weg hinunter. Nun war kein Beobachter mehr hinter ihnen, der ihnen voller Mitleid zuhörte, der aus Liebe und Erbarmen an ihnen Anteil nahm: er *war* die beiden Frauen, er bestand nicht mehr, es gab nur noch sie. Sie waren nicht mehr die Fremden, die er oben auf dem Berge getroffen hatte, sie waren alle eins. Die Hände, die die Bündel hielten, waren die seinen, und Schweiß, Erschöpfung, Geruch und Hunger waren nicht mehr Eigenschaften der andern, die man teilte und bemitleidete. Zeit und Raum waren ausgelöscht. Es gab keine Gedanken mehr in unserm Kopf, wir waren zu müde zum Denken, und wenn wir dachten, war es nur über den Verkauf des Holzes, über Essen, Ruhen und Wiederanfang. Weder die Füße auf dem steinigen Pfad noch die heiße Sonne schmerzten uns. Es gab nur uns beide, wie wir den wohlbekannten Hügel herabgingen zu dem Brunnen, an dem wir immer zu trinken pflegten, und weiter über das trockene Bett eines ehemaligen Flusses.

«Ich habe ein paar Vorträge von Ihnen gelesen und angehört», erklärte er, «aber alles, was Sie sagen, erscheint mir so negativ; ich finde darin keine Richtschnur, keine positive Einstellung zum Leben. Der orientalische Ausblick ist geradezu zerstörend; sehen Sie nur, wohin er den Orient gebracht hat! Ihre negative Haltung und ganz besonders Ihr Betonen des Sich-Freimachens von allem Denken ist für uns Abendländer sehr irreführend, wir sind aktiv und fleißig, sowohl unserem Temperament nach, wie aus Notwendigkeit. Was Sie lehren, steht in vollkommenem Gegensatz zu unserer Lebensart.»

Lassen Sie mich zuerst darauf hinweisen, daß die Einteilung der Völker in morgen- und abendländische rein geographisch und willkürlich ist, nicht wahr? Sie hat keine wesentliche Bedeutung. Ob wir nun östlich oder westlich von einer bestimmten Grenze leben, ob wir braun oder schwarz, weiß oder gelb aussehen, sind wir doch alle Menschen, die leiden und hoffen, fürchten und glauben; Freude und Schmerz gibt es hier wie dort. Denken ist weder östlich noch westlich, wir machen solche Einteilungen nur infolge unserer Bedingtheit. Liebe ist auch nicht geographisch gebunden: auf einem Erdteil für heilig erklärt und auf einem andern verleugnet. Die Einteilungen der Menschen geschehen aus wirtschaftlichen Gründen und zur Ausbeutung. Es schließt aber nicht aus, daß die einzelnen Menschen nach Temperament und anderen Eigenschaften voneinander abweichen; sie ähneln einander und sind doch alle verschieden. Das ist ziemlich einleuchtend und den psychologischen Tatsachen entsprechend, nicht wahr?

Bejahende und verneinende Lehre

«Vielleicht für Sie, aber unsere Kultur und Lebensweise ist so ganz anders als die des Ostens. Unsere wissenschaftliche Erkenntnis, die sich seit den Tagen der Griechen stetig fortentwickelt hat, ist jetzt gewaltig. Ost und West entfalten sich in verschiedenen Richtungen.»

Trotzdem wir Unterschiede sehen, müssen wir doch auch Ähnlichkeiten feststellen. Die äußeren Ausdrucksformen sind vielleicht verschieden, aber hinter ihnen und ihren Kundgebungen liegen die gleichen Triebe, Zwangsvorstellungen, Sehnsüchte und Ängste. Wir dürfen uns nicht durch Worte täuschen lassen. Hier wie dort strebt der Mensch nach Frieden und Wohlstand und nach etwas mehr als materiellem Glück. Die Zivilisation kann sich mit dem Klima, der Umgebung, der Ernährung und so weiter ändern; aber Kultur bedeutet in der ganzen Welt grundlegend dasselbe: Mitgefühl, Freigebigkeit, Vergebung, das Vermeiden des Bösen, Freisein von Neid und so weiter. Ohne diese wesentlichen, kulturellen Eigenschaften muß jede Zivilisation — hier wie dort — sich auflösen oder der Zerstörung anheim fallen. Die sogenannt rückständigen Völker können auch Wissen erlangen und werden sich nur zu rasch die Fähigkeiten des Westens zu eigen machen, sie können ebensogut Kriegshetzer, Generäle, Anwälte, Schutzleute und Tyrannen mit ihren Konzentrationslägern und allem übrigen werden. Aber Kultur ist etwas vollkommen anderes. Die Liebe zu Gott und die Freiheit des Menschen sind nicht so leicht zu erreichen, und ohne sie bedeutet materielle Wohlfahrt nicht viel.

«Darin haben Sie recht, aber ich wünschte, Sie würden einmal erwägen, was ich vorhin über das negative Element in Ihrer Lehre sagte. Ich bemühe mich wirklich, sie zu verstehen; halten Sie mich bitte nicht für unhöflich, wenn meine Worte vielleicht sehr offen klingen.»

Was ist verneinend und was bejahend? Die meisten Menschen sind daran gewöhnt, gesagt zu bekommen, was sie tun sollen. Das Erteilen und Befolgen von Ratschlägen wird als positive Lehre angesehen. Es scheint bejahend und aufbauend, sich leiten zu lassen, und für einen Menschen, der aufs Nachfolgen eingestellt ist, klingt die wahre Behauptung, daß alles Folgen von Übel sei, nur negativ und zersetzend. Wahrheit ist die Verneinung und nicht das Gegenteil des Falschen. Sie hat nichts mit dem Positiven und Negativen zu tun, und solange man noch in gegensätzlichen Begriffen denkt, kann man sie nicht erkennen.

«Würden Sie das bitte etwas näher erklären?»

Sehen Sie, wir sind an Autorität und Führerschaft gewöhnt. Unser Streben danach, geführt zu werden, entspringt dem Verlangen nach Sicherheit und Schutz und auch dem Wunsch nach Erfolg. Das ist einer unserer tieferen Triebe, nicht wahr?

«Ich glaube ja, aber ohne Schutz und Sicherheit würde der Mensch....»

Bitte lassen Sie uns darauf eingehen, anstatt voreilige Schlüsse zu ziehen. Haben wir nicht in unserm Streben nach Sicherheit — nicht nur als Einzelne, sondern auch als Gruppe, Volk oder Rasse — eine Welt geschaffen, wo der Krieg, innerhalb und außerhalb einer bestimmten Gesellschaft, zur wichtigsten Angelegenheit geworden ist?

«Ich weiß, denn mein Sohn ist im Kriege über See getötet worden.»

Frieden ist ein Geisteszustand und bedeutet das Freisein von allem Verlangen nach Sicherheit. Solange Sinn und Herz noch Sicherheit suchen, wird der Mensch im Schatten der Furcht leben. Unser Verlangen richtet sich nicht nur auf materielle, sondern viel mehr noch auf innere, psychologische Sicherheit, und dieses Streben nach innerem Schutz durch Tugend, durch Glauben oder durch unser Volk schafft einander begrenzende und bekämpfende Gruppen oder Ideen. Das Verlangen nach Sicherheit, nach dem Erreichen eines begehrenswerten Zieles führt zur Annahme von Vorschriften, zum Befolgen von Beispielen, zur Verehrung von Erfolg, zur Autorität von Führern, Erlösern, Meistern oder Lehrern; und all das nennt man bejahende Lehre, doch im Grunde ist es Gedankenlosigkeit und Nachahmung.

«Das verstehe ich. Ist es aber nicht möglich, zu leiten oder geleitet zu werden, ohne sich selbst oder einen andern als Autorität, als Erlöser hinzustellen?»

Wir versuchen hier, den Trieb des Menschen nach Führung zu begreifen. Was ist dieser Trieb? Ist er nicht ein Ergebnis der Furcht? Wenn wir uns unsicher fühlen und nichts als Unbeständigkeit um uns her sehen, drängt es uns, etwas Festes und Bleibendes zu finden, aber dieser Drang ist eine Regung der Furcht. Anstatt nun die Furcht zu untersuchen, laufen wir vor ihr davon, und gerade unsere Flucht ist das Zeichen von Furcht. Man flüchtet sich in das Bekannte, wie Glaube, kirchliche Bräuche, Vaterlandsliebe, tröstende Formeln religiöser Lehrer, priesterliche Versicherungen und so weiter. All das führt wiederum zu Konflikten zwischen den Menschen, und so geht das Problem von einer Generation zur anderen weiter. Will man es lösen, so muß man an seine Wurzel gehen und diese zu verstehen suchen. Alle sogenannt bejahenden Lehren, die Denkformeln der Religionen einschließlich des Kommunismus, erhalten unsere Furcht weiter aufrecht; daher ist jede positive Lehre verderblich.

«Ich glaube, ich fange an, Ihre Auffassung zu verstehen, ich hoffe nur, daß ich den richtigen Begriff davon habe.»

Es ist keine Sache eigenwilliger, persönlicher Meinung; denn es gibt ebensowenig einen persönlichen Zugang zur Wahrheit wie zur Entdeckung wissenschaftlicher Tatsachen. Die Idee, daß es verschiedene Wege zur Wahrheit gäbe, oder daß die Wahrheit verschiedene Ausdrucksformen habe, entspricht nicht der Wirklichkeit, das ist eine Erfindung der Unduldsamen, die duldsam sein möchten.

«Ich sehe, daß man sehr vorsichtig im Gebrauch seiner Worte sein muß. Aber wenn ich darf, würde ich gern auf einen Punkt zurückkommen, den ich vorhin schon berührt habe. Da die meisten unter uns zum Denken erzogen sind — oder vielmehr dazu, *was* sie denken sollen, wie Sie es ausdrücken —, muß es da nicht zu größerer Verwirrung führen, wenn Sie unentwegt und auf jede Weise betonen, daß alles Denken bedingt sei und man über es hinausgehen müsse?»

Für die meisten Menschen ist Denken außerordentlich wichtig — ist es aber wirklich so? Unser Denken hat eine bestimmte Bedeutung, doch kann es unmöglich etwas aufdecken, was keine Frucht des Denkens ist. Denken ist das Ergebnis des Bekannten und daher nicht imstande, das Unbekannte oder Unerkennbare zu durchdringen. Ist alles Denken am Ende nicht Verlangen — nach materiellen Bedürfnissen wie nach dem höchsten, geistigen Ziel? Wir sprechen jetzt nicht von dem Denken des Wissenschaftlers im Laboratorium oder des in seine Arbeit versunkenen Mathematikers und so weiter, sondern von dem Denken, wie es im täglichen Leben, in unseren Alltagsbeziehungen und Reaktionen vor sich geht. Wenn wir weiterleben wollen, sind wir gezwungen zu denken. Denken ist eine Art Selbsterhaltung, sowohl beim Einzelnen wie beim Volke. Aber da es nichts als Verlangen in seiner niedrigsten bis zur höchsten Form darstellt, muß es immer selbst-einschließend und bedingend bleiben. Ob wir nun an das Weltall oder an unsern Nachbarn, an uns selber oder an Gott denken, so ist all unser Denken doch beschränkt und bedingt, nicht wahr?

«Ich glaube ja, in dem Sinne, in dem Sie das Wort ‹denken› gebrauchen. Hilft unser Wissen aber nicht, die Bedingtheit zu durchbrechen?»

Hilft es wirklich? Wir haben auf so vielen Lebensgebieten Kenntnisse gesammelt — im Kriegführen, in der Wissenschaft, Medizin, Gesetzgebung — und wissen auch ein wenig über uns selber und unser eigenes Bewußtsein. Haben wir uns aber mit unserer großen Fülle an Kenntnissen von Leid, Haß und Krieg befreit? Wird uns mehr Wissen freimachen? Wir mögen uns zwar dessen bewußt sein, daß Kriege unvermeidlich sind, solange der Einzelne, die Gruppe oder Nation ehrgeizig ist und nach Macht strebt; trotzdem leben wir in einer Weise weiter, die zum Kriege führen muß. Läßt sich der Kern in uns, die Brutstätte von Widerstreit und Haß, durch Wissen grundlegend ändern? Liebe ist nicht das Gegenteil von Haß; wenn sich Haß infolge von Wissen in Liebe verwandelt, ist das noch keine Liebe. Eine solche, vom Denken oder Willen herbeigeführte Veränderung ist nicht Liebe, höchstens eine neue Annehmlichkeit zum Selbstschutz.

«Verzeihen Sie, aber da kann ich nicht mehr folgen.»

Denken ist das Reagieren aus der Vergangenheit oder dem Gedächtnis, nicht wahr? Gedächtnis ist seinerseits Tradition und Erfahrung; und seine Reaktion auf jedes neue Erlebnis entspringt auch der Vergangenheit; daher bestärkt alles Erleben nur unsere Vergangenheit. Unser Verstand ist das Ergebnis von Vergangenheit oder Zeit und unser Denken die Frucht vieler Gestern. Versucht das Denken, sich selbst zu ändern, etwas wohl oder nicht zu werden, so verewigt es nur sich selbst unter anderem Namen. Da es das Erzeugnis des Bekannten ist, kann es niemals etwas Unbekanntes erleben, und als eine Schöpfung der Zeit wird es nie das Zeitlose oder Ewige verstehen können. Denken muß aufhören, wenn Wirklichkeit eintreten soll.

Sehen Sie, wir haben solche Angst, das zu verlieren, was wir zu besitzen glauben, daß wir nie sehr tief auf all das eingehen. Wir betrachten uns selber nur oberflächlich und sprechen Worte und Sätze nach, die sehr wenig Bedeutung haben; darum bleiben wir kleinlich und erzeugen Widerstand so gedankenlos, wie wir Kinder zeugen.

«Wie Sie richtig sagen, sind wir in unserer scheinbaren Nachdenklichkeit sehr gedankenlos. Ich möchte gern wiederkommen, wenn ich darf.»

45] Hilfe

Die Straße wimmelte von Menschen, und die Läden waren voller Auslagen. Es war der Stadtteil der Wohlhabenden, aber Leute aller Art gingen auf der Straße, Arme und Reiche, Arbeiter und Büroangestellte. Da gab es Männer und Frauen aus allen Teilen der Welt, ein paar trugen einheimische Tracht, aber die meisten westliche Kleidung. Viele Automobile fuhren vorbei, neue wie alte, und an diesem Frühlingsmorgen blitzten die teuren Wagen mit ihrem Chrom und Lack, und die Gesichter der Menschen lächelten strahlend. Auch die Geschäfte waren voller Leute, aber nur sehr wenige schienen zu bemerken, daß der Himmel blau war. Die Schaufenster zogen sie an, die Auslagen der Kleider, Schuhe, neuen Automobile und der verschiedenen Lebensmittel. Überall gab es Tauben, die sich zwischen den vielen Füßen und der endlosen Wagenreihe hin und her bewegten. Auch ein Buchladen war da, voll von den neuesten Büchern zahlloser Schriftsteller. Die Leute schienen alle keine Sorgen zu haben; der Krieg war weitab, auf einem anderen Weltteil. Geld, Nahrungsmittel und Arbeit gab es reichlich, Erwerben und Ausgeben geschah in großem Stil. Die Straßen sahen wie enge Schluchten zwischen den riesenhohen Häusern aus, aber nirgends waren Bäume. Der Lärm war groß, und es herrschte die seltsame Rastlosigkeit der Menschen, die alles und doch nichts haben.

Eine gewaltige Kirche stand zwischen vornehmen Geschäften, ihr gegenüber ein ebenso großes Bankgebäude; beide waren achtunggebietend und scheinbar notwendig. In der großen Kirche hielt ein Priester in Chorhemd und Stola eine Predigt über Ihn, der für das Wohl der Menschheit gelitten hat. Die Leute knieten im Gebet, um sie herum waren Kerzen, Weihrauch und Heiligenbilder. Der Priester stimmte einen Gesang an, und die Gemeinde antwortete; zum Schluß standen alle auf und gingen auf die sonnige Straße heraus, und in die Geschäfte mit ihren vielen Auslagen. Jetzt war es still in der Kirche, wo nur ganz wenige zurückgeblieben waren, in ihre eigenen Gedanken versunken. Die Verzierungen, die Fenster mit ihren satten Farben, Kanzel, Altar und Kerzen — alles war dazu angetan, das menschliche Gemüt zu beruhigen.

Soll man Gott in der Kirche oder in seinem eigenen Herzen finden? Unser Drang nach Trost erzeugt Illusionen; es ist derselbe Drang, der Kirchen, Tempel und Moscheen erschaffen hat. Wir verlieren uns in all diesen oder in der Illusion eines allmächtigen Staates, und die Wirklichkeit geht an uns vorüber. Das Unwichtige verzehrt alles. Wahrheit — oder wie man es nennen will — läßt sich nicht mit dem Verstande finden, unser Denken kann ihr nicht nachgehen, es gibt keinen Weg zu ihr, noch kann man sie mit Verehrung, Gebet oder Opfer erkaufen. Wenn wir Stärkung oder Trost suchen, werden wir ihn auf die eine oder andere Weise finden, aber gleichzeitig auch neue Schmerzen und Sorgen. Der Wunsch nach Trost und Sicherheit hat die Macht, jede Art Illusion zu erzeugen. Erst wenn unser Sinn still wird, besteht die Möglichkeit, daß das Wahre ins Dasein treten kann.

Eine kleine Gruppe hatte sich zusammengefunden, und B. begann mit der Frage, ob man nicht Hilfe nötig habe, wenn man das ganze verworrene Lebensproblem verstehen wolle. Sollte nicht ein erleuchtetes Wesen, ein Führer da sein, um den wahren Pfad zu zeigen?

«Haben wir all das in den letzten Jahren nicht ausführlich genug besprochen?» fragte S. «Ich für mein Teil suche keinen *Guru* oder Lehrer.»

«Wenn Sie tatsächlich keine Hilfe suchen, warum sind Sie dann hier?» sagte B. mit Nachdruck. «Wollen Sie uns zu verstehen geben, daß Sie jeden Wunsch nach Leitung aufgegeben haben?»

«Nein, das glaube ich nicht, und ich würde gern den Drang nach Führung oder Hilfe näher untersuchen. Ich mache nicht mehr die Runde bei allen möglichen ehrwürdigen und neuen Lehrern, wie ich es früher tat; aber ich brauche Hilfe und wüßte gern warum. Wird je die Zeit kommen, wenn ich keine Hilfe mehr nötig habe?»

«Ich würde wohl kaum herkommen, wenn man von niemandem Hilfe erwarten könnte», sagte M. «Mir ist bei früheren Gelegenheiten geholfen worden, deshalb bin ich auch jetzt wieder hier. Und obwohl Sie auf das Unheil hingewiesen haben, das Gefolgschaft mit sich bringt, haben Sie mir doch geholfen, und ich werde weiter zu Ihren Vorträgen und Diskussionen gehen, so oft ich kann.»

Suchen wir hier nach Beweisen, ob uns wohl oder nicht geholfen werden kann? Ein Arzt, das Lächeln eines Kindes oder eines Vorübergehenden, eine menschliche Beziehung, ein Blatt, das der Wind verweht, ein Klimawechsel, selbst ein Lehrer oder *Guru* — all das kann uns helfen. Überall gibt es Hilfe für den Menschen, der wachsam ist; aber so viele unter uns geben nicht auf ihre

Umgebung acht, außer auf einen bestimmten Lehrer oder ein Buch; und hierin liegt das Problem. Wenn ich spreche, passen Sie alle auf, nicht wahr? Wenn aber jemand anders dasselbe, vielleicht mit anderen Worten sagt, werden Sie taub. Sie hören nur demjenigen zu, den Sie für eine Autorität halten, und sind unaufmerksam, wenn andere sprechen.

«Ich habe gefunden, daß Ihre Worte im allgemeinen Bedeutung haben», erwiderte M., «darum höre ich Ihnen aufmerksam zu. Was andere sagen, ist so oft eine bloße Plattheit, eine stumpfe Reaktion — vielleicht bin ich auch selber abgestumpft. Tatsache ist, daß es mir hilft, Ihnen zuzuhören; warum sollte ich es also nicht tun? Selbst wenn alle dabei bleiben, daß ich Ihnen folge, werde ich doch so oft kommen, wie ich nur kann.»

Wieso sind wir für die Hilfe aus einer bestimmten Richtung offen und schließen uns in jeder anderen Richtung ab? Jemand kann mir bewußt oder unbewußt Liebe und Erbarmen schenken und mir helfen, meine Probleme zu verstehen; warum aber behaupte ich dann beharrlich, daß er für mich die einzige Rettung sei? Weshalb erhebe ich ihn zu meiner Autorität? Ich höre ihm zu, ich achte auf alles, was er sagt, aber ich bin gleichgültig oder taub gegen die Worte eines andern. Warum? Steht das nicht hier zur Frage?

«Sie meinen also nicht, daß wir nicht Hilfe suchen sollten», erklärte L., «sondern fragen, warum wir dem, der uns hilft, soviel Bedeutung beilegen und eine Autorität aus ihm machen. Ist das richtig?»

Ich frage auch noch, warum Sie überhaupt Hilfe suchen? Welcher Trieb steckt dahinter? Wenn man sich bewußt und vorsätzlich auf die Suche nach Hilfe begibt, geschieht das aus dem Verlangen nach Hilfe oder nach Ausflucht und Trost? Was suchen wir eigentlich?

«Es gibt mancherlei Arten Hilfe», sagte B. «Vom Dienstboten bis zum größten Chirurgen, vom Hochschullehrer bis zum bedeutendsten Wissenschaftler helfen alle auf irgendeine Weise. Jede Zivilisation braucht Hilfe, und zwar nicht nur die übliche, sondern auch noch die Führung eines geistigen Lehrers, dem Erleuchtung zuteil geworden ist, und der den Menschen Ordnung und Frieden bringen will.»

Bitte lassen Sie die Allgemeinheiten beiseite und überlegen Sie lieber, welche Bedeutung Leitung oder Hilfe für einen jeden von uns hat. Verstehen wir darunter nicht die Auflösung unserer Schwierigkeiten, Schmerzen und Leiden? Wenn Sie ein geistiger Lehrer oder ein Arzt sind, gehe ich zu Ihnen, um mir zeigen zu lassen, wie man glücklich lebt, oder um von einer Krankheit geheilt zu werden. Bei dem Erleuchteten suchen wir den rechten Lebensweg, bei dem Gelehrten Auskunft und Wissen. Wir wollen immer etwas erreichen, wollen erfolgreich oder glücklich werden, darum streben wir nach einer Lebensweise, die uns helfen soll, an unser Ziel zu gelangen — sei es ein heiliges oder ein weltliches. Nach vielen anderen Versuchen denken wir schließlich an die Wahrheit als höchstes Ziel, als letzte Zuflucht zu Frieden und Glück, und wollen sie erreichen; dann halten wir Ausschau, wie wir unser Verlangen befriedigen können. Kann sich aber das Verlangen je einen Weg in die Wirklichkeit bahnen? Erzeugt nicht jede Begierde, selbst die nach etwas Edlem, stets Illusionen? Und errichtet unser Verlangen nicht, sobald es zum Handeln kommt, ein Gefüge von Autorität, Nachahmung und Furcht? Das ist der tatsächliche, psychologische Ablauf, nicht wahr? Ist das nun Hilfe oder Selbstbetrug?

«Ich habe die größte Schwierigkeit, mich von dem, was Sie sagen, nicht überzeugen zu lassen», rief B. aus. «Ich sehe die Logik und Bedeutung Ihrer Worte; aber ich weiß auch, daß Sie mir geholfen haben. Soll ich das jetzt verleugnen?»

Wenn jemand Ihnen geholfen hat und Sie ihn zur Autorität machen, vereiteln Sie damit alle künftige Hilfe, nicht nur von ihm, sondern auch von allen andern in Ihrer Umgebung. Liegt Hilfe nicht überall? Warum nur in eine Richtung blicken? Und wenn Sie sich derart einschließen und binden, kann die Hilfe Sie dann überhaupt erreichen? Sind Sie jedoch offen, so finden Sie nie endende Hilfe bei allen Dingen, vom Lied eines Vogels angefangen bis zum Ruf eines Menschen, vom

Grashalm bis zum unendlichen Himmelsraum. Doch Gift und Verderben beginnen, wenn man einen einzigen Menschen als Autorität, Führer und Retter betrachtet. Ist das nicht richtig?

«Ich glaube, ich verstehe, was Sie sagen wollen», meinte L., «aber ich habe eine Schwierigkeit. Ich bin viele Jahre lang ein Nachfolger gewesen und habe nach Leitung gesucht. Jetzt, da Sie den tieferen Sinn des Nachfolgens aufzeigen, stimme ich Ihnen zwar verstandesgemäß zu, aber etwas in mir empört sich. Wie kann ich meinen inneren Widerspruch ausgleichen, so daß ich nicht mehr nachzufolgen brauche?»

Zwei entgegengesetzte Wünsche oder Triebe lassen sich nicht verschmelzen, und wenn man das Verlangen nach Verschmelzung als drittes Element einführt, macht man sein Problem nur noch verwickelter, anstatt es zu lösen. Erkennt man jedoch die umfassende Bedeutung des Hilfesuchens und der Autorität — sei es in bezug auf andere Menschen oder ein selbst-auferlegtes Schema —, dann wird diese Erkenntnis von selber allem Nachfolgen ein Ende machen.

46] Stille des Denkens

Hinter dem Dunst in der Ferne lag weißer Sand und das kühle Meer, aber hier war es unerträglich heiß, sogar unter den Bäumen und im Innern des Hauses. Der Himmel war schon nicht mehr blau, die Sonne schien jede Spur von Feuchtigkeit aufgesogen zu haben. Die Seebrise hatte sich gelegt, und die Berge, die klar und nahe standen, warfen die brennenden Sonnenstrahlen zurück. Unser Hund, sonst so rastlos, lag keuchend da, als ob sein Herz in der unerträglichen Hitze zerspringen wolle. Nun würde es Woche für Woche, viele Monate lang klare, sonnige Tage geben, während die Hügelkette, die nicht mehr grün und weich wie nach dem Frühlingsregen aussah, allmählich braun verbrannte und die Erde trocken und hart wurde. Aber auch jetzt noch lag Schönheit über den Hügeln, wie sie hinter den grünen Eichen und dem goldenen Heu unter den nackten Felsen der Berge schimmerten.

Der Pfad, der durch die Hügel hoch hinauf in die Berge führte, war staubig, uneben und voller Steine. Da war kein Fluß, kein Laut rinnenden Wassers. Die Hitze war hier sehr groß, aber im Schatten einiger Bäume am Rande des trockenen Flußbettes war es erträglich, denn eine leichte Brise wehte aus dem Tal die Schlucht herauf. Von dieser Höhe konnte man das Blau des Meeres viele Meilen entfernt erkennen. Es war sehr ruhig hier, die Vögel waren still geworden, sogar ein Eichelhäher, der bisher laut und zänkisch geschrieen hatte, war zur Ruhe gekommen. Ein braunes Reh kam den Pfad hinunter; wachsam beobachtend ging es auf einen kleinen Wassertümpel in dem sonst ganz trockenen Flußbett zu. Es bewegte sich geräuschlos über die Steine, seine langen Ohren zuckten unruhig, und seine großen Augen nahmen jede Bewegung zwischen den Büschen wahr. Es trank sich satt und hätte sich vielleicht im Schatten neben dem Tümpel niedergelegt, wenn es nicht die Gegenwart eines Menschen gespürt hätte, obwohl es ihn nicht sehen konnte; so ging es unruhig den Pfad weiter hinunter und verschwand. Wie schwer war es, einen Steppenwolf — eine Art wilden Hundes — zwischen den Felsen zu beobachten! Er hatte dieselbe Farbe wie die Felsen und gab sich alle Mühe, unsichtbar zu sein. Man mußte ihn dauernd im Auge behalten, und selbst dann noch verschwand er plötzlich und ließ sich nicht wieder auffinden: man suchte und suchte nach der geringsten Bewegung, konnte aber nichts mehr sehen. Vielleicht würde er auch zu dem Wassertümpel kommen. Vor nicht allzu langer Zeit hatte ein schreckliches Feuer in den Bergen gewütet, und alle wilden Tiere waren fortgezogen; jetzt erst kamen allmählich einige wieder zurück.

Eine Wachtel leitete die Schar ihrer neugeborenen Küken über den Pfad, es waren mehr als ein Dutzend. Sie lockte und trieb sie sanft auf einen dichten Busch zu. Die Küken waren runde, gelblich-grüne, zarte Federbällchen, noch ganz unvertraut mit den Gefahren dieser

Welt, aber lebhaft und über alles entzückt. Unter dem Busch kletterten ein paar von ihnen auf den Rücken der Mutter, während die andern unter ihren Flügeln Schutz suchten, um sich von den Mühen der Geburt zu erholen.

Was bindet uns Menschen aneinander? Nicht unsere Bedürfnisse, nicht Handel und Großindustrie, noch Banken oder Kirchen — das sind bloße Ideen und deren Ergebnisse. Ideen können uns nicht vereinen. Wir mögen aus Annehmlichkeit oder Notwendigkeit, in Haß, Gefahr oder Anbetung zusammenkommen, aber nichts von alledem hält uns zusammen. Das muß alles von uns abfallen, bis wir allein bleiben. Im Alleinsein entsteht Liebe, und nur Liebe bindet uns aneinander.

Voreingenommenes Denken ist niemals frei, mag es sich auch mit dem Erhabenen oder dem Kleinlichen beschäftigen.

Er war aus einem entfernten Lande gekommen, und trotz der Kinderlähmung, die er gehabt hatte, war er jetzt wieder imstande zu gehen und seinen Wagen zu fahren.

«Wie so viele Menschen, besonders in meiner Lage, habe ich den verschiedensten Kirchen und religiösen Organisationen angehört», sagte er, «keine hat mir je Befriedigung gebracht, aber man hört nie auf zu suchen. Ich halte mich für religiös gesinnt, doch habe ich eine große Schwierigkeit: daß ich so neidisch bin. Die meisten Menschen werden von Ehrgeiz, Gier oder Neid getrieben; das sind unbarmherzige Feinde der Menschheit, und doch kann man scheinbar nicht ohne sie leben. Ich habe versucht, auf verschiedene Weise dem Neid Widerstand zu bieten, aber trotz aller meiner Bemühungen verwickle ich mich immer wieder darin. Neid ist wie Wasser, das durch ein leckes Dach sickert; im Umsehen bin ich noch viel neidischer als zuvor. Wahrscheinlich haben Sie die Frage schon viele dutzendmal beantwortet, aber wenn Sie Geduld mit mir haben wollen, möchte ich gern fragen, wie man sich aus dem Aufruhr von Neid herausreißen kann.»

Sie werden sicherlich bemerkt haben, daß aus dem Wunsch, nicht mehr neidisch zu sein, ein Konflikt der Gegensätze entsteht. Der Wunsch oder Entschluß, etwas aufzugeben und etwas anderes werden zu wollen, führt zum Konflikt. Im allgemeinen betrachten wir solchen Konflikt als einen natürlichen Lebensvorgang, ist das aber richtig? Man hält den unaufhörlichen Streit zwischen dem, was *ist,* und dem, was sein *sollte,* für edel und idealistisch; in der Tat ist aber der Wunsch oder der Versuch, nicht neidisch zu sein, genau dasselbe wie das Neidisch-Sein. Wenn man das wirklich vollkommen versteht, gibt es keinen Kampf zwischen den Gegensätzen mehr, und der zwiespältige Konflikt hört auf. Das ist eine Tatsache, die Sie unmittelbar einsehen müssen, und keine Angelegenheit, über die Sie später zu Hause nachdenken können; die Einsicht ist das Wichtige dabei, nicht die Frage, wie Sie sich vom Neid freimachen sollen. Befreiung vom Neid geschieht nicht im Konflikt mit seinem Gegenteil, sondern durch Verständnis dessen, was *ist;* doch kann kein Verständnis eintreten, solange man noch das, was *ist,* ändern will.

«Ist Änderung nicht notwendig?»

Kann man durch einen Willensakt überhaupt etwas ändern? Ist Wille nicht konzentriertes Verlangen? Zuerst nährt unser Verlangen den Neid, dann sucht es nach einem Zustand, in dem es keinen Neid mehr gibt; beide Zustände sind Ergebnisse unseres Verlangens, und daher kann das Verlangen keine grundlegende Änderung zustande bringen.

«Was kann uns aber dann ändern?»

Die Erkenntnis der Wahrheit in dem, was *ist.* Solange unser Denken oder Verlangen etwas aufgeben und etwas anderes werden will, bleibt jede Wandlung oberflächlich und unbedeutend. Das muß man in seiner vollen Bedeutung fühlen und verstehen, erst dann kann eine wesentliche Änderung stattfinden. Weil unser Denken immer vergleicht, urteilt und nach Ergebnissen sucht, gibt es keine Möglichkeit, sich zu ändern, sondern nur eine Reihe endloser Kämpfe, die man Leben nennt.

«Was Sie sagen, klingt durchaus wahr, aber selbst während ich Ihnen zuhöre, fühle ich mich in einen Kampf nach Veränderung, nach einem Ziel oder Ergebnis verstrickt.»

Je mehr man gegen eine Gewohnheit, sogar eine tief verwurzelte, ankämpft, desto mehr Macht verleiht man ihr. Sich einer Gewohnheit bewußt zu werden, ohne sogleich eine andere zu wählen und zu nähren, führt zum Aufhören der Gewohnheit.

«Dann muß ich also schweigend bei dem bleiben, was *ist*, darf es weder hinnehmen noch verwerfen. Das ist eine gewaltige Aufgabe, aber ich erkenne, daß es der einzige Weg ist, wenn Freiheit kommen soll.

Darf ich jetzt zu einer anderen Frage übergehen? Beeinflußt unser Körper nicht das Denken und umgekehrt? Ich habe es besonders in meinem eigenen Fall beobachtet. Meine Gedanken beschäftigen sich so viel mit der Erinnerung daran, wie ich war — gesund, stark, schnell in allen Bewegungen —, und mit der Hoffnung auf die Zukunft, verglichen mit meinem heutigen Zustand. Ich bin scheinbar außerstande, meine jetzige Lage hinzunehmen. Was soll ich tun?»

Das unaufhörliche Vergleichen der Gegenwart mit der Vergangenheit und Zukunft ist schmerzlich und führt zu einer Entartung des Denkens, nicht wahr? Es hält Sie davon ab, Ihren tatsächlichen, gegenwärtigen Zustand zu betrachten. Die Vergangenheit kann nie wiederkommen, und die Zukunft läßt sich nicht voraussagen, so bleibt die Gegenwart allein übrig. Sie können sich aber nur angemessen mit der Gegenwart beschäftigen, wenn Ihr Denken von der Bürde vergangener Erinnerungen und künftiger Hoffnungen frei ist. Sobald sich der Sinn aufmerksam und ohne zu vergleichen auf die Gegenwart richtet, besteht die Möglichkeit, daß etwas anderes eintritt.

«Was verstehen Sie unter ‹etwas anderem›?»

Wenn unser Denken völlig von seinen eigenen Nöten, Hoffnungen und Ängsten in Anspruch genommen ist, bleibt kein Raum mehr für Freiheit von all diesen. Der sich selbst umschließende Denkvorgang lähmt unsern Verstand immer mehr, und der Kreislauf ist geschlossen. Voreingenommenheit erniedrigt den Verstand, macht ihn kleinlich und oberflächlich. Ein befangener Sinn ist niemals frei, auch die Voreingenommenheit mit der Freiheit erzeugt immer noch etwas Kleinliches. Ob sich nun unser Denken mit Gott oder dem Staate, mit Tugend oder dem eigenen Körper beschäftigt, so bleibt es doch immer oberflächlich. Geistige Inanspruchnahme mit Ihrem Körper hindert Sie daran, sich der Gegenwart anzupassen und neue, wenn auch vielleicht beschränkte Lebenskraft und Bewegungsfreiheit zu erringen. Das Ich führt durch seine Vorurteile Schmerzen und Probleme herbei, die dann den Körper beeinflussen, und die Sorge um physische Leiden hemmt unsern Körper nur noch mehr. Das bedeutet nicht, daß man seine Gesundheit vernachlässigen sollte; doch Voreingenommenheit mit der Gesundheit, genau wie mit der Wahrheit oder mit Ideen, verschanzt nur das Denken in seine eigene Kleinlichkeit. Zwischen einem voreingenommenen und einem tätigen Sinn besteht ein großer Unterschied: der tätige Sinn ist still und aufmerksam und wählt nicht.

«Es ist ziemlich schwer, alles, was Sie sagen, bewußt aufzunehmen, aber wahrscheinlich saugt mein Unterbewußtsein es ein — wenigstens hoffe ich es.

Jetzt würde ich gern noch eine weitere Frage stellen. Sehen Sie, es gibt Augenblicke, in denen mein Sinn ruhig ist, aber sie sind sehr selten. Ich habe viel über das Problem des Meditierens nachgedacht und einiges von dem gelesen, was Sie darüber gesagt haben; aber lange Zeit hindurch war ich meinem körperlichen Leiden einfach nicht gewachsen. Jetzt da ich mich mehr oder weniger an meinen physischen Zustand gewöhnt habe, erscheint es mir wichtig, die Stille weiter zu entwickeln. Wie soll ich das anfangen?»

Kann man Stille entwickeln, sorgsam ausbilden oder bestärken? Und wer entwickelt sie? Ist es ein andrer als Sie, als Ihr gesamtes Wesen? Kann Stille eintreten oder unser Denken zur Ruhe kommen, wenn *ein* Wunsch alle andern überwiegt oder den andern Widerstand leistet? Kann Stille herrschen, wenn man sein Denken diszipliniert, anpaßt und beaufsichtigt? All das schließt doch auf einen Zensor, ein sogenannt höheres Ich, das prüft, urteilt und wählt. Gibt es ein solches Wesen? Und wenn ja, ist es dann nicht das Ergebnis unseres Denkens? Das Denken, das sich in höheres und niederes, in fortdauerndes und vergängliches einteilt, bleibt doch das Resultat von Vergangenheit, Tradition und Zeit. In dieser Einteilung liegt seine Sicherheit. Indem nun unser Denken oder Verlangen seine Zuflucht in der Stille sucht und nach einer Methode fragt, die ihm seinen Wunsch erfüllen soll, strebt es anstatt nach weltlichen Dingen nach dem Genuß der Stille, und erzeugt damit wieder einen Konflikt zwischen dem, was *ist,* und dem, was sein *sollte.* Wo aber Konflikt, Unterdrückung und Widerstand herrschen, gibt es keine Stille.

«Soll man also nicht nach Stille suchen?»

Solange noch jemand da ist, der sucht, kann keine Stille herrschen. Die Stille ruhigen Denkens tritt erst ein, wenn es keinen Suchenden und kein Verlangen mehr gibt. Legen Sie sich einmal selber, ohne zu antworten, die bloße Frage vor: Kann Ihr ganzes Wesen ruhig werden? Kann Ihr gesamtes Denken — das bewußte wie das unbewußte — still sein?

47] Zufriedenheit

Das Flugzeug war überfüllt. Es flog in einer Höhe von über siebentausend Metern über dem Atlantischen Ozean, und man sah nur einen dicken Wolkenteppich unter sich. Der Himmel war tiefblau, die Sonne stand hinter uns, und wir flogen gen Westen. Die Kinder hatten herumgespielt, waren den Gang auf- und abgelaufen, aber jetzt müde geworden und eingeschlafen. Nach der langen Nacht waren alle anderen Reisenden wach, sie rauchten und tranken. Ein Mann vor uns sprach zu einem andern über sein Geschäft, und hinter uns beschrieb eine Frau mit großer Befriedigung die Dinge, die sie eingekauft hatte, und rechnete aus, wieviel Zoll sie werde zahlen müssen. Auf dieser Höhe verlief der Flug sehr glatt, ohne jede

Stöße, obwohl unter uns rauhe Winde wehten. Die Flügel des Flugzeugs glänzten im klaren Sonnenschein, und die Propeller, die sich so gleichmäßig drehten, schnitten die Luft mit fantastischer Geschwindigkeit. Wir hatten den Wind im Rücken und flogen mit einer Schnelligkeit von etwa fünfhundert Kilometern pro Stunde.

Zwei Männer auf der anderen Seite des engen Ganges unterhielten sich ziemlich laut, es war schwer, ihre Worte nicht zu überhören. Es waren kräftige Gestalten, und das Gesicht des einen war stark wettergebräunt. Er erklärte dem andern den Walfischfang, wie gefährlich es sei, wieviel Gewinn darin stecke, und wie schrecklich rauh das Meer sein könne. Es gäbe Walfische, die mehrere hundert Tonnen wögen. Die Mutterfische mit Jungen dürften nicht getötet werden, auch sei es nicht gestattet, mehr als eine bestimmte Anzahl Walfische innerhalb einer bestimmten Zeit zu jagen. Scheinbar war das Töten der großen Ungeheuer wissenschaftlich restlos ausgearbeitet, jede Gruppe hatte ihre besondere Aufgabe und war für sie technisch vorgebildet. Der Geruch auf dem Verarbeitungsschiff sei fast unerträglich, man gewöhne sich jedoch daran, wie fast an alles. Aber es sei sehr viel Geld damit zu verdienen, wenn alles gut gehe. Dann begann er, den seltsamen Reiz des Tötens an sich zu beschreiben, aber in diesem Augenblick wurden Getränke gebracht, und die Unterhaltung nahm einen anderen Lauf.

Die Menschen töten gern — sei es einander oder ein harmloses, kläraugiges Reh im tiefen Walde, oder einen Tiger, der Vieh geraubt hat. Liegt eine Schlange auf der Straße, so wird sie absichtlich überfahren; Fallen werden aufgestellt, um einen Wolf oder einen Steppenwolf zu fangen. Wohlgekleidete, lachende Menschen gehen mit ihren kostbaren Gewehren auf die Jagd und schießen Vögel ab, die soeben noch einander lockten. Ein Junge tötet einen zwitschernden Häher mit seinem Luftgewehr, und die Erwachsenen um ihn herum haben weder ein Wort des Erbarmens noch der Schelte, im Gegenteil, sie rühmen seinen guten Schuß. Töten als sogenannter Sport, Töten aus Hunger, Töten für sein Vaterland oder für den Frieden — es macht alles keinen großen Unterschied.

Rechtfertigung ist auch keine Lösung. Es heißt nur: töte nicht. Im Westen glaubt man, die Tiere bestünden für unsern Magen oder für die Freuden der Jagd oder wegen ihrer Pelze. Im Osten wird seit Jahrhunderten gelehrt und von allen Eltern betont: töte nicht, habe Mitleid und Erbarmen. Hier haben Tiere keine Seelen, können also ungestraft getötet werden; dort haben sie Seelen, daher nimmt man Rücksicht und läßt sein Herz in Liebe sprechen. Vögel und andere Tiere zu essen, wird hier als normal und natürlich angesehen, von der Kirche gutgeheißen und durch Reklame bekräftigt; dort aber nicht, und die Menschen, die ihrer Tradition und Kultur nach gedankenvoll und religiös sind, tun es niemals. Aber auch das ändert sich langsam. Hier wurde von jeher im Namen Gottes und des Vaterlandes getötet, und jetzt geschieht es überall. Das Töten verbreitet sich. Fast über Nacht werden alte Kulturen beiseitegefegt; Tüchtigkeit, Grausamkeit und die Werkzeuge der Zerstörung werden vorsätzlich ausgebildet und verstärkt.

Frieden ist weder beim Politiker noch beim Priester, weder beim Anwalt noch beim Polizisten zu finden. Frieden ist der Zustand des Geistes, in dem Liebe herrscht.

Er hatte ein kleines Geschäft und mühte sich sehr damit ab, konnte aber gerade mit seinen Mitteln auskommen.

«Ich bin nicht hergekommen, um über meine Tätigkeit zu sprechen», sagte er. «Sie gibt mir, was ich brauche, und da ich nur geringe Bedürfnisse habe, komme ich schon vorwärts. Ich bin nicht übermäßig ehrgeizig und nehme nicht am Spiel ruchlosen Wettbewerbs teil. Eines Tages sah ich im Vorbeifahren eine Menschenmenge unter den Bäumen; ich hielt an und hörte Ihnen zu. Das geschah vor zwei Jahren, und Ihre Worte haben damals etwas in mir aufgerührt. Ich habe keine allzu gute Erziehung bekommen, aber ich lese seitdem Ihre Vorträge, und deswegen bin ich nun hergekommen. Früher war ich zufrieden mit meinem Leben, meinen Gedanken und den paar vereinzelten Glaubenssätzen, die mich nicht zu sehr beschwerten. Aber seit jenem Sonntagmorgen, als ich zufällig mit meinem Auto hierher ins Tal fuhr und

Ihnen zuhörte, bin ich nicht mehr zufrieden gewesen. Nicht so sehr wegen meiner Arbeit; die Unzufriedenheit hat vielmehr mein ganzes Wesen erfaßt. Ich pflegte unzufriedene Leute zu bemitleiden, weil sie immer so unglücklich und ungenügsam sind, und jetzt bin ich ihren Reihen beigetreten. Früher war ich zufrieden mit meinem Leben, meinen Freunden und allem, was ich tat, aber nun bin ich unzufrieden und unglücklich.»

Wenn man fragen darf: was verstehen Sie unter ‹unzufrieden›?

«Vor jenem Sonntagmorgen, als ich Sie sprechen hörte, war ich ein genügsamer Mensch, aber wahrscheinlich auch sehr langweilig für andere. Heute sehe ich ein, wie töricht ich damals war, und versuche, mich intelligent und aufmerksam gegen meine Umgebung zu verhalten. Ich möchte etwas bedeuten, etwas erreichen, aber dieser innere Drang hat natürlich Unzufriedenheit zur Folge. Ich habe bisher geschlafen, wenn ich es so ausdrücken kann, und wache jetzt langsam auf.»

Sind Sie wirklich dabei aufzuwachen, oder versuchen Sie mit Ihrem neuen Verlangen, etwas zu werden, nur sich wieder in Schlaf zu wiegen? Sie sagen, Sie hätten geschlafen und seien nun wach. Aber der Wachzustand macht Sie unzufrieden; er löst Unwillen und Schmerz bei Ihnen aus, und um Ihrem Schmerz zu entfliehen, wollen Sie etwas werden, einem Ideal folgen und so weiter. Dieses Nachahmen wiegt Sie doch nur wieder in Schlaf, nicht wahr?

«Ich will aber nicht mehr in meinen alten Zustand verfallen, ich will wach bleiben.»

Ist es nicht sehr merkwürdig, wie unser Verstand sich selber betrügt? Er will sich nicht beunruhigen oder aus seinem gewohnten Gleise, seinem behaglichen Lauf des Denkens und Handelns aufscheuchen lassen. Wird er aber gestört, so sucht er nach Mitteln und Wegen, um neue Grenzen zu ziehen und neues Weideland zu finden, so daß er in Sicherheit weiterbestehen kann. Die meisten Menschen suchen eine derartige Sicherheitszone, und gerade dies Verlangen nach Schutz und Sicherheit schläfert sie wieder ein. Gewisse Umstände — Worte,

Gesten oder Erlebnisse — können uns aufwecken und beunruhigen, aber wir wollen immer wieder in Schlaf gewiegt werden. Das spielt sich fast ununterbrochen bei so vielen ab, und ist noch kein Erwachen. Wir müssen zu verstehen trachten, auf welche Weise der Verstand sich immer wieder einschläfert. Ist es nicht tatsächlich so?

«Es muß wohl unendlich viele Mittel und Wege geben, wie unser Sinn sich in Schlaf wiegt. Wäre es möglich, sie alle zu kennen und zu vermeiden?»

Eine Anzahl ließe sich hier aufzeigen; würde das aber Ihr Problem lösen?

«Warum nicht?»

Das bloße Wahrnehmen der Mittel und Wege, wie unser Verstand sich beständig einschläfert, ist nichts als erneutes Suchen nach vielleicht anderen Mitteln zur Ungestörtheit und Sicherheit. Wichtig ist ausschließlich, daß man wach bleibt und nicht fragt: *wie* soll ich wach bleiben? Die Jagd nach dem ‹Wie› ist unser Trieb nach Sicherheit.

«Was soll man aber sonst tun?»

Bleiben Sie bei Ihrer Unzufriedenheit und trachten Sie nicht danach, sie zu besänftigen. Gerade dies Verlangen nach dem Ungestörtsein muß untersucht werden: es tritt in vielerlei Formen auf und ist nichts als der Drang, dem zu entfliehen, was *ist*. Erst wenn dieser Drang aufhört — doch nicht infolge eines bewußt oder unbewußt ausgeübten Zwanges —, kann die Qual der Unzufriedenheit enden. Das, was *ist,* mit dem, was sein *sollte,* zu vergleichen, bringt Leid. Das Ende allen Vergleichens ist kein Zustand der Zufriedenheit, sondern ein Wachzustand ohne jede Betätigung des Ich.

«Das ist alles noch ziemlich neu für mich. Es kommt mir so vor, als ob Sie den Worten ganz anderen Sinn verleihen; aber nur wenn wir demselben Wort gleichzeitig dieselbe Bedeutung geben, kann ein Gedankenaustausch zwischen uns stattfinden.»

Ist Gedankenaustausch nicht gegenseitige Beziehung?

«Jetzt gehen Sie zu einer umfassenderen Bedeutung über, als ich begreifen kann. Ich muß auf all das tiefer eingehen, dann werde ich es vielleicht verstehen.»

48] Der Schauspieler

Die Straße wand sich zwischen den niedrigen Hügeln meilenlang hin und her. Die sengenden Strahlen der Nachmittagssonne lagen golden auf den Hügeln, und einige wenige verstreut stehende Bäume warfen tiefe Schatten, die von ihrem einsamen Dasein erzählten. Es gab keinerlei menschliche Behausung in weitem Umkreis; hier und dort sah man vereinzelt ein paar Rinder, und nur selten tauchte ein anderes Auto auf der glatten, gut unterhaltenen Straße auf. Der Himmel war im Norden tiefblau, aber grell blendend im Westen. Das Land war merkwürdig lebendig, obwohl kahl und einsam und schien so weit entfernt von menschlichen Freuden und Leiden. Man sah weder Vögel noch wilde Tiere, nur ein paar Eichhörnchen liefen mitunter eilig über den Weg. Nirgends war Wasser, außer an ein oder zwei Stellen, wo das Vieh graste. Zur Regenzeit würden sich die Hügel mit sanftem, einladendem Grün bedecken, jetzt aber sahen sie hart und streng aus und trugen die Schönheit vollkommener Ruhe.

Es war ein seltsam erfüllter und gespannter Abend; wie sich die Straße durch die welligen Hügel hin und her wand, war es, als ob die Zeit stillstand. Ein Schild am Wege besagte, es sei achtzehn Meilen bis zur Hauptstraße, die nach Norden führte, man würde also etwa eine halbe Stunde bis zur Kreuzung brauchen: Zeit und Entfernung. Doch in diesem Augenblick vor dem Wegweiser hatten Zeit und Entfernung zu bestehen aufgehört. Der Augenblick ließ sich nicht messen, er hatte weder Anfang noch Ende. Der blaue Himmel und die goldenen Hügelwellen waren da — weit ausgebreitet und ewig —, aber sie waren innerhalb der Zeitlosigkeit. Augen und Bewußtsein waren aufmerksam auf die Straße gerichtet, die dunklen, einsamen Bäume sahen stark und lebendig aus, und jeder einzelne Grashalm auf den sich rundenden Hügeln war deutlich sichtbar. Das späte Nachmittagslicht lag so still auf den Bäumen und Hügeln, und das einzig Bewegliche war der schnell fahrende

Wagen. Das Schweigen zwischen unseren Worten kam auch aus dieser unermeßlichen Stille. Der Weg würde einmal enden, in einen anderen übergehen, und dann irgendwo aufhören; die stillen, dunklen Bäume würden einmal fallen, ihr Staub sich verstreuen und verloren gehen; zur Regenzeit würde zart grünes Gras aufsprießen und auch wieder verwelken.

Leben und Tod lassen sich nicht trennen, ihre Trennung bedeutet das Entstehen ewiger Furcht. Trennung ist der Beginn von Zeit; und Furcht vor dem Ende gebiert den Schmerz des Beginnens. Unser Denken verfängt sich in diesem Kreislauf und spinnt daraus das Gewebe der Zeit. Denken ist der Ablauf und das Ergebnis von Zeit, es kann niemals Liebe nähren.

Er hatte schon einigen Ruf als Schauspieler und war dabei, sich einen Namen zu machen, aber er war noch jung genug, um zu suchen und zu leiden.

«Warum wird man Schauspieler?» fragte er. «Für manche ist das Theater nichts als ein Mittel zum Lebenserwerb, anderen bietet es Gelegenheit, ihre eigene Eitelkeit zur Schau zu tragen, und wieder andere finden große Anregung darin, die verschiedensten Rollen zu spielen. Außerdem ist die Bühne eine großartige Flucht vor dem wirklichen Leben. Für mich gelten alle diese Gründe, und vielleicht spiele ich auch — ich sage das etwas zögernd —, weil ich von der Bühne herab Gutes zu tun hoffe.»

Bestärkt das Schauspielen nicht immer die Person, das Ich? Wenn wir uns für einen anderen ausgeben und uns verkleiden, wird allmählich Pose und Maske zur täglichen Gewohnheit und überdeckt die vielen, einander widersprechenden Formen des Ich, wie Gier, Haß und so weiter. Das Ideal ist eine Pose oder Maske, um Tatsächliches oder Wirkliches zu verhüllen. Kann man von der Bühne wirklich Gutes tun?

«Wollen Sie damit sagen, daß man es nicht kann?»

Nein, es war kein Urteil, sondern eine Frage. Wenn der Schriftsteller ein Schauspiel schreibt, hat er bestimmte Ideen und Absichten, mit denen er Eindruck machen will, der Schauspieler ist dann die Mittelsperson, die Maske, und das Publikum soll unterhalten oder erzogen werden. Hat solche Erziehung wirklich Nutzen, oder ist es nur eine Bedingtheit für unser Denken gemäß dem guten oder schlechten, vernünftigen oder törichten Schema, das sich der Autor jeweils ausgedacht hat?

«Mein Gott, darüber habe ich noch nie richtig nachgedacht. Sehen Sie, ich kann ein ziemlich erfolgreicher Schauspieler werden; aber ehe ich mich völlig dem hingebe, frage ich mich, ob Schauspielen wohl das rechte Leben für mich sei. Es hat einen eigenen, merkwürdigen Reiz — mitunter geradezu zerstörend, dann wieder recht verlockend. Man kann das Theaterspielen sehr ernst nehmen, doch ist es an sich gar nicht so ernst. Da ich dazu neige, ernsthaft zu sein, bin ich mir nicht ganz klar, ob ich das Theater als Laufbahn wählen soll. Etwas in mir lehnt sich gegen die ganze abgeschmackte Oberflächlichkeit auf, und doch fühle ich mich stark dazu hingezogen. So bin ich sehr beunruhigt, um es milde auszudrücken. Durch all das zieht sich aber ein ernster Faden.»

Kann ein anderer entscheiden, was wir mit unserem Leben anfangen sollen?

«Nein, aber wenn man es mit einem anderen durchspricht, werden die Dinge manchmal klarer.»

Wenn man darauf hinweisen darf: jede Betätigung, die dem Ich Nachdruck verleiht, bringt Zerstörung und Leid. Das ist der Hauptgesichtspunkt, nicht wahr? Sie sagten vorher, daß Sie Gutes tun wollen; Gutes kann aber sicherlich nicht entstehen, wenn das Ich durch seine Laufbahn oder Betätigung, bewußt oder unbewußt, dauernd neue Nahrung erhält.

«Gründet sich nicht alles Handeln auf das Fortbestehen des Ich?»

Vielleicht nicht immer. Eine Handlung kann nach außen hin wie Selbstschutz erscheinen, braucht es aber innerlich noch nicht zu sein. Es ist unwichtig, was andre darüber denken oder sagen, doch darf man sich selber nicht täuschen, und in psychologischen Fragen entsteht sehr leicht Selbstbetrug.

«Es kommt mir so vor, als müsse ich mich in ein Kloster

zurückziehen oder ein Einsiedlerleben führen, wenn ich mich wirklich um Selbstverleugnung bemühen will.»

Ist es tatsächlich nötig, wie ein Einsiedler zu leben, um sein Ich zu verleugnen? Sehen Sie, so haben wir bereits eine feste Vorstellung von selbstlosem Leben, und gerade die steht unserem Verständnis für ein Leben, in dem es kein Ich mehr gibt, im Wege. Diese Vorstellung ist eine andre Form unseres Ich. Wäre es nicht denkbar, daß man die Betätigungen seines Ich passiv beobachtet, ohne in ein Kloster zu entfliehen und so weiter? Solche Beobachtung kann ein vollkommen anderes Handeln zur Folge haben, das nicht mehr Elend und Leid erzeugt.

«Dann gibt es also gewisse Berufe, die offenbar einem normalen Leben schädlich sind, und ich schließe den meinen mit ein. Ich bin noch recht jung, kann die Bühne aufgeben und bin sogar ziemlich sicher, daß ich es nach unserem Gespräch tun werde. Was soll ich aber dann anfangen? Ich habe bestimmte Gaben, die reif und nützlich werden könnten.»

Eine Gabe kann auch zum Fluch werden. Wenn das Ich seine Fähigkeiten benutzt und sich hinter ihnen verschanzt, wird das Talent ein Mittel zu seinem eigenen Ruhm. Ein begabter Mensch kann sein Talent Gott anbieten, weil er dessen Gefahren sieht; er ist sich indessen seiner Gabe bewußt, sonst würde er sie ja nicht anbieten, und gerade dieses bewußte Gefühl, etwas zu sein oder zu haben, muß verstanden werden. Wenn man das, was man ist oder hat, nur opfert, um demütig zu sein, ist es nichts als Eitelkeit.

«Ich fange an, einen Schimmer von all dem zu bekommen, aber es bleibt immer noch sehr verwickelt.»

Vielleicht; doch das Wichtigste ist, sich wahllos aller Betätigungen seines Ich, der augenfälligen wie der versteckten, bewußt zu werden.

49] Der Weg des Wissens

Die Sonne war hinter den Bergen untergegangen, und ihr rosiger Schimmer lag noch auf der Bergkette im Osten. Der Pfad führte bergab und schlängelte sich durch das grüne Tal. Es war ein ruhiger Abend, eine leichte Brise wehte zwischen den Blättern, der Abendstern wurde gerade über dem Horizont sichtbar, und bald würde es ganz dunkel sein, denn es war Neumond. Die Bäume, die offen und einladend dagestanden hatten, zogen sich vor dem Dunkel der Nacht in sich selber zurück. Zwischen den Hügeln war es kühl und still, jetzt war der Himmel voller Sterne, und die Berge zeichneten sich klar und scharf dagegen ab. Ein eigentümlicher Duft, wie er nur der Nacht zu eigen ist, erfüllte die Luft, und in der Ferne bellte ein Hund. Die Nacht war so still, und die tiefe Stille schien in die Felsen, Bäume und alle anderen Dinge einzudringen, so daß nicht einmal die Fußtritte auf dem rauhen Pfad störend klangen.

Auch das Denken war vollkommen ruhig. Meditieren ist schließlich kein Mittel, um ein Ergebnis zu erzielen, um einen Zustand herbeizuführen, der schon einmal bestanden hat oder vielleicht eintreten könnte. Meditiert man mit einer bestimmten Absicht, so kann man zwar den erwünschten Erfolg haben, doch ist es dann nur die Erfüllung eines Wunsches und keine Meditation mehr. Verlangen läßt sich nie befriedigen, es nimmt kein Ende. Das Verständnis für sein eigenes Verlangen, ohne den Versuch, es zu hemmen oder zu nähren, ist der Beginn und das Ende allen Meditierens. Aber es geht noch etwas darüber hinaus. Sonderbar, wie beharrlich der Meditierende ist; er sucht weiter fortzubestehen, er wird zum Beobachter, zum Erlebenden, zu einer Erinnerungsmaschine, die bewertet, ansammelt und zurückweist. Wenn aber das Meditieren zu einer Eigenschaft des Meditierenden, des Erlebenden geworden ist, dann bestärkt es ihn nur. Stille des Denkens bedeutet die Abwesenheit des Erlebenden oder Beobachters, der sich dieser Stille bewußt wird. Wenn der Sinn ruhig ist, herrscht ein Zustand des Wachseins, der Bewußtheit. Man kann sich in Zwischenräumen vieler Dinge bewußt werden, man kann prüfen, suchen und forschen, aber das sind alles Betätigungen des Verlangens und Wollens, des Wiedererkennens und Erwerbens. Das ewig Wache ist weder Verlangen noch sein Ergebnis. Verlangen erzeugt den Konflikt der Zwiespältigkeit, und Konflikt bedeutet Dunkelheit.

Sie war reich, hatte einflußreiche Beziehungen und war jetzt auf der Jagd nach dem Geistigen. Sie hatte katholische Meister und Hindu Lehrer aufgesucht, bei den Sufis studiert und sich oberflächlich mit Buddhismus beschäftigt.

«Natürlich», fügte sie hinzu, «habe ich mich auch mit Okkultismus befaßt, und jetzt bin ich hergekommen, um von Ihnen etwas zu lernen.»

Liegt Weisheit in der Ansammlung von vielem Wissen? Darf man fragen: was suchen Sie?

«Zu verschiedenen Zeiten meines Lebens habe ich nach verschiedenen Dingen gestrebt und im allgemeinen auch gefunden, wonach ich suchte. Ich habe große Erfahrung gesammelt und ein abwechslungsreiches Leben geführt. Ich habe sehr viel über alle möglichen Themen gelesen, und bin bei einem hervorragenden Analytiker gewesen, aber ich suche immer noch.»

Warum? Wieso all das Suchen, oberflächlich oder tief?

«Was für eine seltsame Frage! Wenn man nicht sucht, lebt man doch stumpfsinnig dahin. Wenn man nicht beständig lernt, hat das Leben keinen Sinn und man könnte ebensogut gleich sterben.»

Noch einmal, was lernen Sie? Wenn Sie nachlesen, was andere über den Organismus und das Benehmen menschlicher Wesen gesagt haben, oder soziale und kulturelle Unterschiede analysieren, oder irgendeine der vielen Wissenschaften und Philosophien studieren — was gewinnen Sie damit?

«Ich fühle, daß wir aus Kampf und Elend gerettet werden könnten, wenn wir nur genug Wissen hätten, und daher sammle ich es, wo ich kann. Wissen ist sehr wichtig zum Verständnis.»

Kommt Verständnis wirklich durch Wissen? Oder steht Wissen gerade dem schöpferischen Verständnis im Wege? Wir scheinen zu glauben, daß das Sammeln von Tatsachen und Belehrung, daß universelles Wissen uns aus unsern Fesseln befreien könne. Das ist aber keineswegs der Fall. Niemand hat bisher Feindschaft, Krieg und Haß Einhalt bieten können, obwohl wir alle wissen, wie zerstörend und verderblich sie sind. Wissen ist kein unbedingtes Vorbeugungsmittel dagegen, im Gegenteil, es kann sogar dazu anreizen und ermutigen. Ist es also nicht wichtig herauszufinden, warum wir Kenntnisse sammeln?

«Ich habe mit vielen Erziehern gesprochen, die der Meinung sind, daß eine genügend weite Verbreitung von Wissen den Haß des Menschen für seine Mitmenschen zerstreuen und die völlige Zerstörung der Welt verhindern könne. Ich glaube, die meisten ernsthaften Erzieher sind gerade daran interessiert.»

Obgleich wir heute soviel Wissen auf allen möglichen Gebieten besitzen, hat es immer noch nicht der Grausamkeit zwischen den Menschen ein Ende machen können, nicht einmal zwischen Mitgliedern derselben Gruppe, Nation oder Religion. Vielleicht macht uns Wissen nur blind gegen einen andern Faktor, in dem die wahre Lösung für all unsere Verwirrung und Not liegt.

«Was wäre das?»

In welcher Gesinnung stellen Sie die Frage? Ich könnte Ihnen mit soviel Worten eine Antwort geben, würde aber damit Ihrem ohnehin schon überbürdeten Verstande nur noch mehr Worte hinzufügen. Für die meisten Menschen bedeutet Wissen entweder das Ansammeln von Worten oder die Bestärkung ihrer eigenen Vorurteile und Glaubenssätze. Worte und Gedanken bilden das Gerüst, innerhalb dessen sich der Ich-Begriff bewegt. Je nach Erfahrung und Wissen kann der Ich-Begriff sich zusammenziehen oder ausdehnen, aber sein harter Kern bleibt bestehen, kein Wissen und keine Gelehrsamkeit können ihn je auflösen. Die freiwillige Auflösung dieses Kerns oder Ich-Begriffs bedeutet Revolution; doch alles Handeln aus dem sich selbst verewigenden Wissen muß zu mehr Elend und Zerstörung führen.

«Sie deuteten soeben an, daß es noch einen andern Umstand geben mag, der die wahre Lösung für alle unsere Nöte sein könne, und ich frage nun in allem Ernst, was es ist. Wenn ein solcher Faktor besteht, wenn man ihn kennen lernen und sein ganzes Leben danach einrichten könnte, würde vielleicht eine vollkommen neue Kultur entstehen.»

Unser Verstand kann ihn nicht suchen und unser Denken ihn nie finden. Sie wollen ihn kennen lernen und Ihr Leben danach einrichten. Aber ‹Sie› mit Ihren Kenntnissen, Ängsten, Hoffnungen, Enttäuschungen und Illusionen können ihn unmöglich entdecken. Und wenn Sie ihn nicht entdecken, wird das bloße Erwerben von Wissen und Gelehrsamkeit nur wie eine Schranke dem Eintreten dieses neuen Zustandes im Wege stehen.

«Wenn Sie mich nicht führen wollen, werde ich selber suchen müssen; aber Sie sagen auch wieder, daß alles Suchen aufhören müsse.»

Würden Sie sich leiten lassen, so gäbe es kein Entdecken. Zum Entdecken gehört Freiheit, nicht Führung. Entdeckung ist keine Belohnung.

«Ich fürchte, das verstehe ich nicht ganz.»

Sie suchen Leitung, um etwas zu finden; doch wenn Sie sich leiten lassen, sind Sie nicht mehr frei, sondern werden zum Sklaven dessen, der etwas weiß. Wer uns seines Wissens versichert, ist bereits der Sklave dieses Wissens; während er selber doch auch frei sein muß, um etwas finden zu können. Finden geschieht von einem Augenblick zum andern, und alles Wissen ist dabei nur hinderlich.

«Würden Sie das bitte noch etwas näher erklären?»

Wissen gehört immer in die Vergangenheit. Was man weiß, liegt schon hinter einem, nicht wahr? Man kennt weder Gegenwart noch Zukunft. Es ist die Eigentümlichkeit des Wissens, stets die Vergangenheit zu bestärken. Was man entdecken mag, kann vielleicht etwas vollkommen Neues sein, aber unser Wissen, das nur Ansammlung aus der Vergangenheit ist, kann das Neue, Unbekannte niemals ergründen.

«Wollen Sie damit sagen, man müsse sich von allem

Wissen freimachen, wenn man Gott, Liebe oder was es auch sei, finden will?»

Das Ich ist nichts als Vergangenheit oder die Fähigkeit, Dinge, Tugenden und Ideen anzusammeln. Denken ist das Ergebnis der Bedingtheit von gestern, und mit einem solchen Instrument versucht man, das Unerkennbare zu entdecken — das ist unmöglich. Wissen muß aufhören, ehe das andere entstehen kann.

«Wie kann man aber sein Denken von allem Wissen entblößen?»

Es gibt kein ‹Wie›. Das Ausführen einer Methode macht das Denken nur noch abhängiger, denn dann bekommt man ein Ergebnis, anstatt einen Sinn, der frei von Wissen und frei vom Ich ist. Es gibt keinen Weg, nur das passive Erkennen der Wahrheit in bezug auf alles Wissen.

50] Überzeugungen – Träume

Wie herrlich ist die Erde mit ihrem Wüstenland und ihren reichen Feldern, ihren Wäldern, Flüssen und Bergen, ihren unzähligen Vögeln, Tieren und menschlichen Wesen! Es gibt Dörfer auf ihr, die schmutzig und verseucht sind, wo es viele Jahre lang nicht mehr genug geregnet hat; wo die Brunnen fast ausgetrocknet sind und das Vieh nur noch aus Haut und Knochen besteht; wo die Felder aufgerissen sind und die Erdnuß verdorrt; wo kein Zuckerrohr mehr angebaut wird und der Fluß schon seit Jahren nicht mehr fließt. Die Leute dort betteln und stehlen, hungern und sterben in Erwartung des Regens. Dann gibt es auch üppige Städte mit reinen Straßen und glänzenden, neuen Wagen, mit sauberen, wohlgekleideten Menschen, mit zahllosen, reich gefüllten Läden, mit Bibliotheken, Universitäten und den Armenvierteln. Die Erde ist schön, und ihr Boden rings um den Tempel wie in der dürren Wüste ist heilig.

Sich Vorstellungen zu machen, ist etwas ganz anderes als das, was *ist*, wahrzunehmen; beides indessen bindet.

Während es nicht schwer fällt, das, was *ist,* zu erkennen, bedeutet es doch noch etwas anderes, davon frei zu sein, weil unsere Wahrnehmung stets durch Urteilen, Vergleichen und Verlangen getrübt wird. Es ist sehr schwierig, etwas ohne die Einmischung des Zensors zu beobachten. Unsere Einbildungskraft schafft sich ein Bildnis des Ich, und unser Denken arbeitet dann in dessen Schatten. Aus dieser Ich-Vorstellung erwächst der Konflikt zwischen dem, was *ist,* und dem, was sein *sollte,* das heißt, der Konflikt des Zwiespalts. Das Wahrnehmen einer Tatsache und die Vorstellung von ihr sind vollkommen voneinander verschieden, und nur derjenige, der nicht durch Meinungen oder vergleichende Werte gebunden ist, kann erkennen, was wahr ist.

Sie war mit dem Zug und Autobus von weither gekommen und hatte das letzte Stück Weges zu Fuß zurückgelegt; und da es ein kühler Tag war, fiel ihr der Anstieg nicht zu schwer.

«Ich habe ein recht dringendes Problem, über das ich gern sprechen möchte», sagte sie. «Wenn zwei Menschen, die sich lieben, starr an ihren genau entgegengesetzten Überzeugungen festhalten, was soll man da tun? Muß einer von beiden nicht nachgeben? Kann Liebe die trennende und zerstörende Kluft überbrücken?»

Wenn wirklich Liebe herrschte, gäbe es dann wohl so feste Überzeugungen, die nur trennen und binden?

«Vielleicht nicht; aber es ist jetzt über das Stadium der Liebe hinausgegangen. Die Überzeugungen sind hart, grausam und unbeugsam geworden. Wenn einer von beiden nachgiebig ist, der andere aber nicht, muß es zu einem Ausbruch kommen. Kann man etwas tun, um das zu vermeiden? Vielleicht will der eine gern nachgeben und sich zeitweilig anpassen; ist jedoch der andere vollkommen unversöhnlich, so wird das Leben mit ihm unmöglich, und es besteht keine Beziehung mehr. Solche Unnachgiebigkeit kann gefährliche Folgen haben, aber der Betreffende scheint nichts dagegen zu haben, Märtyrer seiner Überzeugungen zu werden. Es kommt einem so völlig sinnwidrig vor, wenn man das trügerische Wesen der Ideen bedenkt, doch Ideen schlagen tiefe Wurzeln, wenn man nichts anderes hat. Güte und Rücksicht verschwinden im harten Glanz von Ideen. Der Betreffende ist so vollkommen davon überzeugt, daß seine Ideen und Theorien, die er sich aus Büchern angelesen hat, die Welt retten und ihr Frieden und Überfluß für alle bringen werden, daß er sogar nötigenfalls Totschlag und Zerstörung als Mittel zu seinem idealen Zweck rechtfertigt. Das Ziel allein sei von Bedeutung, nicht aber die Mittel, und niemand sei wichtig, wenn nur das Ziel erreicht werde.»

Für einen solchen Menschen liegt das Heil in der Zerstörung aller, die seine Überzeugung nicht teilen. Früher haben manche Religionen dies für den Weg zu Gott gehalten, und sie haben immer noch ihren Kirchenbann, ihre Drohungen der ewigen Verdammnis und so weiter. Das, worüber Sie sprechen, ist die neueste Religion. Wir suchen immer nach Hoffnung — in den Kirchen oder bei Ideen, bei fliegenden Scheiben, Meistern und Lehrern; aber all das führt nur weiter zu Elend und Zerstörung. Man muß sich innerlich von seiner unversöhnlichen Einstellung befreien, denn alle Ideen, auch die größten, feinsten und überzeugendsten sind trügerisch: sie trennen und zerstören. Erst wenn das Denken nicht mehr im Gewebe von Ideen, Meinungen und Überzeugungen gefangen ist, kann etwas in Erscheinung treten, das grundverschieden von den Spiegelungen unseres Verstandes ist. Beim Lösen von Problemen ist der Verstand keineswegs die letzte Zuflucht, im Gegenteil, er ist deren Urheber.

«Ich weiß, daß Sie nie Menschen beraten, trotzdem frage ich: was soll ich tun? Seit vielen Monaten lege ich mir diese Frage vor und habe noch keine Antwort darauf gefunden. Aber jetzt, indem ich Sie frage, fange ich an zu sehen, daß es keine entscheidende Antwort geben kann, daß man vielmehr von einem Augenblick zum andern leben soll, die Dinge nehmen, wie sie kommen, und sich selbst vergessen muß. Vielleicht ist es auf diese Weise möglich, sanft zu werden und zu verzeihen. Aber wie schwer wird das sein!»

Wenn Sie sagen: ‹wie schwer das sein wird›, haben Sie bereits aufgehört, von einem Augenblick zum andern in Liebe und Sanftmut zu leben. Ihr Denken hat sich schon in die Zukunft projiziert und ein neues Problem geschaffen — was genau dem Wesen des Ich entspricht, denn es nährt sich von Vergangenheit und Zukunft.

«Darf ich noch etwas anderes fragen? Kann ich meine eigenen Träume auslegen? In der letzten Zeit habe ich sehr viel geträumt und weiß, die Träume versuchen, mir etwas klar zu machen, aber ich kann die Bilder und Symbole, die sich dauernd wiederholen, nicht deuten. Es sind nicht immer die gleichen, sie wechseln, haben aber alle im wesentlichen denselben Sinn und Inhalt — ich glaube es wenigstens, obwohl ich mich irren kann.»

Was meinen Sie mit dem Wort ‹deuten› in bezug auf Träume?

«Wie ich schon sagte, habe ich ein sehr ernstes Problem, das mich seit vielen Monaten beunruhigt, und alle meine Träume handeln davon. Sie versuchen, mir etwas auszudrücken, vielleicht Winke zu geben, was ich tun soll, und wenn ich sie nur richtig auslegen könnte, würde ich sicherlich erfahren, was sie andeuten wollen.»

Zweifellos ist doch der Träumer nicht von seinem Traum zu trennen, er *ist* sein Traum. Glauben Sie nicht auch, daß es sehr wichtig ist, das zu begreifen?

«Ich verstehe nicht ganz, was Sie meinen. Würden Sie es bitte erklären?»

Unser Bewußtsein ist ein Gesamtverlauf, obwohl Widersprüche darin auftreten mögen. Es kann sich selber in Bewußtes und Unbewußtes, Verborgenes und Offenes zerlegen, es kann entgegengesetzte Wünsche, Triebe oder Werte beherbergen, aber trotz allem ist es ein einheitlicher Vorgang. Selbst wenn unser bewußtes Denken einen Traum wahrnimmt, ist der Traum immer noch ein Ergebnis der Tätigkeit unseres Gesamtbewußtseins. Versucht nun die obere Bewußtseinsschicht, diesen Traum, der eine Spiegelung des gesamten Bewußtseins ist, zu deuten, so muß die Auslegung einseitig, unvollständig und unaufrichtig werden. Der Auslegende wird unvermeidlich Symbol oder Traum falsch deuten.

«Es tut mir leid, aber es ist mir noch nicht klar.»

Unser bewußtes, oberflächliches Denken bemüht sich so ängstlich um die Lösung seiner Probleme, daß es im Wachzustand niemals still sein kann. Im sogenannten Schlaf, wenn es vielleicht etwas ruhiger und weniger verstört ist, bekommt es dann Andeutungen aus der Tätigkeit des Gesamtbewußtseins. Eine solche Andeutung ist der Traum, den der besorgte Verstand beim Aufwachen zu deuten trachtet; aber jede Auslegung muß falsch werden, denn sein Streben richtet sich auf unmittelbares Handeln mit Ergebnissen. Der Wunsch nach Auslegung muß ganz aufhören, ehe man den Gesamtablauf seines Bewußtseins verstehen kann. Sie sind höchst besorgt, die rechte Handlungsweise für Ihr Problem zu finden, nicht wahr? Doch gerade Ihre Besorgnis steht dem Verständnis des Problems im Wege; daher bemerken Sie einen ständigen Wechsel der Symbole, während der Inhalt derselbe zu bleiben scheint. Was ist also jetzt Ihr Problem?

«Keine Furcht zu haben, was auch geschehen mag.»

Können Sie Ihre Furcht so leicht beiseitesetzen? Eine Erklärung mit Worten wird Ihre Besorgnis kaum beheben können. Ist das wirklich Ihr Problem? Wenn Sie Ihre Furcht beseitigen wollen, ist Ihnen vielleicht das ‹Wie›, die Methode wichtig, und Sie bekommen noch ein neues Problem zu Ihrem alten dazu. So gehen wir von einem Problem zum andern und werden nie frei. Wir sprechen aber hier von etwas ganz anderem, nicht von dem Ersetzen eines Problems durch ein anderes, nicht wahr?

«Dann liegt wohl das wahre Problem darin, einen ruhigen Sinn zu haben?»

Sicherlich, der einzig entscheidende Punkt ist ein ruhiger Sinn.

«Wie kann ich einen ruhigen Sinn bekommen?»

Wissen Sie, was Sie damit sagen? Sie möchten einen ruhigen Sinn besitzen, etwa so wie ein Kleid oder ein Haus. Mit Ihrem neuen Ziel — der Ruhe des Geistes — fangen Sie sofort an, sich nach Mitteln und Wegen zu erkundigen, wie Sie es erreichen können, und haben sich damit ein neues Problem zugelegt. Werden Sie sich nur einfach der unbedingten Notwendigkeit und der Bedeutung eines ruhigen Sinnes bewußt. Kämpfen Sie nicht darum, quälen Sie sich nicht mit Disziplin ab, um es zu erreichen, nähren und üben Sie nichts. Derartige Anstrengungen führen zu Ergebnissen, doch Stille ist niemals ein Ergebnis. Was zusammengesetzt worden ist, kann auch wieder auseinandergenommen werden. Suchen Sie nicht nach fortlaufender Stille; sie muß von einem Augenblick zum andern erlebt werden und läßt sich nicht ansammeln.

51] Der Tod

An dieser Stelle war der Fluß fast eine Meile breit und sehr tief, in der Mitte strömte das Wasser blau und klar, aber an den Ufern sah es trübe, schmutzig und träge aus. Die Sonne ging flußabwärts hinter der großen, weit ausgestreckten Stadt unter; Rauch und Staub der Stadt verliehen der sinkenden Sonne die wunderbarsten Farben, die sich in dem breiten, tanzenden Wasser spiegelten. Es war ein lieblicher Abend. Jeder Grashalm, jeder Baum und jeder zwitschernde Vogel war in zeitloser Schönheit gefangen. Nichts bestand für sich allein, nichts war abgesondert. Sogar der Lärm eines Zuges, wie er in der Ferne über eine Brücke ratterte, war Teil der vollkommenen Stille. In der Nähe fing ein Fischer an zu singen. An beiden Ufern liefen breite, bebaute Streifen Landes entlang, deren grüne, saftige Felder am Tage lächelten und lockten, jetzt aber sahen sie dunkel, stumm und zurückgezogen aus. Diesseits des Flusses war ein großes, unbebautes Stück Land, wo die Dorfkinder ihre Drachen steigen ließen und sich lärmend austoben konnten, und wo die Netze der Fischer zum Trocknen ausgebreitet waren. Ihre primitiven Boote lagen auch dort verankert.

Etwas weiter oben auf der Uferböschung war ein Dorf, und meist wurde dort am Abend gesungen und getanzt, oder es fanden andere Vergnügungen statt; aber heute saßen die Dorfbewohner sehr ruhig und auffallend nachdenklich draußen vor ihren Hütten. Eine Gruppe Menschen kam die steile Böschung herunter, sie trugen eine Bahre mit einer Leiche, die mit einem weißen Tuch bedeckt war. Als sie an mir vorüberkamen, folgte ich ihnen. Unten am Flußufer setzten sie die Bahre direkt am Rande des Wassers nieder. Sie hatten leicht brennbares Kleinholz und große, schwere Blöcke mitgebracht und errichteten damit einen Scheiterhaufen. Dann legten sie die Leiche obenauf, besprengten sie mit Flußwasser und bedeckten sie mit mehr Holz und etwas Heu. Ein junger Mann steckte den Scheiterhaufen an; wir waren etwa zwanzig Leute hier versammelt. Frauen waren nicht mitgekommen; die Männer hockten in ihren weißen Gewändern auf dem Boden und waren vollkommen ruhig. Das Feuer wurde bald zu heiß, sodaß wir weiter abrücken mußten. Ein schwarz-verkohltes Bein kam aus dem Feuer hervor und wurde mit einer langen Stange wieder zurückgeschoben; da es nicht drinbleiben wollte, warf man einen schweren Holzklotz darauf. Die leuchtenden, gelben Flammen und die Sterne spiegelten sich im dunklen Wasser des Flusses. Die sanfte Brise hatte sich bei Sonnenuntergang gelegt, es war vollkommen still, bis auf das Knistern des Feuers. Der Tod war hier — flammend. Inmitten all der bewegungslosen Menschen und der lebendigen Flammen erstreckte sich unendlicher Raum, unermeßliche Entfernung, ungeheures Alleinsein. Es war nichts vom Leben Abgesondertes, Abgeschiedenes oder Getrenntes: es war Beginn und immer wieder Beginn.

Etwas später brach der Schädel, und danach gingen die Dorfbewohner fort. Der letzte muß wohl ein Verwandter gewesen sein, denn er legte die Hände zum Gruß zusammen und ging dann langsam die Böschung hinauf. Jetzt war nur noch sehr wenig übrig, die hohen Flammen hatten sich beruhigt, und es blieben nichts als glimmende Kohlen. Die wenigen unverbrannten Knochen würden morgen in den Fluß geworfen werden. Wie gewaltig ist doch der Tod, wie unmittelbar und wie nahe! Mit dem Verbrennen jener Leiche war man selber gestorben. Es herrschte völliges Alleinsein, und doch nicht Abgeschiedenheit, Alleinsein aber keine Absonderung. Absonderung gehört zum Verstande, nicht zum Tode.

Er war in vorgerücktem Alter, würdevoll und ruhig in seinem Benehmen, hatte klare Augen und ein bereitwilliges Lächeln. Er sprach englisch, denn er war in England erzogen worden, und erklärte, daß er aus dem Regierungsdienst ausgeschieden sei und jetzt viel freie Zeit habe. Er sagte, er habe auch verschiedene Religionen und Philosophien studiert, habe aber die weite Reise nicht gemacht, um über solche Dinge zu sprechen.

Die frühe Morgensonne lag auf dem Fluß, und das Wasser glitzerte wie mit tausend Juwelen besät. Auf der Veranda saß ein kleiner gold-grüner Vogel, sicher und ruhig, und sonnte sich.

«Ich bin eigentlich gekommen», fuhr er fort, «um etwas zu fragen, oder vielleicht um über das zu sprechen, was mich am meisten beunruhigt: den Tod. Ich habe das Tibetische Totenbuch gelesen und bin auch mit allem vertraut, was unsere eigene Literatur über das Thema sagt. Die christlichen und mohammedanischen Andeutungen über den Tod sind viel zu oberflächlich. Ich habe hier wie in andern Ländern mit den verschiedensten religiösen Lehrern gesprochen, aber alle ihre Theorien erscheinen mir wenigstens sehr unbefriedigend. Ich habe sehr viel darüber nachgedacht und oft meditiert, komme aber nicht viel weiter. Ein Freund von mir, der Sie kürzlich sprechen hörte, berichtete mir einiges von dem, was Sie gesagt haben, und so bin ich hergekommen. Mein Problem ist nicht nur die Furcht vor dem Tode, die Furcht davor, nicht mehr zu bestehen, sondern auch: was geschieht nach dem Tode? Das ist seit unendlichen Zeiten ein Problem für den Menschen gewesen, und niemand scheint es je gelöst zu haben. Was sagen Sie dazu?»

Die nackte Tatsache des Sterbens drängt uns zu allerlei Ausflüchten, und zwar durch leichte Vernunfterklärungen oder bestimmte Formen des Glaubens, wie etwa Wiederverkörperung oder Auferstehung; aber diesen Drang lassen Sie uns gleich abtun. Unser Verstand ist so begierig darauf, eine vernünftige Erklärung oder eine befriedigende Antwort auf den Tod zu finden, daß er leicht in eine Illusion hineingleitet. Hierauf muß man besonders achten.

«Ist das nicht gerade eine unserer größten Schwierigkeiten? Wir sehnen uns nach irgendwelchen Versicherungen, und zwar besonders von Menschen, denen wir Wissen oder Erfahrung in solchen Dingen zuschreiben; und wenn wir keine Gewißheit finden können, schaffen wir uns in Verzweiflung und Hoffnung unsere eigenen tröstlichen Glaubenssätze und Theorien. Damit wird uns der Glaube zur Notwendigkeit — sei er nun höchst übertrieben oder sehr vernünftig.»

Selbst wenn eine Ausflucht noch so befriedigend für uns ist, kann sie doch niemals zum Verständnis des Problems führen; denn sie ist gerade die Ursache unserer Furcht. Furcht entsteht, sobald man sich von dem Tatsächlichen, von dem, was *ist*, entfernt; und jeder Glaube, auch wenn er Trost bringt, trägt den Keim der Furcht in sich. Weil man die Tatsache des Sterbens nicht näher betrachten will, verschließt man sich vor ihr, und Glauben und Theorien bieten dann sehr leichte Auswege. Will man jedoch die außerordentliche Bedeutung des Todes herausfinden, so muß man sein Verlangen nach Hoffnung und Trost frei und widerstandslos fahren lassen. Das ist ziemlich klar, glauben Sie nicht?

«Verlangen Sie nicht zuviel? Wollen Sie damit sagen, daß wir, um den Tod zu verstehen, verzweifeln müssen?»

Durchaus nicht. Sind wir denn verzweifelt, wenn wir uns nicht in der Verfassung befinden, die wir Hoffnung nennen? Warum denken wir immer nur in Gegensätzen? Ist Hoffnung der Gegensatz von Verzweiflung? Wenn das so wäre, trüge alle Hoffnung den Keim der Verzweiflung in sich und hätte den Beigeschmack von Furcht. Muß man nicht von den Gegensätzen frei sein, um Verständnis erlangen zu können? Die Einstellung unseres Denkens ist von größter Wichtigkeit. Seine Regungen der Verzweiflung und Hoffnung stehen dem Verständnis oder dem Erlebnis des Todes im Wege. Die Bewegung zwischen den Gegensätzen muß aufhören, und unser Sinn muß sich dem Problem des Todes mit einer ganz neuen Aufmerksamkeit zuwenden, ohne das Gefühl der Vertrautheit oder des Wiedererkennens.

«Ich fürche, ich verstehe das nicht ganz. Ich begreife

so ungefähr die Bedeutung der Behauptung, unser Denken müsse sich von den Gegensätzen befreien. Obgleich das eine ungeheuer schwere Aufgabe ist, sehe ich wohl die Notwendigkeit ein. Doch entgeht es mir vollkommen, was damit gemeint ist, daß man frei von dem Erkennungsvorgang sein müsse.»

Erkennen ist der Ablauf des Bekannten, das heißt, ein Ergebnis der Vergangenheit. Unser Verstand fürchtet sich vor dem, was ihm nicht vertraut ist. Würde man den Tod kennen, so würde man ihn nicht fürchten, noch genaue Erklärungen für ihn benötigen. Man kennt ihn aber nicht, er ist etwas vollkommen Neues, nie vorher Erlebtes. Alles, was man erlebt, wird zum Bekannten, zur Vergangenheit; und daraus, aus diesem Bekannten entsteht Wiedererkennen. Solange solche Bewegung aus der Vergangenheit stattfindet, kann nichts Neues eintreten.

«Ja, ja, das fange ich an zu spüren.»

Was wir jetzt besprechen, sollte nicht erst später durchdacht, sondern unmittelbar hier erlebt werden. Man kann Erlebnisse nicht aufspeichern, denn dann werden sie zu Erinnerungen, und das Erinnern oder Wiedererkennen versperrt allem Neuen, Unbekannten den Weg. Der Tod ist etwas Unbekanntes. Das Problem lautet nicht: was ist der Tod, und was geschieht im Jenseits; es ist vielmehr eine Frage der Läuterung unseres Sinnes von der Vergangenheit oder dem Bekannten. Dann kann ein Lebender die Stätte des Todes betreten und kann ihm, dem Unbekannten begegnen.

«Wollen Sie damit andeuten, man könne noch zu Lebzeiten den Tod kennen lernen?»

Unglücksfälle, Krankheit und hohes Alter führen zum Tode, aber unter solchen Umständen ist es nicht immer möglich, im vollen Besitz seines Bewußtseins zu bleiben. Schmerz, Hoffnung, Verzweiflung, Furcht vor der Absonderung treten auf, und unser Verstand, unser Ich kämpft bewußt oder unbewußt gegen den Tod als das Unvermeidliche an. Wir sterben in bangem Widerstand gegen den Tod. Wäre es aber denkbar, ohne Widerstand, ohne krankhaftes Denken, ohne sadistischen oder selbstmörderischen Trieb, bei voller körperlicher und geistiger

Kraft das Haus des Todes zu betreten? Das kann nur geschehen, wenn unser Denken für alles Bekannte, für das Ich abstirbt. Daher ist unser Problem nicht der Tod selber, sondern das Freisetzen unseres Sinnes von der Jahrhunderte alten Ansammlung psychologischer Erfahrung, von den sich auftürmenden Erinerungen und dem ewigen Bestärken und Verfeinern des Ich.

«Wie läßt sich das aber anfangen? Mir scheint, man braucht entweder einen Vermittler von außen oder aber das Dazwischentreten des höheren und edleren Teils unseres Geistes, um von der Vergangenheit geläutert zu werden.»

Das ist eine recht verwickelte Frage, nicht wahr? Die Vermittlung von außen könnte entweder der Einfluß der Umgebung oder auch etwas jenseits der Grenzen unseres Verstandes sein. Ist es der Einfluß unserer Umgebung, dann ist es derselbe, der mit Tradition, Glaube und Kultur unser Denken in Knechtschaft gehalten hat; und ist es etwas jenseits des Verstandes, dann kann unser Denken es in keiner Weise berühren. Denken ist das Ergebnis von Zeit, es ist in der Vergangenheit verankert und kann sich niemals von ihr freimachen. Befreit es sich doch davon, so ist es kein Denken mehr. Es ist vollkommen nutzlos, darüber nachzugrübeln, was jenseits unseres Verstandes liegt. Soll etwas jenseits des Verstandes in Erscheinung treten, so muß unser Denken, nämlich das Ich, zu bestehen aufhören. Das Denken muß ohne die geringste Regung sein, es muß sich still verhalten, in einer Stille ohne Beweggrund; und das kann man nicht bewußt herausfordern. Unser Verstand teilt sein eigenes Betätigungsgebiet in edel und unwürdig, erwünscht und unerwünscht, höher und tiefer ein, aber solche Teilungen und Unterteilungen liegen noch innerhalb seiner eigenen Grenzen; daher ist die Bewegung unseres Denkens in jeder Richtung eine Reaktion der Vergangenheit, des ‹Ich› oder der Zeit. Der einzig befreiende Faktor besteht in der Erkenntnis dieser Wahrheit, und wer sie nicht erkennt, wird immer in Knechtschaft bleiben, was er auch tun mag. Bußtaten, Gelübde, Kasteiungen oder Opfer mögen soziologische Bedeutung haben und Trost bringen, doch sie haben keinen Wert in Beziehung zur Wahrheit.

52] Bewertung

Meditieren ist außerordentlich wichtig für unser Leben, vielleicht ist es diejenige unserer Handlungen, die die größte und tiefgehendste Bedeutung hat. Es ist wie ein Duft, der sich nicht so leicht einfangen läßt, und kann weder durch Streben noch Übung erkauft werden. Ein System trägt immer nur die Früchte, die es anbietet, aber Systeme und Methoden sind auf Neid und Habgier begründet.

Nicht meditieren zu können, bedeutet, weder Sonnenlicht noch dunkle Schatten, weder glitzerndes Wasser noch zarte Blätter wahrzunehmen. Und wie wenige Menschen sehen all das! Meditation hat nichts für den zu bieten, der mit gefalteten Händen betteln kommt, noch kann sie uns vor Schmerzen bewahren. Sie macht alle Dinge vollkommen klar und einfach; doch um die Einfachheit bemerken zu können, muß sich unser Denken ohne Grund oder Antrieb von allem befreien, was es mit Grund und Antrieb gesammelt hat. Das ist der wesentliche Punkt beim Meditieren. Meditation ist die Läuterung des Bekannten. Es ist ein Spiel des Selbstbetrugs, dem Bekannten in seinen verschiedenen Formen zu folgen, denn dann wird der Meditierende zum Führer, und die einfache Handlung des Meditierens findet nicht statt. Der Meditierende kann sich nur im Bereich des Bekannten betätigen, und erst wenn er aufhört tätig zu sein, tritt das Unbekannte auf. Das Unerkennbare ladet uns ebensowenig ein, wie wir es einladen können. Es kommt und geht wie der Wind und läßt sich nicht fangen oder zu unserem Vorteil und Nutzen aufspeichern. Es hat keinen praktischen Wert, aber ohne es ist unser Leben unermeßlich leer.

Es handelt sich nicht darum, wie man meditieren, welchem System man folgen soll, sondern darum: was ist Meditieren? Die Frage nach dem ‹Wie› kann nur ergeben, was die jeweilige Methode bietet, aber das bloße Erforschen des Meditierens wird ihm das Tor öffnen. Das geschieht nicht außerhalb unseres Denkens, sondern gerade innerhalb seiner eigenen Regungen, und es ist

Bewertung

dabei viel wichtiger, den Suchenden selber als das, was er sucht, zu verstehen. Denn was er sucht, ist nichts als die Spiegelung seines eigenen Verlangens, seiner Zwangsvorstellungen und Wünsche. Wenn man diese Tatsache klar erkennt, hört sofort alles Suchen auf, was an sich schon außerordentlich bedeutungsvoll ist. Dann tastet unser Denken nicht mehr nach etwas jenseits seines Bereichs, und seine Bewegung nach außen mit ihren Reaktionen nach innen hört auch auf. Ist aber das Suchen vollkommen beendet, dann entsteht eine Regung des Denkens, die weder nach außen noch nach innen geht. Man kann jedoch das Suchen nicht durch einen Willensakt oder eine Reihe verwickelter Schlußfolgerungen beenden, es erfordert vielmehr tiefgehendes Verständnis. Das Ende allen Suchens ist der Anfang eines ruhigen Sinnes.

Obwohl unser Sinn der Konzentration fähig ist, bedeutet das noch nicht notwendigerweise, daß er auch meditieren kann. Eigen-Interesse führt genauso zur Konzentration wie jedes andere Interesse, doch schließt solche Konzentration bewußt oder unbewußt eine Ursache, einen Beweggrund ein; es gibt immer etwas, das man erreichen oder beiseitesetzen will, immer ein Bemühen, etwas zu verstehen oder ans andere Ufer zu gelangen. Aufmerksamkeit mit einem Ziel ist aufs Ansammeln gerichtet. Die Aufmerksamkeit, die bei der Bewegung auf etwas hin oder von etwas fort entsteht, bedeutet Anziehung aus Vergnügen oder Abstoßung aus Schmerz; Meditieren ist dagegen ein außergewöhnliches Beobachten, bei dem es keinen Urheber, kein Ziel und keinen Gewinn gibt. Anstrengung ist ein Teil des Vorganges, der sich auf Erwerb richtet, wobei der Erfahrende Erfahrungen sammelt. Der Erfahrende kann sich konzentrieren, kann aufmerksam sein und beobachten, aber sein Verlangen nach Erfahrung muß vollkommen aufhören, denn er ist selber nur eine Ansammlung von Bekanntem.

Im Meditieren liegt höchstes Entzücken.

Er erklärte, er habe Philosophie und Psychologie studiert und auch *Patanjali* gelesen. Er halte das christliche Denken für recht oberflächlich und nur auf Verbesserung eingestellt, daher sei er in den Orient gegangen, habe Yoga gelernt und sich mit der Hindu Denkweise ziemlich gut vertraut gemacht.

«Ich habe in Ihren Schriften gelesen und glaube, daß ich bis zu einem bestimmten Punkt folgen kann. Ich erkenne zum Beispiel, wie wichtig es ist, sich selbst nicht zu verurteilen, obgleich es mir außerordentlich schwer fällt, es nicht zu tun; aber ich kann durchaus nicht verstehen, was Sie damit meinen, wenn Sie sagen: ‹Bewerte nicht, richte nicht›. Alles Denken scheint mir ein Bewertungsvorgang zu sein. Unser Leben, unser ganzer Ausblick gründet sich auf Wahl und Wert, auf gut und böse und so weiter. Ohne Bewertungen würden wir einfach verkommen, und das können Sie doch bestimmt nicht meinen. Ich habe versucht, mein Denken aller Normen und Werte zu entblößen, aber für mich zum mindesten ist das unmöglich.»

Gibt es Denken ohne Worte, ohne Symbole? Sind Worte zum Denken nötig? Wenn keine Symbole und Bezugsbegriffe bestünden, gäbe es dann das, was wir Denken nennen? Und geht alles Denken in Worten vor sich, oder gibt es auch wortloses Denken?

«Ich weiß nicht, ich habe noch nie darüber nachgedacht. Soweit ich sehen kann, gäbe es ohne Symbole und Worte kein Denken.»

Können wir nicht der Sache jetzt auf den Grund gehen, während wir darüber sprechen? Ist es nicht möglich, selber herauszufinden, ob man ohne Worte und Symbole denken kann oder nicht?

«In welcher Beziehung steht das aber zum Problem der Bewertung?»

Unser Denken setzt sich aus Bezugsbegriffen, Gedankenverbindungen, Bildern und Worten zusammen, und alles Bewerten geschieht von diesem Hintergrunde aus. Worte wie Gott, Liebe, Sozialismus, Kommunismus und so weiter spielen eine außerordentlich wichtige Rolle in unserem Leben. In neurologischer und psychologischer Hinsicht hat jedes Wort für uns seine besondere Bedeutung, je nach den kulturellen Umständen, innerhalb deren wir erzogen sind. Für den Christen haben bestimmte Worte und Symbole ungeheure Wichtigkeit, während für den Mohammedaner wieder andere ebenso bedeutungsvoll sind. Alle Wertbestimmung findet auf diesem Gebiete statt.

«Kann man je über das Gebiet hinausgehen? Und selbst wenn man es könnte, warum sollte man?»

Denken ist stets bedingt, es gibt keine Freiheit des Denkens. Man kann zwar denken, was man will, aber alles Denken ist begrenzt und wird es auch immer sein. Bewerten ist ein Vorgang des Denkens oder Wählens. Solange unser Verstand damit zufrieden ist — und er ist es im allgemeinen auch —, innerhalb einer engeren oder weiteren Abgrenzung zu bleiben, kümmern ihn grundsätzliche Probleme nicht; er erhält seinen eigenen Lohn. Will er jedoch untersuchen, ob es noch etwas jenseits des Denkens gibt, so muß alle Wertbestimmung aufhören und der Denkvorgang zu Ende gehen.

«Aber unser Verstand ist doch selber ein wesentlicher Bestandteil des Denkvorgangs; durch welche Anstrengung oder Übung kann man also sein Denken beenden?»

Das Wesen des Denkens liegt im Bewerten, Verurteilen und Vergleichen. Wenn Sie nun fragen, durch welche Bemühung oder Methode sich der Denkvorgang beenden ließe, versuchen Sie wieder, etwas zu gewinnen, nicht wahr? Das Drängen nach einem System oder nach weiterer Anstrengung ist die Folge von Bewertung und ist immer noch ein Denkvorgang. Unser Denken kann aber weder durch eine Methode noch durch irgendwelche Bemühung zum Stillstand gebracht werden. Warum machen wir eigentlich immer Anstrengungen?

«Aus dem sehr einfachen Grunde, weil wir stillstehen und sterben würden, wenn wir uns nicht bemühten. Anstrengung kann man überall wahrnehmen, in der Natur kämpft auch alles um sein Leben.»

Kämpfen wir nur gerade um unser Leben oder um unser Leben innerhalb einer typischen, psychologischen oder ideologischen Form? Wir wollen immer etwas sein; unsere Triebe wie Ehrgeiz oder Furcht oder der Drang nach Erfüllung bestimmen unsere Kämpfe innerhalb einer Gesellschaftsform, die selber durch Massenehrgeiz, Erfüllung und Furcht zustandegekommen ist. Wir bemühen uns, gewisse Dinge zu erreichen, andere zu umgehen. Wären wir ausschließlich auf den Kampf ums Dasein gerichtet, so würde unser ganzer Ausblick aufs Leben grundsätzlich anders sein. Anstrengung schließt Wahl in sich, und wählen heißt vergleichen, bewerten und verurteilen. Unser Denken setzt sich aus derartigen Kämpfen und Widersprüchen zusammen. Kann sich aber ein solches Denken von seinen eigenen, selbst-verewigenden Schranken befreien?

«Dann muß es also eine Vermittlung von außen geben — nennen Sie sie göttliche Gnade oder wie Sie wollen —, die einschreitet und den selbst-einschließenden Wegen des Denkens ein Ende macht. Wollen Sie das nicht damit andeuten?»

Wie ungeduldig wir doch immer sind, einen befriedigenden Zustand zu erreichen! Erlauben Sie mir, darauf hinzuweisen, daß Sie sehr besorgt sind, etwas zu gewinnen, zu erlangen, Ihren Sinn von einer bestimmten Eigenschaft zu befreien. Unser Denken hat sich im Gefängnis seiner eigenen Schöpfung, seiner Wünsche und Anstrengungen gefangen, und alle seine Bewegungen, in welcher Richtung sie auch verlaufen mögen, bleiben innerhalb des Gefängnisses. Es ist sich aber dessen nicht bewußt, und betet daher in seinem Schmerz und Konflikt um Vermittlung von außen, die es befreien soll. Im allgemeinen findet es auch, was es sucht, aber was es gefunden hat, ist das Ergebnis seiner eigenen Regung. Der Verstand bleibt ein Gefangener, nur jetzt in einem neuen Gefängnis, das befriedigender und tröstlicher erscheint.

«Was soll man aber ums Himmelswillen tun? Wenn jede Bewegung des Denkens eine Vergrößerung seines eigenen Gefängnisses ist, kann man wohl alle Hoffnung aufgeben.»

Hoffnung ist auch wieder eine Regung unseres Denkens, wenn es von Verzweiflung erfaßt wird. Hoffnung und Verzweiflung sind Worte, die unser Denken durch ihre Gefühlsbelastung und ihre scheinbar entgegengesetzten und widerstreitenden Triebe lähmen. Sollte es nicht möglich sein, in dem Zustand der Verzweiflung oder einer ähnlichen Lage zu verharren, anstatt sich unmittelbar in eine entgegengesetzte Idee zu stürzen oder sich verzweifelt an einen sogenannt freudigen und hoffnungsvollen Zustand zu klammern? Wenn sich unser Denken aus einer Verfassung, die man elend und schmerzlich nennt, in eine andere, sogenannt hoffnungsvolle und glückliche flüchtet, entsteht Konflikt. Den Zustand, in dem man sich befindet, verstehen zu lernen, bedeutet noch nicht, ihn hinzunehmen. Sowohl Hinnahme wie Verleugnung liegt noch auf dem Gebiet der Bewertung.

«Ich fürchte, ich verstehe immer noch nicht, wie unser Denken aufhören kann, ohne daß irgendetwas in dieser Richtung unternommen wird.»

Alle Handlungen des Willens, des Verlangens oder zwingender Triebe werden im Verstande geboren, demselben Verstande, der bewertet, vergleicht und verurteilt. Wenn der Verstand dies als wahr erkennt — nicht durch Beweisführung, Überzeugung oder Glauben, sondern indem er sich einfach und aufmerksam verhält —, dann wird das Denken aufhören. Und das Ende des Denkens bedeutet weder Schlaf noch Schwächung des Lebens oder Verneinung, sondern einen vollkommen anderen Zustand.

«Unser Gespräch hat mir gezeigt, daß ich noch nie sehr tief über all das nachgedacht habe. Ich lese sehr viel und habe mir bisher immer nur das, was andere gesagt haben, zu eigen gemacht. Jetzt fühle ich, daß ich zum ersten Mal den Zustand meines eigenen Denkens erlebe und werde nun vielleicht imstande sein, auf etwas anderes als bloße Worte zu hören.»

53] Neid und Einsamkeit

An diesem Abend war es sehr ruhig unter dem Baume. Auf dem noch warmen Felsen stemmte sich eine Eidechse auf und nieder. Die Nacht versprach, kalt zu werden, und die Sonne würde erst in vielen Stunden wieder aufgehen. Langsam und müde kehrten die Ochsen von den entfernten Feldern zurück, auf denen die Bauern mit ihnen gepflügt hatten. Eine Eule schrie in tiefen Kehltönen von dem Hügel, wo sie ihr Nest hatte. Jeden Abend um diese Zeit fing sie gewöhnlich an; mit zunehmender Dunkelheit wurden ihre Rufe immer seltener, aber spät in der Nacht konnte man sie gelegentlich wieder hören. Dann pflegte eine Eule die andere über das Tal hinweg zu rufen, und die tiefen Töne schienen der Nacht größere Schönheit und Stille zu verleihen. Es war ein lieblicher Abend, der Neumond ging gerade hinter den dunklen Hügeln unter.

Mitgefühl entsteht so leicht, wenn das Herz nicht mehr von den Ränken und Listen des Denkens erfüllt ist. Unser Denken ist es, das mit seinen Forderungen und Ängsten, seinen Bindungen und Verleugnungen, seinen Entschlüssen und Trieben die Liebe zerstört. Und wie schwer ist es, dabei einfach zu bleiben! Man braucht weder Lehren noch Philosophien, um sanft und gütig zu sein. Die Tüchtigen und Mächtigen im Lande werden es schon einrichten, daß alle Menschen Obdach, Nahrung und Kleidung sowie ärztliche Hilfe erhalten. Das ist bei der schnellen Zunahme aller Produktion unvermeidlich, es gehört zur Wirksamkeit einer gut organisierten Regierung und einer ausgeglichenen Gesellschaftsordnung. Aber keine Organisation kann Großmut von Herz und Hand verteilen. Großmut entspringt einer ganz anderen Quelle, die über jeden Maßstab hinausgeht, und die von Ehrgeiz und Mißgunst so sicher zerstört wird, wie Feuer verbrennt. Diese Quelle muß man berühren, muß aber mit leeren Händen kommen, ohne Gebet und ohne Opfer. Bücher können uns das nicht lehren, kein Lehrer kann uns dahin führen. Man erreicht es nicht mit seinem Streben nach Tugend — obgleich Tugend nötig ist —, noch durch Fähigkeit und Gehorsam. Wenn das Denken gelassen, ohne die geringste Bewegung ist, dann ist es da. Gelassenheit kennt keinen Beweggrund und keinen Trieb nach mehr.

Sie war jung, aber schon viel von Schmerzen geplagt. Die physischen Leiden machten ihr indessen weniger zu schaffen als eine andere Art Leiden. Körperliche Schmerzen hatte sie mit Medikamenten einschränken können, doch war es ihr nie gelungen, die Qual der Eifersucht zu lindern. Seit ihrer Kindheit, erklärte sie, sei es so mit ihr gewesen; in jungen Jahren war es etwas Kindisches, das man duldete und belächelte, aber jetzt sei es zu einer Krankheit geworden. Sie sei verheiratet und habe zwei Kinder, aber die Eifersucht zerstöre alle ihre Beziehungen.

«Ich bin scheinbar nicht nur auf meinen Mann und meine Kinder eifersüchtig, sondern auf fast jeden, der mehr hat als ich, sei es einen schöneren Garten oder ein hübscheres Kleid. Vielleicht klingt das ziemlich dumm, aber ich leide Folterqualen. Vor einiger Zeit bin ich zu einem Psychoanalytiker gegangen und hatte wenigstens vorübergehend Frieden; aber bald genug fing es wieder an.»

Die Kultur, in der wir leben, ist dem Neid geradezu förderlich, nicht wahr? Reklame, Wettbewerb, Vergleich, Vergötterung von Erfolg mit allen zugehörigen Betätigungen — unterstützen all diese Dinge nicht unsern Neid? Und die Forderung nach mehr ist Neid, nicht wahr?

«Aber . . . .»

Lassen Sie uns zuerst kurz den Neid an sich betrachten, und nicht Ihren besonderen Kampf damit; darauf werden wir später zurückkommen. Ist Ihnen das recht?

«Sicherlich.»

Neid wird allgemein unterstützt und geachtet, nicht wahr? Von Kindheit an werden wir zu wetteifernder Gesinnung angehalten. Wir hören immer wieder auf alle mögliche Weise, daß wir besser sein und Besseres leisten müssen als andere. Beispiele von Erfolgen, von Helden und ihren mutigen Taten werden uns endlos eingehämmert; denn die heutige Kultur ist auf Neid und Erwerbsucht begründet. Ist man nicht erwerbsüchtig im weltlichen Sinne, sondern folgt einem religiösen Lehrer, so erhält man das Versprechen auf den rechten Platz im Jenseits. Wir sind alle mit diesen Ideen erzogen worden, und das Verlangen nach Erfolg ist in fast allen Menschen tief verwurzelt. Man sucht auf die verschiedenste Weise nach Erfolg: als Künstler, als Geschäftsmann oder als religiös Strebender. All das sind Formen von Neid; doch erst wenn der Neid beunruhigt oder schmerzt, versucht man, sich von ihm zu befreien. Solange er entschädigt und Freude macht, ist er ein annehmbarer Teil der menschlichen Natur. Wir sehen nicht, daß gerade in solcher Freude Schmerz verborgen liegt. Bindung bringt zwar Freude, aber sie nährt auch Eifersucht und Leid und ist nicht Liebe. Im Bereich derartiger Betätigung lebt, leidet und stirbt man. Erst wenn die Qual solcher selbsteinfriedender Tätigkeit unerträglich wird, kämpft man darum durchzubrechen.

«Ich glaube, ich verstehe das ungefähr, aber was soll ich tun?»

Ehe wir erwägen, was zu tun sei, lassen Sie uns einmal das Problem betrachten. Was ist es eigentlich?

«Ich werde von Eifersucht gepeinigt und will mich davon befreien.»

Sie wollen sich von dem Schmerz befreien; aber wollen Sie nicht an dem eigentümlichen Vergnügen, das mit Besitztum und Bindung gepaart geht, festhalten?

«Natürlich. Sie erwarten doch nicht etwa, daß ich all meinen Besitz aufgebe, oder doch?»

Es handelt sich hier nicht um Verzicht, sondern um den Wunsch nach Besitz. Wir wollen sowohl Menschen wie Dinge besitzen, wir klammern uns an Glaube und Hoffnung. Woher kommt unser Verlangen nach Besitz, unser leidenschaftlicher Wunsch nach Bindung?

«Ich weiß nicht; darüber habe ich noch nie nachgedacht. Es erscheint einem fast natürlich, neidisch zu sein; aber jetzt ist es ein Gift, ein tief aufrührendes Element in meinem Leben geworden.»

Sicherlich brauchen wir bestimmte Dinge wie Nahrung, Kleidung, Obdach und so weiter, aber wir benutzen sie zu unserer psychologischen Befriedigung, und daraus entstehen viele neue Probleme. Psychologische Abhängigkeit von anderen Menschen erzeugt in gleicher Weise Unruhe, Eifersucht und Furcht.

«In diesem Sinne bin ich wahrscheinlich von bestimmten Menschen abhängig. Sie sind eine dringende Notwendigkeit für mich geworden, und ich wäre durchaus verloren ohne sie. Wenn ich meinen Mann und meine Kinder nicht hätte, würde ich, glaube ich, langsam wahnsinnig werden, oder ich würde mich an jemand anders binden. Aber ich verstehe nicht, was an Bindungen falsch sein soll.»

Wir erörtern hier nicht, ob sie richtig oder falsch sind, sondern betrachten nur ihre Ursache und Wirkung, nicht wahr? Abhängigkeit soll weder verurteilt noch gerechtfertigt werden. Warum stützt man sich psychologisch auf einen anderen? Ist das nicht viel eher unser Problem als die Frage, wie man sich von den Qualen der Eifersucht befreien soll? Denn Eifersucht ist nichts als eine Wirkung, ein Symptom, und es wäre unnütz, sich nur mit dem Symptom zu befassen. Warum sind wir eigentlich psychologisch von anderen abhängig?

«Ich weiß, daß ich abhängig bin, habe aber noch nie richtig darüber nachgedacht. Für mich war es selbstverständlich, daß sich jeder Mensch auf andere stützt.»

Sicherlich sind wir physisch aufeinander angewiesen und werden es immer bleiben, das ist ganz natürlich und unvermeidlich. Solange wir indessen die *psychologische* Abhängigkeit von anderen nicht verstehen, muß unsere qualvolle Eifersucht fortbestehen, glauben Sie nicht auch? Woher kommt also das psychologische Bedürfnis nach anderen Menschen?

«Ich brauche meine Familie, weil ich sie liebe. Wenn ich sie nicht liebte, wäre ich nicht so besorgt.»

Wollen Sie damit sagen, daß Liebe und Eifersucht zusammengehören?

«Es sieht ganz so aus; denn wenn ich sie nicht liebte, würde ich bestimmt nicht so eifersüchtig sein.»

In diesem Falle würden Sie sich mit der Eifersucht auch zugleich der Liebe entledigen, nicht wahr? Warum wollen Sie sich also von Eifersucht befreien? Sie wollen scheinbar die Freude an der Bindung behalten und nur den Schmerz fahren lassen. Ist das möglich?

«Warum nicht?»

Bindung schließt Furcht ein, nicht wahr? Sie ängstigen sich vor dem, was Sie sind oder sein würden, wenn der andere Sie verließe oder vielleicht stürbe, und auf Grund solcher Furcht sind Sie ihm verbunden. Solange man sich der Freude an einer Bindung hingibt, bleibt die Furcht verborgen, weggeschlossen, aber unglücklicherweise stets gegenwärtig; und die Eifersuchtsqualen gehen immer weiter, bis man sich von seiner Angst befreit.

«Wovor fürchte ich mich denn?»

Das Problem heißt nicht: wovor fürchten Sie sich, sondern: sind Sie sich Ihrer Furcht bewußt?

«Wenn Sie mich jetzt so direkt fragen, glaube ich schon, daß ich mir meiner Angst bewußt bin. Gut, ich fürchte mich also.»

Wovor?

«Davor, verloren und unsicher zu sein, nicht geliebt und umsorgt zu werden, allein und einsam zu bleiben. Ja, ich glaube, das ist es: ich fürchte mich vor der Einsamkeit und meiner Unfähigkeit, dem Leben allein entgegenzutreten; daher stütze ich mich auf meinen Mann und meine Kinder und klammere mich verzweifelt an sie. Ich schwebe beständig in Angst, daß ihnen etwas zustoßen könnte. Mitunter tritt meine Verzweiflung als Eifersucht oder sogar als unbegrenzte Wut auf. Ich fürchte, mein Mann könne sich einer andern Frau zuwenden, und die bloße Angst davor verzehrt mich. Ich versichere Ihnen, ich habe viele Stunden in Tränen verbracht. Diesen ganzen unvereinbaren Widerspruch und Aufruhr nennen wir Liebe, und Sie fragen mich, ob es wirklich Liebe *sei*. Gibt es überhaupt Liebe bei Bindungen? Ich sehe nun, daß es unmöglich ist. Es ist häßlich und vollkommen egoistisch; ich denke ja immer nur an mich selber. Was soll ich aber tun?»

Wenn Sie sich selber verurteilen, sich abscheulich, häßlich und egoistisch nennen, verringern Sie Ihr Problem keinesfalls, im Gegenteil, Sie machen es nur noch größer. Es ist sehr wichtig, daß Sie das einsehen. Verurteilen oder Rechtfertigen hindert Sie daran, das zu betrachten, was hinter Ihrer Furcht steht, es lenkt Sie wirksam davon ab, das tatsächliche Geschehen ins Auge zu fassen. Wenn Sie sagen: ‹Ich bin häßlich und egoistisch›, so belasten Sie die Worte mit abfälligem Urteil und bestärken nur das verurteilende Element, das seinerseits Teil des Ich ist.

«Ich weiß nicht, ob ich das ganz erfaßt habe.»

Verstehen Sie Ihr Kind, wenn Sie sein Handeln tadeln oder rechtfertigen? Es kann geschehen, daß Sie weder Zeit noch Neigung haben, ihm etwas zu erklären; um daher ein unmittelbares Resultat zu bekommen, sagen Sie einfach: ‹Tu das› oder ‹Tu das nicht›, womit Sie jedoch die verwickelte Natur Ihres Kindes noch lange nicht verstanden haben. In ähnlicher Weise kann das Verurteilen, Rechtfertigen oder Vergleichen das Verständnis Ihres eigenen Wesens verhindern. Sie müssen aber versuchen, die zusammengesetzte Wesenheit, die Sie selber sind, zu begreifen.

«Ja, das verstehe ich.»

Dann lassen Sie uns langsam darauf eingehen, ohne zu verurteilen oder zu rechtfertigen. Es wird Ihnen recht schwer fallen, das nicht zu tun, denn im Lauf der Jahrhunderte ist uns das Bejahen oder Verneinen zur Gewohnheit geworden. Beobachten Sie einmal Ihre Reaktionen, während wir jetzt miteinander sprechen.

Unser Problem ist also nicht die Eifersucht und wie man sich von ihr befreien soll, sondern die Furcht. Was ist Furcht, und wie entsteht sie?

«Sie ist selbstverständlich da; aber was sie ist, weiß ich nicht.»

Furcht kann niemals abgesondert auftreten, sondern immer nur in Beziehung zu etwas, nicht wahr? Es gibt einen Zustand, den man Einsamkeit nennt, und sobald man sich dieses Zustandes bewußt wird, fürchtet man sich. Furcht besteht also nie für sich allein. Wovor fürchten Sie sich nun wirklich?

«Ich nehme an, vor der Einsamkeit, wie Sie sagten.»

Warum nehmen Sie es nur an? Sind Sie nicht sicher?

«Ich zögere jetzt, über irgendetwas sicher zu sein; aber die Einsamkeit ist eins meiner größten Probleme. Sie muß immer irgendwo im Hintergrunde dagewesen sein, und in unserm Gespräch hier fühle ich mich zum ersten Mal gezwungen, sie direkt zu betrachten, ihre Gegenwart festzustellen. Sie ist wie eine gewaltige Leere — erschreckend und unentrinnbar.»

Können Sie diese Leere einmal beobachten, ohne sie zu

benennen oder auf irgendeine Weise zu beschreiben? Das bloße Benennen eines Zustandes bedeutet nämlich noch nicht, daß man ihn versteht; im Gegenteil, es kann eher hinderlich für das Verständnis sein.

«Ich begreife, was Sie meinen, aber ich kann nicht umhin, den Zustand zu benennen; das ist eine fast unmittelbare Reaktion.»

Empfinden und Benennen geschehen beinahe gleichzeitig, nicht wahr? Lassen sich die beiden trennen? Kann vielleicht eine Lücke zwischen dem Gefühl und dem Benennen des Gefühls entstehen? Wenn man eine solche Lücke einmal wirklich erlebt, wird man erkennen, daß der Denker als abgetrenntes und von seinem Denken unterschiedliches Wesen nicht mehr besteht. Alles in Worte zu fassen, ist eine Eigenschaft des Ich, des Wesens, das eifersüchtig ist und versucht, über seine Eifersucht hinwegzukommen. Wenn Sie wirklich verstehen, wie wahr das ist, dann hört alle Furcht auf. Das Benennen hat seine physiologische wie psychologische Wirkung. Erst wenn kein Benennen mehr stattfindet, kann man sich voll des Zustandes bewußt werden, den man die Leere der Einsamkeit nennt; denn dann trennt sich unser Denken nicht mehr von dem, was *ist*.

«Es wird mir außerordentlich schwer, all dem zu folgen, und doch fühle ich, daß ich wenigstens etwas davon verstanden habe; jetzt will ich das Verständnis sich entfalten lassen.»

54] Der Aufruhr im Denken

Den ganzen Tag über war es neblig gewesen, und als es sich gegen Abend aufklärte, erhob sich der Ostwind — ein trockener, scharfer Wind, der die verdorrten Blätter herunterwehte und das Land austrocknete. Es wurde eine stürmische und bedrohliche Nacht; der Wind nahm beständig zu, das Haus knarrte und ganze Äste wurden von den Bäumen gerissen. Am Morgen war die Luft so klar, daß es fast so aussah, als könne man die Berge berühren. Mit dem Wind war auch die Hitze wiedergekommen, aber als sich der Wind am späten Nachmittag legte, rollte wieder Nebel vom Meer herein.

Wie herrlich schön und reich ist doch die Erde! Man wird ihrer nie müde. Ein trockenes Flußbett ist voller Leben: Ginster und Mohn und hohe, gelbe Sonnenblumen wachsen dort. Auf den Felsblöcken gibt es Eidechsen; eine braun und weiß geringelte Königsschlange liegt in der Sonne und läßt ihre schwarze Zunge vor- und zurückschnellen, und jenseits der Schlucht bellt ein Hund auf der Jagd nach einem Erdeichhörnchen oder Kaninchen.

Zufriedenheit entsteht niemals durch Erfüllung, durch Leistung oder den Besitz von Dingen; sie wird weder aus Tätigkeit noch aus Untätigkeit geboren. Sie kommt mit der Fülle dessen, was *ist* — doch nicht, wenn man es verändern will. Das, was vollständig ist, braucht nicht geändert oder verwandelt zu werden. Nur das Unvollkommene in seinem Streben nach Vollkommenheit kennt den Aufruhr der Unzufriedenheit und Veränderung. Das, was *ist*, ist unvollkommen, es ist nicht das Vollkommene. Das Vollkommene ist unwirklich, und unsere Jagd nach dem Unwirklichen bildet den Schmerz der Unzufriedenheit, der nie gelindert werden kann. Der bloße Versuch, diesen Schmerz zu besänftigen, ist das Suchen nach dem Unwirklichen, aus dem alle Unzufriedenheit entspringt. Es gibt keinen Ausweg aus der Unzufriedenheit. Sich seiner Unzufriedenheit bewußt zu werden, bedeutet, das, was *ist*, zu erkennen, und in dessen Fülle entsteht ein Zustand, den man Zufriedenheit nennen kann. Dazu gibt es keinen Gegensatz.

Von dem Haus konnte man das ganze Tal überblicken; die höchste Spitze der fernen Berge erglühte in der untergehenden Sonne. Die felsige Bergmasse schien vom Himmel herabzuhängen und wie von innen erleuchtet zu sein, und in dem dämmrigen Zimmer sah die Schönheit der Beleuchtung über alle Maßen herrlich aus.

Er war ein noch ziemlich junger Mann, voller Eifer und auf der Suche.

«Ich habe mehrere Bücher über Religion und religiöse Übungen gelesen, über Meditieren und die verschiedenen Methoden, die zum Erreichen des Höchsten empfohlen werden. Eine Zeitlang zog mich der Kommunismus an, aber ich fand bald heraus, daß er eine rückläufige Bewegung ist, trotz der vielen Intellektuellen, die sich dazu bekennen. Auch der Katholizismus fesselte mich. Mir gefielen manche seiner Lehren, und eine Weile dachte ich daran, katholisch zu werden. Aber eines Tages, als ich mich mit einem gelehrten Priester unterhielt, erkannte ich plötzlich, wie ähnlich der Katholizismus dem Gefängnis des Kommunismus ist. Während meiner Fahrten als Matrose auf einem Trampdampfer kam ich auch nach Indien, blieb fast ein Jahr dort und zog ernstlich in Betracht, Mönch zu werden; aber das war mir zu sehr vom Leben zurückgezogen, zu idealistisch und unwirklich. Ich versuchte, allein zu leben, um zu meditieren, und auch das nahm ein Ende. Nach so vielen Jahren bin ich aber scheinbar immer noch ganz unfähig, meine Gedanken in Zwang zu halten; und hierüber möchte ich gern mit Ihnen sprechen. Natürlich habe ich noch mehr Probleme, wie zum Beispiel das sexuelle und andere; wenn ich aber erst einmal meine Gedanken völlig gebändigt habe, könnte ich es sicherlich auch zuwege bringen, meine brennenden Wünsche und Triebe zu zügeln.»

Wird das Meistern Ihrer Gedanken zur Beruhigung Ihrer Wünsche führen, oder nur zu deren Unterdrückung? Und muß das nicht wiederum neue und tiefere Probleme mit sich bringen?

«Sie können doch unmöglich dazu raten, jedem Verlangen nachzugeben? Verlangen liegt in der Natur unseres Denkens, und ich hatte gehofft, durch mein Streben das Denken zu kontrollieren und gleichzeitig meine Wünsche zu unterjochen. Wünsche müssen entweder besiegt oder vergeistigt werden, aber sogar zur Vergeistigung muß man sie zuerst zügeln. Die meisten Lehrer betonen, daß man über seine Wünsche hinausgehen müsse, und sie schreiben allerlei Methoden dafür vor.»

Was denken Sie selber darüber, abgesehen von dem, was andere gesagt haben? Soll eine bloße Kontrolle unserer Wünsche alle Probleme des Verlangens lösen? Soll Unterdrückung oder Vergeistigung zum Verständnis unseres Verlangens führen, oder uns von ihm befreien? Durch bestimmte religiöse und auch andere Betätigung läßt sich unser Denken den ganzen Tag lang disziplinieren; aber ein geschäftiger Sinn ist niemals frei, und nur der freie Sinn kann zeitlose Schöpfung erkennen.

«Gibt es keine Freiheit, wenn man über seine Wünsche hinausgeht?»

Was verstehen Sie unter dem Hinausgehen über die Wünsche?

«Will man Glück erlangen oder das Höchste verwirklichen, so darf man sich natürlich nicht von seinen Wünschen treiben lassen, oder sich in deren Unruhe und Verwirrung verfangen. Um sein Verlangen unter Kontrolle zu bringen, ist eine Art Unterjochung nötig. Dasselbe Verlangen kann sich, anstatt im Leben kleinlichen Dingen nachzugehen, auf die Suche nach dem Erhabenen begeben.»

Selbst wenn Sie den Gegenstand Ihres Verlangens ändern — von einem Haus zu umfassendem Wissen, vom Niedrigen zum Allerhöchsten —, bleibt es immer noch eine Betätigung Ihres Verlangens, nicht wahr? Und wenn Sie auch nicht nach weltlicher Anerkennung suchen, so ist doch der Drang, das Göttliche zu erreichen, wiederum ein Streben nach Gewinn. Unser Verlangen sucht beständig nach Erfüllung, nach Errungenschaft, und gerade diese Regung muß verstanden, nicht aber vertrieben oder unterdrückt werden. Ohne Verständnis für die Wendungen des Verlangens hat bloße Gedankenkontrolle sehr wenig Bedeutung.

«Jetzt muß ich aber auf den Punkt zurückkommen, von dem ich ausging. Sogar zum Verständnis meines Verlangens brauche ich Konzentration, und das ist gerade meine Schwierigkeit. Ich scheine meine Gedanken überhaupt nicht kontrollieren zu können, sie gehen in alle möglichen Richtungen und stürzen gleichsam übereinander. Es gibt keinen einzigen vorherrschenden oder fortlaufenden Gedanken zwischen all den belanglosen Ideen.»

Unser Denken ist wie eine Maschine, die Tag und Nacht

arbeitet, es ist schwatzhaft und ewig geschäftig, sowohl im Wachen wie im Schlafe. Es ist so eilig und so ruhelos wie das Meer. Ein Teil unseres verwickelten, verschlungenen Triebwerks versucht, die gesamte Bewegung zu beherrschen, und dadurch entstehen Konflikte zwischen entgegengesetzten Wünschen und Trieben. Man mag den einen Teil das höhere und den andern das niedere Ich nennen, beide liegen aber noch auf dem Gebiet des Denkens. Das Handeln und Reagieren unseres Verstandes oder Denkens geschieht beinahe gleichzeitig und fast automatisch; denn der ganze bewußte und unbewußte Ablauf des Annehmens oder Verleugnens, des Anpassens oder Freiheitsstrebens geht außerordentlich rasch vor sich. Man muß also nicht die Frage stellen: wie ist der verwikkelte Mechanismus zu kontrollieren — denn Kontrolle bringt Reibung und vergeudet nur Energie —, sondern: kann man sein überaus schnelles Denken verlangsamen?

«Aber wie?»

Wenn ich darauf hinweisen darf, so handelt es sich hier nicht um das ‹Wie›. Das ‹Wie› zeitigt nur ein Ergebnis, ein Resultat ohne große Bedeutung; und wenn man es erreicht hat, beginnt gleich die Suche nach einem anderen begehrenswerten Ziel mit seinen Nöten und Konflikten.

«Was soll man aber sonst tun?»

Sie stellen nicht die richtige Frage, nicht wahr? Sie wollen nicht selber herausfinden, ob das Verlangsamen unseres Denkens wahr oder falsch ist, Sie wollen nichts als ein Ergebnis. Es ist verhältnismäßig leicht, zu einem Resultat zu gelangen, nicht wahr? Ist es aber möglich, sein Denken zu verlangsamen, ohne es zu bremsen?

«Was verstehen Sie unter verlangsamen?»

Wenn man sehr schnell im Auto fährt, sieht die Landschaft in der Nähe verschwommen aus, und erst bei Fußgänger-Geschwindigkeit kann man die Bäume, Vögel und Blumen im einzelnen beobachten. Selbsterkenntnis kommt auch erst beim Verlangsamen unseres Denkens; doch bedeutet das nicht, daß man es zwingen soll, langsamer zu werden, denn Zwang erzeugt Widerstand, und beim Langsamer-Werden des Denkens darf keine Energie vergeudet werden. Ist das nicht richtig?

«Ich glaube, ich fange an zu begreifen, daß alle Anstrengung zur Kontrolle unseres Denkens Verschwendung ist; aber ich verstehe nicht, was man sonst tun kann.»

Wir sind noch nicht zur Frage des Handelns gekommen, nicht wahr? Wir versuchen zu erkennen, wie wichtig es für das Denken ist, seinen Lauf zu verlangsamen, und überlegen noch nicht, wie man es tun soll. Kann unser Denken langsamer werden? Und wann geschieht es?

«Darüber habe ich noch nie nachgedacht.»

Haben Sie noch nie bemerkt, daß sich Ihr Denken verlangsamt, wenn Sie etwas beobachten? Während Sie zum Beispiel die Fahrt des Autos da unten auf der Straße verfolgen oder irgendetwas anderes aufmerksam betrachten, arbeitet dann Ihr Denken nicht viel langsamer? Aufmerksame Beobachtung verlangsamt zweifellos unser Denken. Das Betrachten eines Gemäldes, eines Heiligenbildes oder eines Gegenstandes hilft unserm Sinn, sich zu beruhigen — genauso wie die stete Wiederholung eines Satzes es tut. Nur wird dann der Satz oder der Gegenstand jedesmal viel wichtiger als der verlangsamte Ablauf des Denkens und die Entdeckungen, die man dabei machen kann.

«Ich beobachte jetzt das, was Sie erklären, und werde mir der Ruhe meines Denkens bewußt.»

Beobachten wir wirklich jemals, oder ziehen wir immer nur zwischen den Beobachter und den Gegenstand seiner Beobachtung einen Schleier aus unseren Vorurteilen, Bewertungen, Urteilen, Vergleichen und Mißbilligungen?

«Es scheint mir fast unmöglich, etwas ohne den Schleier zu sehen. Ich glaube kaum, daß ich unversehrter Beobachtung fähig bin.»

Wenn ich raten darf, hemmen Sie sich nicht mit Worten, mit positiven oder negativen Schlußfolgerungen. Gibt es überhaupt Beobachtung ohne einen solchen Schleier? Um es anders auszudrücken: Kann man je aufmerksam sein, während das Denken beschäftigt ist? Nur wenn es untätig ist, kann man achtgeben. Unser Denken wird langsamer und munter, wenn es volle Aufmerksamkeit schenkt, nämlich die Aufmerksamkeit eines untätigen Sinnes.

«Ich fange an, das, was Sie beschreiben, an mir selber zu erleben.»

Lassen Sie es uns noch etwas weiter untersuchen. Wenn keine Bewertung und keine Verschleierung zwischen dem Beobachter und seiner Beobachtung stattfindet, sind sie dann voneinander getrennt oder abgeschieden? Ist der Beobachter dann nicht eins mit seiner Beobachtung?

«Ich fürchte, da kann ich nicht folgen.»

Der Diamant läßt sich nicht von seinen Eigenschaften trennen, nicht wahr? Das Neidgefühl läßt sich ebensowenig von dem Menschen, der es hat, trennen, obgleich eine trügerische Absonderung stattfindet, die zum Konflikt führt, in dem sich dann unser Denken verfängt. Wenn diese irrige Trennung aufhört, besteht die Möglichkeit, frei zu werden, und nur dann ist unser Sinn ruhig. Erst wenn der, der die Erfahrungen macht, zu bestehen aufhört, beginnt die schöpferische Regung der Wirklichkeit.

55] Gedankenkontrolle

Wie langsam oder schnell man auch fuhr, immer gab es Staub, der fein und durchdringend in das Auto einströmte. Obgleich es noch früh am Morgen war und die Sonne erst in ein bis zwei Stunden aufgehen würde, herrschte bereits eine trockene, scharfe Hitze, die an sich nicht so unangenehm war. Selbst zu dieser Stunde fuhren Ochsenkarren auf der Straße. Die Treiber schliefen meist, aber die Ochsen hielten sich an die Straße und trotteten langsam nach Hause in ihre Dörfer. Manchmal kamen zwei oder drei Karren, manchmal auch zehn, und einmal waren es fünfundzwanzig in einer langen Reihe; alle Treiber schliefen fest, und nur auf dem Leitkarren brannte eine einzige Oellampe. Unser Auto mußte von der Straße herunter, um an ihnen vorbeizukommen, und wirbelte dabei große Staubwolken auf, aber die Ochsen wichen nie vom Wege ab, während ihre Glocken zusammen im Rhythmus erklangen.

Nach einer Stunde steter Fahrt war es immer noch ziemlich dunkel. Die Bäume sahen düster, geheimnisvoll und in sich zurückgezogen aus. Jetzt war die Straße gepflastert aber eng, und jeder Karren bedeutete mehr Staub, mehr Glockengeläut und noch mehr Karren vor uns. Wir fuhren gen Osten, und nun begann es allmählich zu dämmern, noch undeutlich, sanft und schattenlos. Es wurde kein klarer, heller Sonnenaufgang mit glitzerndem Tau, sondern ein Morgen, der wie beschwert von der kommenden Hitze war. Und doch, wie herrlich war er! In weiter Ferne standen die Berge, sie waren noch nicht sichtbar, aber man konnte sie spüren: unermeßlich, kühl und zeitlos.

Die Straße lief durch alle möglichen Ortschaften, manche sauber, ordentlich und gut gehalten, andere schmutzig und verkommen, in hoffnungsloser Armut und Erniedrigung. Männer gingen auf die Felder, Frauen zu dem Brunnen, und die Kinder lärmten und lachten auf der Straße. Meilenweit erstreckten sich Regierungsfarmen mit Traktoren, Fischteichen und landwirtschaftlichen Versuchsschulen. Ein ganz neues, großes Automobil mit wohlgenährten, reichen Leuten kam an uns vorbei. Die Berge waren noch in weiter Ferne, und die Erde sah fruchtbar aus. An verschiedenen Stellen führte unser Weg durch ein trockenes Flußbett, wo es keine Straße mehr gab, aber die Autobusse und Karren hatten einen Weg herüber gebahnt. Grüne und rote Papageien lockten einander auf ihrem Zick-Zack-Flug; wir sahen auch kleinere, gold-grüne Vögel und weiße Reisvögel.

Jetzt verließ unsere Straße die Ebene und begann anzusteigen. Im Vorgebirge wurde der dichte Pflanzenwuchs mit enormen Maschinen ausgerodet und fortgeschafft, und meilenweit war man dabei, Obstbäume anzupflanzen. Unser Auto stieg immer höher, und die Hügel wurden zu Bergen, die mit Kastanien und Kiefern bedeckt waren — mit schlanken, hohen Kiefern und Kastanienbäumen in voller Blüte. Jetzt eröffnete sich eine Aussicht: unter uns erstreckten sich unermeßlich weit die Täler, und vor uns lagen schneebedeckte Berggipfel.

Schließlich kamen wir auf der Höhe des Aufstiegs um eine Wegbiegung, und da standen die Berge, klar und blendend! Sie waren noch hundert Kilometer entfernt, und ein breites, blaues Tal lag zwischen ihnen und uns. Sie erfüllten den Horizont von einem Ende zum andern und erstreckten sich weit über dreihundert Kilometer; und wenn man den Kopf seitwärts wandte, konnte man sie in ihrer ganzen Ausdehnung sehen. Es war ein wunderbarer Anblick. Die trennenden hundert Kilometer schienen zu verschwinden, und man spürte nur die große Kraft und Einsamkeit. Die Berggipfel, von denen manche über achttausend Meter aufstiegen, trugen göttliche Namen, denn dort sollten die Götter leben; und aus weiter Ferne pilgerten Menschen zu ihnen, um sie anzubeten und hier zu sterben.

Er sagte, er sei im Ausland erzogen worden und habe eine gute Stellung bei der Regierung gehabt; aber vor mehr als zwanzig Jahren habe er sich entschlossen, nicht nur seine Stellung, sondern auch alle weltlichen Dinge aufzugeben, um den Rest seines Lebens in religiöser Betrachtung zu verbringen.

«Ich habe mich in verschiedenen Methoden des Meditierens geübt», fuhr er fort, «bis ich vollkommene Kontrolle über meine Gedanken hatte; das hat gewisse Kräfte wie auch große Selbstbeherrschung mit sich gebracht. Neulich nahm mich ein Freund zu einem Ihrer Vorträge mit, bei dem Sie eine Frage über Meditieren beantworteten, Sie sagten, Meditation, wie sie im allgemeinen ausgeübt werde, sei eine Art Selbsthypnose, die Ausbildung unserer selbst-ersonnenen, wenn auch noch so veredelten Wünsche. Das hat mich als so wahr getroffen, daß ich um dieses Gespräch mit Ihnen ersucht habe, und in Anbetracht der Tatsache, daß ich mein Leben religiöser Betrachtung geweiht habe, hoffe ich, daß wir sehr gründlich darauf eingehen können.

«Ich würde gern damit anfangen, den Lauf meiner Entwicklung etwas näher zu beschreiben. Aus allem, was ich gelesen hatte, schloß ich, daß es nötig sei, meine Gedanken vollkommen zu beherrschen. Das war außerordentlich schwer für mich. Sich auf amtliche Arbeit zu konzentrieren, ist etwas so ganz anderes als den Verstand zu festigen und seinen gesamten Denkvorgang einzuspannen. Die

Bücher lehrten, man solle die Zügel seines beherrschten Denkens vollkommen in der Hand haben. Man könne sein Denken nicht schärfen und die vielen Illusionen durchdringen, ehe es nicht unter Kontrolle und Leitung sei. Das wurde also meine erste Aufgabe.»

Wenn ich fragen darf, ohne Ihren Bericht zu sehr zu unterbrechen: ist Gedankenkontrolle wirklich die erste Aufgabe?

«Ich hörte, was Sie in Ihrem Vortrag über Konzentration sagten. Aber wenn Sie erlauben, möchte ich gern meine gesamte Erfahrung so ausführlich wie möglich beschreiben und danach einige wesentliche Punkte im Zusammenhang damit aufnehmen.»

Ganz wie Sie wollen.

«Gleich von Anfang an war ich mit meinem Beruf unzufrieden, und es wurde mir verhältnismäßig leicht, eine vielversprechende Laufbahn aufzugeben. Ich hatte eine Menge Bücher über Meditation und Beschaulichkeit gelesen, einschließlich der Schriften verschiedener Mystiker, östlicher wie westlicher, und es erschien mir so einleuchtend, daß Gedankenkontrolle das Allerwichtigste sei. Sie erforderte beträchtliche, anhaltende und zielbewußte Anstrengung. Während ich in meinen religiösen Betrachtungen weiter fortschritt, machte ich viele Erfahrungen und hatte Visionen von Krischna, Jesus und manchen Hindu Heiligen. Ich wurde hellsehend, begann die Gedanken anderer Menschen zu lesen und erwarb auch gewisse andere Kräfte. Ich ging von einer Erfahrung zur andern, von einer Vision mit ihrer symbolischen Bedeutung zur nächsten, von Verzweiflung zu höchster Seligkeit. Der Stolz des Eroberers, des Menschen, der sich selbst besiegt hat, war in mir. Asketentum, Herrschaft über sich selbst verleiht einem das Gefühl von Macht und erzeugt Eitelkeit, Stärke und Selbstvertrauen. Ich lebte in der reichen Fülle von all dem. Obwohl ich schon jahrelang von Ihnen gehört hatte, hielt mich jedesmal der Stolz über meine Leistung zurück, Ihnen zu begegnen und zuzuhören. Nun bestand aber mein Freund, ein anderer *Sannyasi* darauf, daß ich herkam, und was ich gehört habe, hat mich sehr beunruhigt. Bis dahin hatte ich geglaubt, ich sei jenseits aller inneren Unruhe! Das ist in Kürze meine Entwicklungsgeschichte in der Meditation.

Sie sagten in Ihrem Vortrag, daß unser Denken über alles Erleben hinausgehen müsse, sonst sei es in seinen eigenen Spiegelungen, seinen Wünschen und Bestrebungen gefangen, und ich war höchst überrascht zu entdecken, daß mein Sinn gerade darin verstrickt ist. Wenn sich aber unser Denken dieser Tatsache bewußt wird, wie soll es dann die Mauern des Gefängnisses, das es um sich selber gebaut hat, niederreißen? Habe ich die letzten zwanzig Jahre unnütz vergeudet? Sind sie nichts als ein Umherirren zwischen Illusionen gewesen?»

Später können wir besprechen, wie man handeln soll; lassen Sie uns zuerst, wenn es Ihnen recht ist, die Gedankenkontrolle betrachten. Ist Kontrolle nötig? Ist sie nützlich oder schädlich? Verschiedene religiöse Lehrer haben zur Gedankenkontrolle als dem ersten Schritt geraten, aber haben sie damit recht? Wer ist der Kontrollierende? Ist er nicht ein Bestandteil derselben Gedanken, die er zu beherrschen sucht? Auch wenn er sich selbst für abgesondert, für etwas anderes als sein Denken hält, ist er immer noch das Ergebnis seines Denkens, nicht wahr? Kontrolle bedeutet doch zweifellos eine Zwangshandlung des Willens zur Unterjochung, Unterdrückung, Beherrschung, zum Widerstand gegen alles Unerwünschte. In einem solchen Vorgang liegt ungeheurer und schmerzlicher Konflikt, nicht wahr? Und kann aus Konflikt je etwas Gutes entstehen?

Konzentration beim Meditieren ist eine Art selbstsüchtiger Vervollkommnung und betont das Handeln innerhalb der Grenzen des eigenen Ich. Konzentration bedeutet Einengen des Denkens. Ein Kind kann von seinem Spielzeug vollkommen gefesselt werden. Ein Spielzeug, ein Abbild, Symbol oder Wort bringt das ruhelose Wandern unseres Denkens zum Stillstand, und solche Vertiefung nennt man Konzentration. Das Denken wird von dem Bild, dem Gegenstand der inneren oder äußeren Welt ganz in Beschlag genommen. Dann aber wird Bild oder Gegenstand unendlich viel wichtiger als das Verständnis für unser Denken. Es ist verhältnismäßig leicht, sich auf etwas zu konzentrieren. Ein Spielzeug mag zwar unsern Sinn fesseln, doch kann es ihn nicht freimachen zum Forschen und Entdecken dessen, was jenseits seiner eigenen Grenzen liegt — wenn da überhaupt etwas liegt.

«Was Sie sagen, weicht so sehr von allem ab, was ich gelesen oder gelernt habe; doch es scheint wahr zu sein, und ich fange an, die stillschweigenden Folgerungen der Kontrolle zu begreifen. Wie kann aber unser Verstand ohne Disziplin frei werden?»

Unterdrückung und Anpassung sind niemals Schritte zur Freiheit. Der erste Schritt zur Freiheit ist das Verständnis für innere Bindungen. Zwar formt die Disziplin unser Benehmen und Denken nach einem erwünschten Muster, aber ohne Verständnis für unser Verlangen wird bloße Kontrolle oder Disziplin unser Denken nur entstellen. Ist man sich dagegen der Wege seines Verlangens bewußt, so führt das zu Klarheit und Ordnung. Konzentration ist am Ende eine Eigenschaft des Verlangens. Ein Geschäftsmann konzentriert sich, weil er Reichtum oder Macht anhäufen will; und wenn sich jemand auf religiöse Betrachtungen konzentriert, ist er auch auf Errungenschaft und Belohnung bedacht. Beide streben nach Erfolg, weil Erfolg ihnen Selbstvertrauen und ein Gefühl der Sicherheit verleiht. Ist das nicht richtig?

«Ich folge Ihren Erklärungen.»

Rein wörtliches Verständnis, das heißt ein intellektuelles Erfassen des Gehörten hat wenig Wert, glauben Sie nicht auch? Der befreiende Faktor ist niemals ein bloß wortgemäßes Verstehen, sondern die Erkenntnis von wahr oder falsch. Wenn man die stillschweigenden Folgerungen beim Konzentrieren versteht und das Falsche als falsch sieht, wird man frei von dem Wunsch, etwas zu erreichen, zu erleben oder zu werden. Daraus entsteht dann Aufmerksamkeit, die etwas ganz anderes als Konzentration ist. Das Konzentrieren schließt einen zwiefachen Vorgang ein: Auswahl und Anstrengung, nicht wahr? Da ist der, der Anstrengungen macht, und das Ziel, für das er sich anstrengt. Konzentration bestärkt also das Ich als denjenigen, der Anstrengungen macht, als den Eroberer, den Tugendsamen. Bei der Aufmerksamkeit dagegen gibt es keine zwiefache Tätigkeit, keinen, der Erfahrungen macht, sie ansammelt, aufbewahrt und wiederholt. Im Zustand der Aufmerksamkeit hört der Konflikt der Errungenschaften und die Furcht vor dem Fehlschlagen auf.

«Unglücklicherweise sind wir aber nicht alle mit der Fähigkeit wahrer Aufmerksamkeit gesegnet.»

Aufmerksamkeit ist keine Gabe, keine Belohnung, noch etwas, das sich durch Disziplin, Übung und so weiter erwerben ließe. Sie entsteht bei dem Verständnis für unser Verlangen, bei der Selbsterkenntnis. Der Zustand der Aufmerksamkeit ist das Gute, die Abwesenheit des Ich.

«Ist also mein ganzes Streben und das Disziplinieren so vieler Jahre vollkommen vergeudet und wertlos? Während ich hier die Frage stelle, fange ich aber schon an, die Wahrheit zu erkennen. Ich sehe jetzt, daß ich mehr als zwanzig Jahre einen Weg verfolgt habe, der mich unvermeidlich in ein selbst geschaffenes Gefängnis geführt hat, worin ich gelebt, Erfahrungen gemacht und gelitten habe. Über die Vergangenheit zu klagen, bedeutet, sich gehen zu lassen, und man soll lieber mit anderer Einstellung neu anfangen. Wie steht es aber mit all meinen Visionen und Erlebnissen? Sind sie auch falsch und wertlos?»

Ist unser Sinn nicht ein ungeheurer Lagerraum voller Erlebnisse, Visionen und Gedanken der ganzen Menschheit? Er ist das Ergebnis von Tradition und Erfahrung vieler Tausende von Jahren. Er ist fantastischer Erfindungen, von der einfachsten bis zur höchst komplizierten fähig, kann aber auch außerordentlicher Einbildung und unermeßlicher Täuschung unterliegen. Erfahrungen und Hoffnungen, Ängste und Freuden, das angesammelte Wissen der Allgemeinheit und des Einzelnen — alles ist in den tieferen Schichten des Bewußtseins aufbewahrt, und daher kann man ererbte oder erworbene Erfahrungen, Visionen und so weiter wiedererleben. Wir hören von gewissen Drogen, die Klarheit bringen, Visionen von Höhe und Tiefe vermitteln, unser Denken von innerem Aufruhr befreien und ihm Energie und Einsicht verleihen können. Muß aber unser Sinn durch so dunkle und geheimnisvolle Gänge wandern, um zum Licht zu kom-

men? Und wenn man selbst durch ein solches Mittel zum
Licht gelangt, ist es dann das Licht des Ewigen? Oder
nur das des Bekannten, des Wiedererkannten, aus unserem Suchen, Kämpfen und Hoffen geboren? Muß man
sich auf einen so beschwerlichen Weg begeben, um das
Unermeßliche zu finden? Können wir nicht all das übergehen, um zu dem zu gelangen, was man Liebe nennen
kann? Da Sie ja selber Visionen, bestimmte Fähigkeiten
und Erlebnisse gehabt haben, was sagen Sie dazu?

«Solange die Visionen anhielten, dachte ich natürlich,
daß sie wichtig und bedeutungsvoll seien; sie verliehen
mir ein befriedigendes Machtgefühl und ein gewisses
Glück über meine erfreuliche Leistung. Wenn die verschiedenen Fähigkeiten auftreten, geben sie einem großes
Selbstvertrauen und das Empfinden der Meisterung des
Ich, worin überwältigender Stolz liegt. Nachdem ich jetzt
alles mit Ihnen besprochen habe, bin ich nicht mehr so
sicher, daß die Visionen und alles andere dieselbe große
Bedeutung für mich haben wie früher. Sie scheinen im
Licht meines eigenen Verständnisses in den Hintergrund
getreten zu sein.»

Muß man wirklich durch all diese Erfahrungen gehen?
Sind sie unerläßlich, um das Tor des Ewigen zu öffnen?
Kann man sie nicht umgehen? Schließlich ist die Selbsterkenntnis das Wesentlichste; nur sie führt zu einem
ruhigen Sinn. Ein ruhiger Sinn ist nicht das Ergebnis von
Willenskraft, Disziplin oder allerlei Übungen zur Unterdrückung der Begierden. Solche Übungen und Züchtigungen bekräftigen nur unser Ich; und die Tugend wird
dann zu einem Felsen, auf dem das Ich sein Gebäude
der Anmaßung und Schicklichkeit errichtet. Unser Denken muß frei vom Bekannten sein, damit das Unbekannte
eintreten kann. Ohne Verständnis für die Regungen des
Ich beginnt die Tugend, sich in Wichtigkeit zu hüllen.
Die Regungen des Ich mit allem Wollen und Suchen,
allen Begierden und Ansammlungen müssen vollkommen
aufhören. Erst dann kann das Zeitlose ins Dasein treten;
doch kann es niemals aufgefordert werden. Ein Mensch,
der die Wirklichkeit durch Übungen, durch Schulung,
Gebet und Haltung anzulocken sucht, wird nur seine

eigenen, befriedigenden Erfindungen erhalten; sie sind aber nicht das Wirkliche.

«Nach so vielen Jahren des Asketentums, der Schulung und Selbstkasteiung erkenne ich jetzt, daß mein Denken in seinem selbst geschaffenen Gefängnis festgehalten wird, dessen Mauern niedergerissen werden müssen. Wie soll ich das anfangen?»

Das bloße Erkennen der Tatsache, daß die Mauern fallen müssen, ist schon genug. Jeder Versuch, sie abzubrechen, setzt unser Verlangen nach dem Erreichen und Gewinnen in Bewegung und führt zum Konflikt der Gegensätze, zum Erfahrenden mit seiner Erfahrung, zum Suchenden und dem, was er sucht. Es ist an sich genug, das Falsche als falsch zu sehen; denn diese Erkenntnis wird unsern Sinn von dem Falschen befreien.

56] Gibt es tiefgründiges Denken?

Jenseits der Palmen in weiter Ferne lag das Meer, rastlos und grausam. Es war niemals ruhig, immer ungestüm mit seinen Wellen und starken Strömungen. In der Stille der Nacht konnte man sein Rauschen weit landeinwärts hören, in seiner tiefen Stimme lag Warnung und Drohung. Aber hier unter den Palmen herrschte tiefer Schatten und vollkommene Ruhe. Es war Vollmond und beinahe so hell wie am Tage, doch ohne Hitze und blendenden Glanz, und das Licht lag sanft und herrlich auf den wogenden Palmen. Die Schönheit war nicht nur im Mondlicht auf den Palmen, sondern auch in den Schatten, den runden Baumstämmen, im glitzernden Wasser und der reichen Erde. Himmel und Erde, der Vorübergehende, die quakenden Frösche und der ferne Pfiff eines Zuges — all das war wie ein einziges, lebendiges Etwas und mit dem Verstande nicht zu ermessen.

Unser Denken ist ein erstaunliches Instrument. Es gibt keine von Menschenhand geschaffene Maschine, die so verwickelt, so fein ist und so unbegrenzte Möglichkeiten hat. Wir werden uns, wenn überhaupt, nur der oberflächlichen Schichten unseres Denkens bewußt und begnügen uns damit, an seiner bloßen Außenseite zu leben. Wir lassen das Denken als eine Tätigkeit unseres Verstandes gelten: das Denken des Generals, der Massenmorde plant, des gelehrten Professors und das des Zimmermanns. Gibt es überhaupt tiefgründiges Denken? Ist nicht alles Denken eine Betätigung an der Oberfläche unseres Verstandes? Geht unser Sinn in die Tiefe beim Denken? Kann der Verstand, der zusammengesetzt und ein Ergebnis von Zeit, Gedächtnis und Erfahrung ist, etwas wahrnehmen, das nicht zu ihm gehört? Er ist beständig auf der Suche und tastet nach etwas jenseits seiner eigenen, sich selbst einschließenden Betätigungen, aber das Zentrum, dem sein Suchen entspringt, bleibt sich immer gleich.

Unser Verstand besteht jedoch nicht nur aus Tätigkeit an der Oberfläche, sondern auch aus verborgenen Regungen vieler Jahrhunderte. Diese Regungen ändern oder beherrschen seine Wirksamkeit nach außen, und dadurch entwickelt er den ihm eigenen, zwiespältigen Konflikt. Es gibt keinen ganzen, einheitlichen Verstand, er zerfällt in viele Teile, die alle im Widerspruch miteinander liegen. Wenn er versucht, sich zusammenzuschließen, zusammenzufassen, so gelingt es ihm niemals, seine vielen Bruchstücke in Einklang zu bringen. Wird er durch Denken, Wissen oder Erfahrung zusammengeschlossen, so ist er immer noch das Ergebnis von Zeit und Leiden, und da er zusammengesetzt ist, bleibt er von Umständen abhängig.

Unser Zugang zu dem Problem des Zusammenschluß, der Einheitlichkeit ist falsch. Der Teil kann niemals zum Ganzen werden; und das Ganze läßt sich nie durch einen Teil verwirklichen; aber wir begreifen das nicht. Wir sehen nur, wie das Besondere sich vergrößert, bis es viele Teile umschließt. Doch das Zusammenbringen vieler Teile führt noch nicht zum Zusammenschluß, zur Einheitlichkeit; auch die Harmonie zwischen den verschiedenen Teilen hat nicht viel zu bedeuten. Weder Harmonie noch Einheitlichkeit sind wichtig, denn das kann man durch Pflege, Aufmerksamkeit und rechte Erziehung erreichen; doch ist es von höchster Bedeutung, das Unbekannte ins Dasein treten zu lassen. Das Bekannte kann niemals das Unbekannte empfangen. Unser Denken versucht beständig, im Wirrwarr selbst geschaffener Einheitlichkeit glücklich zu leben, was aber nie zur Schöpferkraft des Unbekannten führen kann.

Selbst-Verbesserung ist im wesentlichen nichts anderes als Mittelmäßigkeit. Selbst-Verbesserung durch Tugend, durch das Identifizieren mit seinen Fähigkeiten oder durch irgendeine Form positiver oder negativer Sicherheit ist ein selbst-einschließender Vorgang, sei er auch noch so ausgedehnt. Ehrgeiz züchtet Mittelmäßigkeit, denn Ehrgeiz ist die Erfüllung des Ich durch Handlung, durch eine Idee oder eine Gruppe. Das Ich ist der Mittelpunkt alles Bekannten, es ist die Vergangenheit, die sich durch die Gegenwart in die Zukunft bewegt; und alle Betätigung im Bereich des Bekannten führt zur Oberflächlichkeit des Denkens. Unser Denken kann nie großartig sein, denn das Großartige ist unermeßlich. Das Bekannte unterliegt dem Vergleichen, und alle Tätigkeit des Bekannten kann nur Leid mit sich bringen.

57] Unermeßlichkeit

Das Tal lag weit unten und war erfüllt von Tätigkeit wie die meisten Täler. Die Sonne ging gerade in der Ferne hinter den Bergen unter, und die Schatten wurden länger und dunkler. Es war ein ruhiger Abend, vom Meer wehte eine Brise. Die zahllosen Reihen Orangenbäume sahen fast schwarz aus, und auf der langen, geraden Straße, die durch das Tal lief, leuchtete hin und wieder ein Schimmer auf, wenn das Licht der sinkenden Sonne einen fahrenden Wagen traf. Der Abend war voller Zauber und Frieden.

Das Denken schien weiten Raum und unendliche Entfernung zu umspannen; oder vielmehr schien es sich ins Endlose auszudehnen, und jenseits und hinter ihm war etwas, das alle Dinge umfaßte. Der Verstand bemühte sich unklar, etwas, das nicht zu ihm gehörte, zu erkennen, sich daran zu erinnern, und hielt in seiner gewohnten Tätigkeit inne. Aber er konnte das, was von anderer Beschaffenheit als er selber war, nicht begreifen, und bald war alles, auch er selber, in die Unermeßlichkeit miteingeschlossen. Es wurde immer dunkler; das Bellen der Hunde in der Ferne störte in keiner Weise das, was jenseits des Bewußtseins liegt. Darüber kann der Verstand nicht nachdenken und es daher auch nicht erleben.

Wer hat nun *das* wahrgenommen und zum Bewußtsein gebracht, was so grundlegend von den Erfindungen unseres Denkens abweicht? Wer erlebt es? Offenbar nicht der Verstand unserer alltäglichen Erinnerungen, Reaktionen und Triebe. Gibt es etwa noch ein anderes Denken, oder bleibt ein Teil unseres Verstandes brach liegen, bis er von dem, was über und jenseits allem Denken ist, geweckt wird? Wenn das wahr ist, dann ist das, was jenseits von Zeit und Denken liegt, immer in unserm Verstande. Und doch kann es nicht so sein, denn das ist rein spekulatives Denken und daher eine der vielen Erfindungen unseres Geistes.

Da aber das Unermeßliche nicht aus dem Denkvorgang geboren wird, wer nimmt es dann wahr? Der Verstand als derjenige, der Erlebnisse hat? Oder wird das Unermeßliche seiner selbst bewußt, weil es keinen Erlebenden mehr gibt? Als es damals beim Abstieg vom Berge eintrat, war kein Erlebender da; und doch war das Wahrnehmungsvermögen des Verstandes nach Beschaffenheit und Abstufung vollkommen verschieden von dem Unermeßlichen. Der Verstand war nicht tätig, er war wach und passiv, und obgleich er die Brise, die zwischen den Blättern spielte, wahrnahm, fand keinerlei Bewegung in ihm statt. Es gab keinen Beobachter, der die Beobachtung abmaß. Es gab nur *Das,* und *Das* wurde seiner selbst gewahr, ohne Messen. Es hatte keinen Anfang und keine Worte.

Der Verstand wird sich dessen bewußt, daß er mit Erfahrung und Wort niemals das einfangen kann, was, zeitlos und unermeßlich, ewig währt.

Von J. Krishnamurti im Humata Verlag

Gedanken zum Leben, Band 1
IDEAL UND WIRKLICHKEIT

∗

Gedanken zum Leben, Band 3
VERSTAND UND LIEBE

∗

Jeder Band mit 304 Seiten,
herausgegeben von D. Rajagopal

∗

Weitere Originalwerke von J. Krishnamurti
REVOLUTION DURCH MEDITATION
Die totale Erneuerung

Meditation ist keine Flucht aus der Welt. Meditation ist harte Arbeit und Disziplin. Meditation ist das Beenden der Wiederholung. Meditation ist das Entfalten des Neuen.

∗

AUTORITÄT UND ERZIEHUNG

Ist es Aufgabe des Erziehers, dem Schüler ein Beispiel zu sein? Liegt das Wesen der Erziehung im Beispielgeben? – Zum Leiten und Erziehen gehört Wissen – haben Sie es? Und *was* wissen Sie?

∗

SCHÖPFERISCHE FREIHEIT

Ist schöpferisches Leben in Freiheit nur für einige Auserwählte da? Oder ist es allen erreichbar? Und wie kann man es verwirklichen?

∗

RELIGIÖSE ERNEUERUNG

»Wenn ich herausfinden will, was wahre Religion ist, wie soll ich es anfangen?« – In Gesprächen, Fragen und Antworten erfährt der Leser, wie er seine Antworten auf diese Frage finden kann.

∗

FREI SEIN!

Kann der Mensch sich aus seiner Bedingtheit befreien? Und wenn ja: Was bedeutet es? – Hier bleibt keine brennende Frage unserer Zeit und Gesellschaft ohne Antwort: Im Nachdenkprozeß wird der Leser zur eigenen Position und Erkenntnis geführt.